ANTHROPO-LOGIQUES
N° 4 (1992)

La série *Anthropo-logiques* est publiée par le CIGAC (Centre Interdisciplinaire de Glossologie et d'Anthropologie Clinique).

COMITÉ DE RÉDACTION

P. BRUNEAU (Paris-Sorbonne), J. GIOT (FNDP), R. JONGEN (FUSL et UCL), N. MENAGER (FNDP), R. PIRARD (UCL), J.-Cl. QUENTEL (Rennes 2), J. SCHOTTE (UCL)

SECRÉTAIRES DE RÉDACTION

J.-L. BRACKELAIRE (UCL), D. HUVELLE (FNDP), P. METTENS (UCL)

Siège du CIGAC: Facultés Universitaires Saint-Louis
Boulevard du Jardin Botanique, 43
B-1000 Bruxelles

BIBLIOTHÈQUE DES CAHIERS DE L'INSTITUT
DE LINGUISTIQUE DE LOUVAIN — 67

ANTHROPO-LOGIQUES

4 (1992)

PEETERS
LOUVAIN-LA-NEUVE
1992

D/1992/0602/96   ISSN 0779-1666   ISBN 90-6831-464-5

© PEETERS   et   Publications Linguistiques de Louvain
  Bondgenotenlaan 153   Place Blaise Pascal 1,
  B-3000 Leuven   B-1348 LOUVAIN-LA-NEUVE

Printed in Belgium

Anthropo-logiques 4, 1992, 7-8.

Présentation

Regnier PIRARD

On a coutume d'évaluer l'avenir d'une équipe sportive en jaugeant sa jeunesse. Si l'exercice de la pensée peut être considéré comme un sport cérébral, le CIGAC-team n'est pas sans prétentions à faire valoir, lui qui mène sa barque et tient le cap depuis presque dix ans par le seul miracle de l'amitié nouée autour d'une passion commune: faire des sciences de l'homme qui soient vraiment des sciences en même temps que vraiment humaines. Le pari est tellement "insensé" que les sponsors "attitrés" — s'en étonnera-t-on? — ne se précipitent guère. Il faut un grain de folie et de juvénilité pour entreprendre et poursuivre, contre vents et marées, une aventure comme celle-là. A l'heure où la plupart des livres s'écrivent pour une saison, passent comme des étoiles filantes au hit-parade des best-sellers, l'important est de durer, de faire trace pour demain.

Fluctuat nec mergitur. Voici donc le quatrième cahier d'*Anthropo-logiques*. Un lecteur pressé le trouvera peut-être plus disparate ou éclectique que les précédents. Qu'il se détrompe. Car une fois encore l'unité du propos ne tient pas tant à l'objet — bien qu'il soit relativement circonscrit: l'humain dans sa spécificité (on étudie dans ce numéro la faculté de concevoir, la servitude du vouloir, la dépendance de l'infantile et la parenté) — qu'à la méthode, dont les deux caractères principaux sont justement les plus malaisés à conjoindre: une approche dialectique *et* analytique. La première nourrit sans doute maint courant philosophique mais, abandonnée à elle-même, oeuvre le plus souvent avec une fureur synthétique qui la pousse au confusionisme; la seconde n'est pas avare de distinctions et de dissociations mais, ne parvenant plus à s'arrêter, succombe généralement sous le poids de ses subtilités rhétoriques. Ne sont-ce pas là deux formes de la conscience épistémologique malheureuse? Qu'est-ce qui fait contrainte dans la rationalité humaine? That's the question …

A cet égard, le texte de Jean-Claude Schotte, en un style qui tient à la fois d'Aristote et de Wittgenstein, nous paraît exemplaire. Il tente de cerner les opérations glossologiques, plus précisément sémantiques, qui font l'intelligibilité de nos concepts et de nos propositions scientifiques ou mythiques. La théorie de la connaissance ici campée en ses principes radicaux, et épurée de tout jugement de valeur, aurait pu emprunter par antidate le titre admirable que René Jongen réserve à un prochain ouvrage, à paraître bientôt, *Quand dire c'est dire*.

Jean-Luc Brackelaire, quant à lui, renouvelle ce que les ethnologues ont nommé la parenté à plaisanteries et qu'il a rencontrée chez les indiens Tarahumaras. Déconstruit sur les plans de la personne et de la norme, le phénomène est ressaisi au croisement des notions d'inversion, de célébration et de licence.

Le reste de la livraison devrait se lire en couplage, car il s'agit d'un dialogue implicite ou explicite. Voici quelques années que Philippe Lekeuche s'évertue à dégager, selon une inspiration szondienne revisitée par Jacques Schotte, une toxicomanie essentielle articulée aux troubles thymo-psychopathiques. Héritier de cet enseignement, mais familier de la théorie de la médiation, Pascal Mettens opère une relecture d'une grande originalité et pleine de suggestions. Il repère subtilement dans la métapsychologie freudienne la case "squattée" de la psychopathie et n'hésite pas à y faire le ménage. Ce n'est pas le moins étonnant des résultats de son parcours que de voir au terme — qui l'eût cru? — Szondi et Gagnepain y faire, ma foi, bon ménage! Cela aussi, c'est l'histoire, l'histoire des idées, chargée d'héritages, de filiations et de rencontres.

Il faut encore ajouter les affinités électives. Maints passages du texte de Jean-Claude Quentel tendent la perche aux propos de Xavier Renders, en particulier sur la prématurité de l'enfant et son inclusion dans la personne de l'adulte, sources d'idéal mais aussi de malentendu. La complicité involontaire des deux démarches, comme plus haut celle de Lekeuche et de Mettens, nous a paru suffisamment probante pour justifier une ouverture à des textes sympathisants. Quand les discours se déroulent avec rigueur, ils peuvent obéir à leur propre logique, car la rigueur n'est pas le dogmatisme. C'est la fidélité honnête de chacun à son propos qui lui fait quelquefois croiser l'autre. Ainsi surviennent des événements, des événements de pensée et — souhaitons-le — de lecture pensante.

Anthropo-logiques 4, 1992, 9-44.

Concept mythique, concept scientifique
Essai de sémantique glossologique

*Jean-Claude SCHOTTE**

INTRODUCTION

Notre réflexion s'articule en deux temps. Le premier chapitre traite négativement de "falsifiabilité" et d'"infalsifiabilité", concepts forgés par Popper pour démarquer la science de la métaphysique ou — dirions-nous en reprenant un terme qu'il emploie moins fréquemment — du mythe[1]. En démarquant ainsi la science du mythe, Popper n'a pas tant formulé une distinction qu'un critère, et sa réflexion est délibérément prescriptive. Nous nous garderons bien, quant à nous, de prescrire quoi que ce soit, et ne chercherons qu'à concevoir, à travers ces notions de science et de mythe, une distinction sémantique entre les deux types de pensée référentielle, les visées scientifique et mythique.

Notre second chapitre traite également de falsifiabilité et d'infalsifiabilité, mais cette fois positivement. On y exploite la théorie du langage — dite glossologie, conçue par Jean Gagnepain et ses collaborateurs[2] — où sont thématisés les principes formels qui entrent en jeu dans l'analyse grammaticale et leur adaptation dans le but de désigner rhétoriquement le monde des choses à dire. Cette théorie énonce notamment, d'une part, l'hypothèse que, sauf pathologie, toute opération langagière s'effectue — tant grammaticalement (instantiellement) que sémantiquement (référentiellement), ou pour parler comme Chomsky, "en profondeur" comme "en surface" — sur base de deux analyses concomitantes, dites générative et taxinomique et, d'autre part, que toute opération sémantique s'effectue à la mesure de facultés grammaticales, lesquelles rendent nécessaires et possibles, de par leur fonctionnement structural, deux types différents de pensée référentielle (et seulement deux): la science et le mythe.

* Doctorand à l'Institut Supérieur de Philosophie, Université Catholique de Louvain. Toute correspondance peut être adressée avenue de l'Armée, 37, B-1040 Bruxelles.

I. «Science» et «Mythe» du globaliste ou «Science» et «Mythe» du semanticien glossologue?

Le critère poppérien de scientificité est la falsifiabilité, qui distingue à ses yeux la science de la métaphysique — nous dirions du mythe. Dans cette perspective, une proposition est scientifique parce qu'elle dit non pas tant ce qui doit être que ce qui ne peut pas être réel. Autrement dit, elle est scientifique si elle peut être contredite. Comment Popper est-il arrivé à formuler ce critère de scientificité? Pour la petite histoire, on pourrait mentionner deux rencontres évoquées dans son autobiographie intellectuelle *The Unended Quest*.

La première confronte Popper au destin de la mécanique classique: celle-ci, qui paraissait pourtant solidement fondée et vraie une fois pour toutes, n'en fut pas moins dépassée par une mécanique relativiste qui reste cependant hypothétique, puisqu'elle pourrait bien un jour être contredite, auquel cas le progrès des connaissances exigerait son dépassement.

La deuxième rencontre oppose Popper aux théories psychanalytique et marxiste: elles qui se prétendaient scientifiques lui paraissent pourtant échapper à toute tentative de falsification, puisqu'elles semblent détenir une réponse à toute objection, ou même être capables de transformer toute objection en une preuve supplémentaire de leur validité.

D'où les questions qui préoccupent Popper: **Comment démarquer la science du mythe? Comment formuler le critère de validité d'une théorie?**

Admettons qu'un énoncé est scientifique à la condition d'être falsifiable, et qu'il est falsifiable parce que certains énoncés à propos du réel ne peuvent pas en être déduits. Il suffit alors simplement d'un énoncé particulier jugé valable pour invalider déductivement un énoncé général. Autrement dit, la question de la validité d'un énoncé falsifiable peut être traitée déductivement. Ainsi est déplacée la question de la validité d'une proposition **du domaine de l'induction à celui de la déduction**[3]. En cela, Popper s'oppose à une longue tradition qui prétend que la science, à la différence du mythe, procède inductivement. La version la plus récente de cette tradition, le néopositivisme logique, ne reconnaît comme "scientific or legitimate only those statements which are reducible to elementary (or 'atomic') statements of experience — to 'judgments of perception' or 'atomic propositions' or 'protocol sentences'"[4]. En d'autres termes, le critère de scientificité néopositiviste est la vérifiabilité.

Mais peut-on concevoir des "atomic propositions"? Popper répond par la négative: "We can utter no scientific statement that does not go far beyond what can be known with certainty 'on the basis of experience'. (This fact may be referred to as the 'transcendence inherent in every description'.) Every description uses universal names (or symbols, or ideas); every statement has the character of a theory, of a hypothesis. The statement, 'Here is a glass of water' cannot be verified by any observational experience. The reason is that the universals which appear in it cannot be correlated with any specific sense-experience ... By the word 'glass', for example, we denote physical bodies which exhibit a certain lawlike behaviour, and the same holds for the word 'water'. Universals cannot be reduced to classes of experiences; they cannot be 'constituted'"[5].

Fort bien! Supposons malgré tout qu'il existe des "atomic propositions". Pourrait-on fonder sur elles la vérité d'une proposition générale? La réponse, ici encore, est négative. En effet, quel que soit le nombre de propositions particulières jugées valides, elles ne pourront jamais justifier l'énoncé général: "... no matter how many instances of white swans we may have observed, this does not justify the conclusion that all swans are white"[6]. Pour justifier le passage du particulier au général, il ne resterait donc plus qu'à invoquer un principe inductif, une proposition grâce à laquelle des inférences inductives (du particulier au général) deviennent logiquement acceptables. Mais alors, comment justifier ce principe inductif lui-même, qui n'est pas une tautologie, un énoncé analytique, mais un énoncé synthétique? Pour résoudre ce problème, il faut recourir soit à une régression infinie, soit à l'apriorisme, que l'on sait incompatibles avec l'exigence de scientificité depuis Hume jusqu'au néopositivisme[7]. Sans procéder de la sorte, on se condamne à évacuer, en vertu du critère de vérifiabilité, non seulement le mythe mais aussi la science[8] et l'on aboutit à une l'impasse. Pourquoi? Parce que le critère de scientificité néopositiviste n'est pas seulement un critère de démarcation, mais aussi un critère de sens cognitif[9]. Expliquons-nous.

Le critère de scientificité poppérien présente cet inestimable avantage, par rapport au critère de vérification empiriciste, d'être **un critère de démarcation, et non un critère de sens cognitif**. Pour Popper, les énoncés mythiques ne sont pas dépourvus de sens référentiel: ils rendent intelligible l'univers même s'ils ne sont pas falsifiables. Dès lors, la pensée mythique vise et conçoit l'expérience aussi bien que la pensée scientifique, quoique autrement. En conséquence, les énoncés mythiques n'ont pas à être démasqués comme s'ils répondaient seulement à une angoisse existentielle, comme s'ils exprimaient une *Lebenseinstellung*, un *Lebensgefühl*[10] en faisant passer des choix d'existence pour des faits. Il ne s'agit pas de fausses propositions qui ont transgressé les règles de construction des vraies propositions. Les énoncés mythiques ne sont pas absurdes, même pour un scientifique, qui pourrait d'ailleurs espérer les transformer un jour en hypothèses falsifiables. Elles seraient alors assez précises pour qu'il soit permis d'en déduire des propositions plus particulières, plus directement comparables aux résultats d'une expérimentation. Mais elles n'en seraient pas davantage aptes à être fondées sur/par cette expérience.

En somme, ce critère de démarcation résume **la position antifondamentaliste de Popper**. La supposition néopositiviste qu'il existe des énoncés "fondés", exempts de toute médiation théorique, n'est en fait qu'une exigence qui ne peut elle-même être fondée. Mais ce que lui reproche surtout Popper, c'est qu'elle implique un dogmatisme, un conservatisme intellectuel qui fait obstacle aux renouvellements par la recherche. Elle exclut en effet toute hypothèse audacieuse, d'allure mythique, mais qui n'est pas forcément dénuée de vertus heuristiques. Pour Popper, un énoncé ne doit pas être "fondé" empiriquement pour détenir un sens cognitif (empirique, référentiel) puisque, en fin de compte, aucun énoncé n'est fondé empiriquement: tout énoncé, même l'énoncé scientifique, en dit toujours plus que ce que pourrait fonder l'expérience. Même la proposition scientifique, aussi particulière soit elle, n'est pas pour Popper le revêtement transparent, sans résidu d'impropriété, d'une expérience. Aucun énoncé scientifique n'est donc indubitable, immédiat par rapport au réel[11]. En conséquence, ce n'est pas le fait d'être ou de ne pas être fondé sans résidu d'inadéquation qui pourrait distinguer la science et le mythe.

Bien entendu, le critère de scientificité poppérien a été contesté plus souvent qu'à son tour. Il a fait l'objet d'un débat opposant Popper et Lakatos à Kuhn, Feyerabend et d'autres. Nous éviterons ici ce débat, parce qu'il traite, à notre avis, bien moins de la distinction de la science et du mythe — qui seule retiendra notre attention — que des problèmes de technique, d'histoire et de valeur qu'on y mêle — problèmes qu'il faut d'abord tenter de dissocier de celui qui nous occupe avant de les reprendre *in globo*.

Pour ce faire, nous ne parlerons plus comme Popper d'un critère de démarcation, parce que cette formule témoigne d'**une préoccupation normative qui n'est pas la nôtre**. Popper vise en effet — tout comme ses adversaires néopositivistes — une critique de la méthode scientifique. Il tente d'évaluer diverses démarches de recherche pour ne retenir que celle qui est à la fois logiquement rigoureuse et propice au renouvellement de la recherche. Il veut proposer des règles à suivre pour faire progresser les connaissances scientifiques, pour décider entre des hypothèses alternatives plus ou moins testables, pour éviter tout stratagème conventionaliste ou dogmatique[12]. Sa *Logique de la découverte scientifique* n'est pas un essai de sémantique (glossologique ou autre) qui décrit ou explique des opérations linguistiques, mais bien plus ce que nous appellerions une glossodicée progressiste, ou une tentative de réglementer la recherche afin de la faire progresser. S'il a été critiqué, c'est surtout parce que ses détracteurs ont estimé que les règles proposées par lui sont insuffisantes pour imposer une direction à la recherche scientifique, à tout le moins durant ces périodes très particulières que sont les révolutions scientifiques, ou alors, plus radicalement, parce qu'à leur sens, nul n'est en droit de gouverner la science.

Notre projet — nous l'avons dit — n'est pas la critique des méthodes scientifiques. Nous tenterons plutôt d'exploiter les idées poppériennes en reformulant **sémantiquement** le critère poppérien, **plus particulièrement du point de vue de la sémantique glossologique.** Science et mythe sont donc à nos yeux deux types de référence conceptuelle au monde qui reposent sur la même faculté de langage, diversement exploitée. Glossologiquement, il n'est pas possible de dire que l'une soit plus efficace, plus "moderne" ou plus valable que l'autre. Autrement dit, il n'est pas question ici de parler du "vrai" et du "faux", concepts inadéquats du point de vue d'une sémantique glossologique: ils renvoient à la fiabilité technique du concept, sa vraisemblance historique, sa valeur. Il n'est donc pas question de prôner quelle attitude prendre face à un énoncé infalsifiable. Nous ne chercherons pas à repenser des formules comme "c'est faux, c'est un mythe" ou "la vérité du mythe". Il est évident que le mythe peut être techniquement efficace ou non, historiquement déconcerter ou, au contraire, faire l'unanimité, moralement rassurer ou inquiéter. Nous ne nous prononcerons pas davantage sur les "bonnes" manières de falsifier et vérifier — ou, pour parler comme Popper, corroborer — un énoncé falsifiable. Rappelons ici qu'aucun énoncé, aussi particulier soit-il, ne peut être le revêtement transparent, sans résidu d'impropriété, de l'expérience ou l'image spéculaire d'une réalité ultime immédiatement dicible. Aucune loi, a fortiori, ne pourrait donc être "fondée", vraie, transformable en une conjonction d'énoncés immédiatement référentiels. On n'en conclura pas pour autant que toute loi falsifiable est fausse, ou que tout énoncé particulier est faux. Il faut faire le partage du faux et du vrai. Les énoncés falsifiables ne jouissent pas tous, au regard de l'expérience outillée, partout et toujours auprès de tout le monde, du même crédit. Les concepts "faux" et "vrai" renvoient quand même à quelque chose. Mais laquelle?

Pour donner un sens à des concepts comme "faux" et "corroboré", nous devons quitter le domaine de l'interrogation sémantique glossologique pour interroger la "méthode", c'est-à-dire les règles qu'une communauté de chercheurs s'autorise à appliquer, à l'occasion d'une épreuve instrumentée, à un ou plusieurs énoncés généraux falsifiables au regard d'énoncés particuliers. Il s'agit là de thématiser la cohérence formelle de la théorie en fonction des outils logico-mathématiques disponibles, la mise en place d'une machinerie expérimentale, la concurrence historiquement située de théories plus ou moins commensurables, l'évaluation rigoureuse ou, au contraire, laxiste, la décision d'admettre (de rejeter) des énoncés généraux dont sont déduits des énoncés particuliers. La délimitation du faux et du vrai ne concerne donc plus le caractère testable d'une proposition, mais bien le test lui-même de la proposition. Pour comprendre en quoi consiste la fausseté ou la vérité d'une loi falsifiable, il convient d'expliquer comment des chercheurs s'accordent pour évaluer, en fonction des réussites et des échecs expérimentaux, l'écart — et il en subsiste toujours un! — de l'expérience à la conclusion d'un raisonnement déductif.

S'il est effectivement possible de traiter des modes de conceptualiser le réel sans introduire les notions de "vrai" et de "faux", si ces concepts sont glossologiquement inadéquats parce qu'ils renvoient à un fonctionnement rationnel qui n'est plus langagier, il faut en conclure qu'**un bon nombre de problèmes perdent toute pertinence du point de vue sémantique glossologique (et de ce point de vue seulement).** Nous pensons aux problèmes suivants: le débat entre instrumentalistes et réalistes, la question de la transcription mathématique des concepts, celle de la réalité des choses et des faits qui n'existent que d'être réalisés par le truchement d'une technique empirique, la polémique sur la progressivité ou la régressivité de la connaissance, la recherche d'un accord avec des pairs, le conventionalisme des énoncés de base, l'incommensurabilité des théories, la nécessité du pluralisme théorique, les bienfaits du scrupule scientifique ou, au contraire, du relâchement anarchique par rapport aux exigences de la méthode, l'humanité ou l'immoralité de la science. **Ces problèmes, loin d'être futiles, transforment et complètent la question de la distinction et de l'explicitation glossologique de la science et du mythe.** Mais ils ne doivent être pris en compte qu'à partir du moment où l'on cherche à rendre compte du phénomène global, du tout indistinct que l'on appelle communément **"la science"** ou **"le mythe"**.

A ce propos, certains diront que notre analyse "trahit" la richesse concrète du phénomène, comme si une telle richesse était susceptible d'exister en dehors d'une quelconque analyse conceptuelle. En effet, en dehors de celle-ci, il n'existe que du phénomène perçu, une figure qui se détache d'un fond, c'est-à-dire une *Gestalt*, et la diversité ou la complexité n'apparaissent précisément que du fait de l'analyse du phénomène. Bien sûr, il peut arriver qu'une pensée tendant à l'individuel incomparable évoque adéquatement une telle richesse concrète. Mais il arrive plus souvent que cette dernière semble au contraire "trahie", tant l'analyse semble rester en-deçà de la diversité et de la complexité du phénomène. Pourquoi? Parce que l'analyse en question est d'un type particulier: elle est scientifique. Une analyse conceptuelle, disions-nous, est scientifique si elle est falsifiable. Mais elle n'est falsifiable, croyons-nous, que si elle porte sur **un déterminisme général et exclusif, nécessaire et suffisant**, sur ce que nous appellerons, pour le dire brièvement, **le quantum spécifique:** ni chaque chose indistinctement [A.1], ni tout à la fois [A.2], ni quelque chose d'incomparable [B.1], ni un rien sans rapport au tout [B.2] (cf. infra).

Au lieu de croire que l'on pourrait concevoir le phénomène dit "la science" ou "le mythe" sans une forte restriction du champ d'investigation, il vaut mieux au contraire restreindre ce dernier à un déterminisme qu'on présume à la fois général et exclusif, nécessaire et suffisant, **pour ensuite (et seulement ensuite) diversifier et en compléter l'analyse:** ce n'est qu'en un deuxième temps, synthétique, que les phénomènes peuvent être conçus scientifiquement dans leur diversité et leur complexité. Avant la saisie falsifiable d'un quelque chose qu'on présume être le quantum spécifique de la "science" et du "mythe", et donc avant la reconstruction approchée, éventuellement falsifiable, d'un phénomène global où divers déterminismes modifient et complètent ledit quantum spécifique, toute tentative de parler de la "science" ou du "mythe" serait, croyons-nous, difficile à contredire. Notons qu'elle n'en serait pas pour autant imaginaire, puisque empirique. Hormis la tentative de saisir un déterminisme général et exclusif, nécessaire et suffisant, nous pourrions oser à propos de la "science" ou du "mythe" la formulation suggestive suivante, qui tend vers deux extrêmes, l'un maximaliste [A], et l'autre minimaliste [B]: [A.1.] l'identification non exclusive des entités et des faits; [A.2.] l'intégration illimitée des entités et des faits dans une seule totalité à la fois nécessaire et suffisante pour la mise en rapport de chaque entité aux autres et de chaque fait aux autres. [B.1.] la diversification des entités et des faits sans qu'ils soient, de quelque point de vue que ce soit, identifiés respectivement à d'autres entités et d'autres faits; [B.2.] la désintégration des entités et des faits qu'aucune dépendance, ni nécessaire ni suffisante, ne met en rapport respectivement à d'autres entités et d'autres faits.

Ceci dit, nous ne cherchons pas à parler mythiquement de la science et du mythe. Nous en visons scientifiquement le quantum spécifique. C'est ce motif qui nous a amené à restreindre notre champ d'investigation à la sémantique glossologique, présumée thématiser le quantum spécifique de ce qu'on pourrait appeler "penser le monde", "parler du réel", "concevoir l'expérience". Nous n'ignorons pas pour autant qu'il se fait que l'homme ne conçoit pas le monde sans en être à la fois technicien, compagnon de ses semblables, et juge des valeurs: il n'en est donc pas que le locuteur. Mais ces faits sont accidentels et n'expliquent en rien l'activité conceptuelle *in se*. Nous ne nions donc pas la pertinence de ces analyses conceptuelles effectuées par d'autres. Mais il nous semble qu'elles désignent l'activité conceptuelle sans exclure ce à quoi elle ne peut être identifiée, et sans expliciter ce qui est nécessaire et suffisant pour qu'elle se produise. Du même coup, ces analyses, sans nul doute beaucoup plus proches de la richesse concrète du phénomène qu'une analyse sémantique glossologique comme la nôtre — et donc adéquates, bien que mythiquement — sont infalsifiables pour des raisons de principe, étant donné le type de formulation qu'elles émettent, et non pour des raisons pratiques.

Bref, ce que l'on dira ici de la falsifiabilité et de l'infalsifiabilité ne concerne pas les phénomènes "la science" ou "le mythe", mais un objet hypothétiquement construit que l'on pourrait nommer "l'activité conceptuelle". Et si la théorie de la médiation, qui nous guide dans nos recherches, ne recourt pas aux notions de falsifiabilité et d'infalsifiabilité pour dissocier sémantiquement concepts scientifique et mythique, elle définit — et c'est cela qui nous intéresse — le quantum spécifique de l'activité langagière[13].

Notre travail profitera également des enseignements tirés de la fréquentation assidue de l'œuvre épistémologique de Gaston Bachelard. Celui-ci ne prétend pas traiter la question du quantum spécifique de l'activité langagière, mais il contribue à l'éclairer, exemples à l'appui, par de nombreuses indications[14].

Nous sommes amené à penser que **la distinction du falsifiable et de l'infalsifiable doit être analysée davantage**, tant du point de vue de la généralité et de l'exclusivité du déterminisme que du point de vue de sa nécessité et de sa suffisance. En d'autres termes, **un énoncé est (in)falsifiable pour des raisons soit taxinomiques, soit génératives**. A lire Popper trop rapidement, on aurait vite fait de conclure que toute la question se situe autour du rapport du particulier et du général, et ne concerne donc que la question de la généralité et de l'exclusivité. Il n'en est rien. Il suffit de s'attarder aux pages que l'auteur consacre à la question des degrés de falsifiabilité des théories pour s'en rendre compte[15]: il y recourt en effet tant à l'idée des relations de classe (la question de la spécificité du déterminisme) qu'à celle de la dimension (la question de la nécessité du déterminisme). Toutefois, Popper n'introduit pas explicitement la distinction du taxinomique et du génératif, terminologie qui nous vient de l'œuvre de Gagnepain.

D'autre part, notre reformulation cherche à **dépasser le stade de la seule description sommative de types de pensée référentielle**. Nous ne cherchons pas à énumérer des types de pensée. Il s'agit plutôt de distinguer en toute généralité en quoi consistent **les deux types présumés d'activité conceptuelle** pour en formuler l'explicitation nécessaire et suffisante. Pour ce faire, nous introduisons la notion de **facultés grammaticales structurales**, elle aussi impensée par Popper, dont la théorie du langage, reprise à Bühler, traite de sémantique sans aborder le domaine grammatical. Nous ne pourrons donc pas nous inspirer de la théorie poppérienne des fonctions du langage, même si Popper corrige le modèle bühlérien en insistant très pertinemment sur la fonction argumentative du langage[16].

2. DU FONDEMENT GRAMMATICAL DU MYTHE ET DE LA SCIENCE

A. Explication causale, déduction prédictive, argumentation scientifique

"Penser l'expérience", "concevoir le monde" ou "rendre intelligible la réalité" sont des formules synonymes, qui ne distinguent pas encore entre différentes façons de concevoir le monde, et qui ne rapportent même pas encore explicitement la pensée aux facultés langagières. On vient de voir que Popper, s'il ne fournit pas une théorie très puissante du langage, insiste cependant sur sa fonction argumentative, à laquelle il est particulièrement sensibilisé du fait de son intérêt pour la pensée scientifique. En effet, celle-ci fournit des argumentations **contraignantes**, c'est-à-dire qu'elle explique les faits causalement, comme on dit couramment. Elle explique ce fait-là et pas un autre. Plus correctement, puisqu'il n'existe de fait que construit: la pensée scientifique explique les propositions causalement, cette proposition-là qui décrit un fait et pas une autre. En somme, un fait ou une proposition descriptive sont scientifiques s'ils sont contraints, ou "explicables causalement".

Tentons maintenant de comprendre ce que veut dire "ce fait-là (cette proposition-là) et non un(e) autre". Dans la suite de nos développements, il nous arrivera de parler de fait plutôt que de proposition (qui décrit un fait). Nous substituons ainsi au "formal mode of speech" le "material mode of speech". C'est par simple commodité et, ce faisant, nous nous gardons bien de souscrire aux thèses empiricistes, étant entendu pour nous qu'aucune proposition n'est fondée empiriquement, et que tout langage est médiation.

Popper, conformément à une longue tradition d'origine aristotélicienne, conçoit ainsi **l'explication causale**: "to give a *causal explanation* of an event means to deduce a statement which describes it, using as premises of the deduction one or more *universal laws*, together with certain singular statements, the *initial conditions*"[17]. L'explication causale scientifique d'un événement nécessite donc un raisonnement déductif[18]. Voyons comment l'auteur illustre cette dernière assertion:
"For example, we can say that we have given a causal explanation of the breaking of a certain piece of thread"[19] (sc.une corde dotée d'une force élastique de 1 lb) si nous formulons les deux lois et les deux conditions initiales suivantes: "'For every thread of a given structure S (determined by its material thickness, etc.) there is a characterisitc weight w, such that the thread will break if any weight exceeding it is suspended from it.' - 'For every thread of the structure S1, the characterisitic weight w1 equals 1 lb.' These are the two universal laws. The two initial conditions are, 'This is a thread of structure S1' and 'The weight to be put on this thread is equal to 2 lbs.'"[20].
Trois réflexions peuvent être faites à propos de ce texte : 1. **Ce n'est pas la conclusion qui explique, mais bien les prémisses.** C'est donc sur elles qu'il convient de se focaliser pour comprendre ce que "expliquer scientifiquement" veut dire, pour bien saisir quand la conclusion est expliquée causalement. 2. La (les) prémisse(s) particulière(s) qui énoncent les conditions initiales ne font que concrétiser la loi. **Les conditions initiales appropriées, indispensables à toute explication d'un fait établi, ne peuvent être formulées qu'en fonction de la loi** qui opère comme prémisse générale face à tel ou tel phénomène. Il faut donc se centrer sur la loi fonctionnant comme prémisse générale pour comprendre en quoi consiste une explication scientifique. 3. **Un fait n'est expliqué "causalement" que si c'est bien ce fait-là qui est expliqué, et non un autre.** Cela veut évidemment dire que les conditions

initiales ne sont pas générales, mais bien particulières. Mais, répétons-le, nous ne nous intéressons pas aux conditions initiales. Bien entendu, elles déterminent également qu'il s'agit de ce fait-là et pas d'un autre, mais en un sens absolument banal, puisqu'elles sont informulables en l'absence de la loi — ce qui ne veut pas dire qu'il est facile de les énoncer! Une explication produite à partir de prémisses générales pourtant scientifiques peut en effet ne pas être contraignante parce que les conditions initiales n'ont pas été adéquatement formulées, faute d'un expérimentateur assez "théoricien" pour saisir l'analyse à mettre à l'épreuve, assez ingénieux pour construire un dispositif expérimental efficace, assez ouvert d'esprit pour consacrer son temps à une hypothèse nouvelle, assez souple pour ne pas s'inhiber du fait des contraintes engendrées par la méthode. Mais la concrétisation d'une loi, l'établissement des conditions initiales concerne déjà la falsification et la corroboration et non plus la falsifiabilité ou l'infalsifiabilité. Et ce n'est que ce dernier problème qui nous occupe.

Qu'une explication explique ce fait-là et pas un autre signifie que **la loi n'est pas seulement apte à fonctionner comme prémisse dans l'explication causale d'un fait établi, mais également dans la prédiction déductive d'un fait à établir qu'on ne corroborera d'ailleurs peut-être jamais, ou qui sera peut-être tout simplement nié. Le fait scientifique n'est donc pas seulement explicable causalement, il peut aussi être prédit.** Et c'est bien parce que le fait scientifique peut être un fait établi tout comme un fait à établir que la distinction entre ce qui est établi (le vrai), ce qui ne l'est pas encore (le peut-être vrai) et ce qui est expressément nié (le faux) n'est pas pertinente pour saisir le sens du concept "scientifique"! Il ne faut donc plus chercher à comprendre l'explication d'un fait établi, mais l'équivalence foncière du caractère causal de l'explication, de la scientificité d'une pensée et du pouvoir prédictif d'une loi qui fonctionne comme prémisse générale dans un raisonnement déductif. S'il est désormais encore question de l'explication d'un fait établi ou de la négation d'un fait prédit, ce sera toujours pour approfondir l'idée que la loi est explicative causalement et prédictive déductivement pour ce fait-là et pas pour un autre.

Procédons par étapes. Nous commencerons par une première réflexion à partir de l'œuvre de Popper dans le but d'introduire superficiellement les concepts "taxinomique" et "génératif". Cette première réflexion toutefois, on le verra, ne donne pas un sens spécifique et suffisant au concept scientifique. De ce point de vue-là, elle ne fait que préparer le terrain, car elle présuppose toujours que les lois en question sont des lois scientifiques, contraignantes, falsifiables.

1a. Une loi, des lois

Revenons à Popper. Il parle de "one or more laws". Procédons tout d'abord à une rectification en apparence banale: **les lois fonctionnant comme prémisses ne sont pas seulement "one or more", mais aussi du même** genre ou de genre différent. **Elles ne sont pas seulement quantitativement dénombrables, mais aussi qualitativement identifiables ou différenciables.** Il faut donc parler des lois générativement (du point de vue du nombre), mais aussi taxinomiquement (du point de vue de la différence).

Supposons qu'il ne faille pas expliquer 1. qu'une certaine corde s'est rompue, mais 2. qu'une certaine corde s'est rompue à l'instant T, ou 3. qu'une certaine corde en mouvement s'est rompue à l'instant T. S'agit-il encore des mêmes faits à expliquer? Oui et non. Oui, qualitativement; non, quantitativement. Oui, parce que les prémisses à formuler sont du même genre, mécanique (même s'il faut également reconnaître que chacun de ces faits est un fait mécanique particulier). Non, parce qu'il faut plus ou moins de prémisses pour expliquer les faits respectifs.

Pour expliquer le second fait, il faudrait en tout cas compléter la première prémisse générale en substituant au "if" "if and as soon as". Du même coup, les conditions initiales pourraient être analysées davantage. Il se pourrait par exemple que le poids critique ne soit atteint que graduellement, par additions successives de poids tous égaux entre eux, effectuées à partir de l'instant initial T_o, instant auquel un poids de 1/4 lb par exemple a été suspendu à la corde.

Pour expliquer le troisième fait, il faudrait en plus compléter les prémisses générales par des considérations cinétiques, des lois concernant par exemple la transformation de l'énergie potentielle en énergie cinétique. Du même coup, les conditions initiales se feraient encore plus nombreuses, désigneraient par exemple l'altitude initiale du poids et de la corde, et le sens de leurs mouvements respectifs.

Certes, les trois faits sont des faits particuliers. Mais comment cherchera-t-on à les comparer entre eux? Qu'est-ce que leur comparaison nous apprendra à propos des lois présumées explicatives dans chacun des cas? Dira-t-on que la troisième proposition est plus particulière que la deuxième, et celle-ci plus particulière que la première? Sans doute.

Supposons maintenant que les faits mentionnés ne soient pas établis, mais déduits théoriquement. Que pourrait falsifier la négation de chacun de ces faits?

La négation du troisième fait (une corde en mouvement ne s'est pas rompue à l'instant T) pourrait falsifier les lois fonctionnant comme prémisses dans la troisième déduction prédictive, mais pas celles de la deuxième et de la première déduction prédictive (puisque celles-ci ne prédisaient pas qu'une corde en mouvement allait se rompre à l'instant T).

La négation du deuxième fait (une corde ne s'est pas rompue à l'instant T) pourrait falsifier les lois fonctionnant comme prémisses dans la troisième et dans la deuxième déduction prédictive (qui toutes les deux prédisaient qu'une corde allait se rompre à l'instant T), mais pas celles de la première déduction prédicitve (puisque celle-ci ne prédisait pas qu'une corde se romprait à l'instant T).

La négation du premier fait (une corde ne s'est pas rompue) pourrait falsifier les lois fonctionnant comme prémisses dans la troisième et dans la deuxième et dans la première déduction prédictive (qui toutes prédisaient qu'une corde allait se rompre).

Mais que falsifieraient exactement ces négations? **Des lois d'un plus ou moins grand degré de généralité plutôt que la totalité ou une partie des lois?** *Sans doute.* **Mais la plus ou moins grande généralité ne s'établit qu'en comparaison à des lois qui n'ont pas fonctionné comme prémisses dans les trois déductions prédictives.** *Quant à la comparaison du degré de généralité des lois qui ont fonctionné comme prémisses dans les trois déductions prédictives, elle n'est, semble-t-il, pas possible. Quel rapport d'inclusion et d'exclusion, quel rapport de classe faudrait-il effectivement concevoir entre elles? A la limite, la question n'est même pas d'établir si les lois fonctionnant comme prémisses pour chacune des prédictions théoriques sont plus générales les unes que les autres. Car, de toute façon, chacune de ces lois est d'ordre mécanique. En conséquence,* **le genre de proposition qui pourrait falsifier les lois fonctionnant comme prémisses pour chacune des déductions prédictives est du même ordre,** *mécanique.* **Et pourtant ces lois ne sont pas les "mêmes". Elles sont certes différentes, mais elles sont surtout plus ou moins dénombrables. Dès lors, les négations des faits prédits falsifieront sans doute chaque fois des lois d'une plus ou moins grande généralité, mais elles falsifieront surtout, ou la totalité des lois fonctionnant comme prémisses des déductions prédictives, ou seulement une partie d'entre elles.**

Et si le degré de falsifiabilité de chacune des lois fonctionnant ensemble comme prémisses dans chacune des déductions prédictives décroît du premier au troisième cas, c'est tout simplement parce que la totalité des lois se complique progressivement, et non parce que la généralité des lois varie. Ou, pour parler comme Popper: du premier au troisième cas, la dimension augmente. Ce qui est en cause, c'est que la troisième prémisse est plus complète que la deuxième, et celle-ci plus complète que la première. Les lois nécessaires pour prédire le troisième cas sont plus nombreuses que celles requises pour prédire le deuxième, et celles-là plus nombreuses que celles qu'il faut pour prédire le premier.

Ces explicitations fastidieuses mais indispensables peuvent suffire en ce qui concerne l'analyse générative. Passons maintenant à l'analyse taxinomique.

Supposons qu'il ne faille pas expliquer 1. que la fibre de verre a été rompue par un morceau de granit d'au moins 200 gr. qui y était suspendu mais 2. que la branche du pommier a craqué sous le poids d'une récolte inattendue ou 3. que la colonne vertébrale du prisonnier politique s'est fracturée sous le poids des tractions du tortionnaire endoctriné. S'agit-il encore des mêmes événements à expliquer? Sommes-nous encore dans le domaine de la matière? Oui et non. Oui, parce que la récolte inattendue ne pourrait briser la branche du pommier, le tortionnaire endoctriné qui exerce une traction ne pourrait rompre la colonne vertébrale du prisonnier politique autrement qu'en conformité aux lois physico-chimiques. Il faudra donc pour expliquer les trois propositions des lois physico-chimiques qui traitent des rapports aussi bien de dépendance de la structure matérielle d'un objet et de sa force élastique que d'équivalence entre diverses forces (gravitationnelle et élastique). Mais on devrait en plus concevoir des lois rendant compte des deuxième et troisième faits. Certes, elles compléteront les premières, mais ceci nous importe peu ici: elles devront surtout être différentes et ne ressortiront plus aux sciences physico-chimiques. Ces lois différentes concerneront alors, pour notre deuxième cas, les espèces végétales, les phénomènes de croissance végétale, et pour notre troisième cas, la répression politique.

Nos trois faits sont plus ou moins complets. Mais comment cherchera-t-on à les comparer entre eux? Que pourra nous apprendre leur comparaison à propos des lois présumées explicatives dans chacun des cas? Dira-t-on que la troisième proposition est plus complète que la deuxième, et celle-ci, que la première? Est-ce encore la question? Cherchera-t-on à comparer le degré de puissance explicative de ces lois en renvoyant à leur dimension, à leur nombre? C'est concevable, mais guère ici pertinent. Car les trois propositions ne sont pas tant plus ou moins dénombrables qu'identifiables et différenciables. Il semble difficile de comparer un morceau de granit d'au moins 200 gr. qui rompt une corde, le poids d'une récolte inattendue qui fait craquer la branche du pommier et le poids des tractions du tortionnaire endoctriné qui fracture une colonne vertébrale autrement qu'en les identifiant du point de vue d'une propriété générale, qu'ils ont en commun, à savoir leur poids. Mais une récolte miraculeuse et le tortionnaire endoctriné n'ont pas seulement des propriétés matérielles en général. Ils ont des propriétés plus particularisables. De même, il semble difficile de comparer une fibre de verre, une branche et une colonne vertébrale rompues autrement qu'en les identifiant par une propriété générale commune, la force élastique. Ce qui n'empêche pas que la branche du pommier et la colonne vertébrale du prisonnier politique n'ont pas seulement des propriétés matérielles en général.

Supposons alors que les faits mentionnés ne soient pas établis, mais déduits théoriquement. Que falsifierait la négation de chacun d'eux?

La négation du premier (la fibre de verre n'a pas été rompue par un morceau de granit d'au moins 200 gr. qui y était suspendue) pourrait falsifier les lois physico-chimiques fonctionnant comme prémisses dans chacune des trois déductions prédictives, mais elle ne pourrait falsifier les lois proprement phytologiques ou anthropologiques de la deuxième ou de la troisième déduction prédictive. La négation du deuxième fait (la branche du pommier n'a pas craqué sous le poids d'une récolte inattendue) pourrait falsifier et les lois physico-chimiques fonctionnant comme prémisses dans chacune des trois prédictions déductives, et les lois phytologiques de la deuxième déduction prédictive, mais pas les lois anthropologiques de la troisième. La négation du troisième fait (la colonne vertébrale du prisonnier politique ne s'est pas fracturée sous le poids des tractions du tortionnaire) pourrait falsifier et les lois physico-chimiques fonctionnant comme prémisses dans chacune des trois déductions prédictives, et les lois anthropologiques de la troisième déduction prédictive, mais pas les lois phytologiques de la deuxième.

Mais que falsifieront alors exactement ces négations? **La totalité ou une part des prémisses plutôt que des prémisses d'un plus ou moins grand degré de généralité?** *Sans doute la totalité ou seulement une part des lois. Mais cela vaut-il la peine de poser ici la question de la dimension des prémisses dans chacune des trois déductions prédictives? Non, parce que* **les négations falsifieront surtout des lois d'une plus ou moins grande généralité,** *des lois qui concernent la matière en général, ou seulement la matière qui est plus spécifiquement végétale, ou encore seulement la matière qui est en plus spécifiquement humaine.*

Le genre de fait qui pourrait falsifier les lois fonctionnant comme prémisses dans chacune des déductions prédictives est donc spécifié différemment selon chaque cas: il faudra une proposition plus ou moins générale, une proposition dont le sujet et le prédicat sont conçus afin d'inclure ou d'exclure des particularités de la matière qui ne sont pas physico-chimiques, ou végétales ou humaines. En conséquence, **même si la dimension des prémisses respectives était la même, les lois ne sont pas les mêmes, qualitativement: elles sont plus ou moins spécifiques.**

Quelle loi, fonctionnant comme prémisse dans les déductions prédictives est la plus falsifiable? La plus générale, la loi physico-chimique, parce qu'elle inclut des cas non repris par les lois plus particulières: elle est moins exclusive. Une récolte inattendue et un tortionnaire ont un poids comme le morceau de granit d'au moins 200 gr. Mais la notion trop générale de poids n'est pas spécifiquement végétale ou humaine et s'avère trop inclusive pour falsifier des lois phytologiques ou des lois anthropologiques. Et, de même, une branche de pommier et une colonne vertébrale ont une force élastique comme celle de la fibre de verre. Mais la force élastique n'est pas spécifiquement végétale ou humaine: la notion est trop générale, trop inclusive pour falsifier des lois phytologiques ou anthropologiques.

Au total, l'argumentation contraignante, la pensée scientifique, comme explication causale d'un fait établi (celui-ci et pas un autre) ou déduction prédictive d'un fait à établir (celui-ci et pas un autre), **formule comme prémisse générale du raisonnement inférentiel au moins une loi d'un genre (sinon plusieurs lois d'un même genre ou de divers genres).**

Du fait scientifique, explicable causalement, prédit déductivement, on peut affirmer deux choses: **1. il est ce fait-là et pas un autre en un sens banal,** c'est-à-dire qu'il est situé spatio-temporellement à cause des conditions initiales, qui concrétisent la loi face au phénomène à concevoir, mais qui ne sont formulables qu'en fonction de cette loi; 2. il est ce fait-là et pas un autre en un sens fort parce qu'au moins une loi d'un genre fonctionne comme prémisse générale du raisonnement inférentiel qui rend le fait explicable ou prédictible.

1b. Une loi d'un genre, contraignante, falsifiable

L'argumentation scientifique formule comme prémisse majeure d'une explication causale et d'une déduction prédictive au moins une loi d'un genre, entendons une loi d'un genre qui est contraignante. Il n'est cependant pas difficile d'imaginer une loi d'un genre qui fonctionne comme prémisse majeure d'une argumentation qui n'est pas contraignante. Cette argumentation expliquera ou prédira un fait, cependant ce fait ne sera peut-être pas ce fait-là, mais un autre.

Il s'agit donc de reprendre notre analyse taxinomique et générative pour dire en quoi une loi d'un genre est scientifique, ou tout simplement contraignante. **Pour qu'une loi d'un genre soit scientifique, il faut qu'elle conçoive des vocables synonymisables, des isonymies aspectuelles et exclusives, des termes autorhémiques, des prosonymies nécessaires et suffisantes.** Cette affirmation demande évidemment une analyse, que nous inaugurerons en examinant la conception traditionnelle de la loi scientifique dans sa version minimale: "laws have the form of generalized conditionals, in the simplest case represented by the schema 'For any x, if x is A, then x is B' (or alternatively by 'All A is B')"[21]. Que retirer de cette citation?

1. Conformément à la conception traditionnelle, une loi dite scientifique implique: **a. taxinomiquement, le choix de divers concepts** ("all A is A" ne serait qu'une tautologie) et **b. générativement, l'affirmation d'un rapport prédicatif** ("All A" ou "is B" ne sont pas des lois scientifiques). Nous appellerons l'activité référentielle de nommer quelque chose "**appellation**", celle d'affirmer l'existence d'un rapport entre des choses, d'établir un état de choses, "**proposition**". Nous appellerons un concept différent d'un autre "**vocable**" ou "**identité conceptuelle**" et ce que la coupe prédicative d'une proposition détermine et met en rapport "**terme propositionnel**" ou "**unité conceptuelle**". Des deux termes propositionnels, le premier désigne ce dont il s'agit (nous l'appellerons **le thème**), le second ce qu'il en est (nous l'appellerons **le propos**)[22].

2. La formulation d'une loi scientifique implique le choix de concepts généraux ("A is B" n'est pas une loi scientifique si A ou B renvoient à un objet particulier situé spatio-temporellement)[23]. Des choses peuvent être différentes au regard d'une analyse, mais néanmoins comparables au regard d'une autre. Des concepts différents, qui nomment des choses différentes, peuvent donc être subsumés en tant que concepts particuliers sous un concept général qui rend les choses qu'elles nomment comparables. Ces concepts différents forment ainsi un

"**champ sémantique**" incluant certains concepts mais en excluant d'autres — à cet égard-ci mais pas à cet égard-là.

Nous appellerons le concept général, le dénominateur commun sous lequel sont subsumés des concepts (différents entre eux, mais assimilables en fonction d'un certain point de vue) "**pantonyme**". Le concept particulier subsumé sous un pantonyme sera nommé "**idionyme**". Quant aux concepts qui ont le même degré de généralité ou de particularité dans un champ sémantique, nous les appellerons "**isonymes**"[24]. Remarquons que l'idionymie et la pantonymie sont tout à fait relatives: l'idionyme peut lui-même être un pantonyme pour des concepts plus particuliers, le pantonyme, un idionyme subsumé sous un concept plus général.

Nous appellerons l'activité référentielle consistant à subsumer des concepts sous un concept général "**classification**". Celle-ci implique deux activités référentielles inséparables: la concision et la périphrase. **La concision** consiste à choisir un idionyme pour spécifier une chose particulère au lieu de son pantonyme pourvu d'informations supplémentaires à des fins de particularisation. **La périphrase** développe le pantonyme pour spécifier une chose particulière au lieu de choisir un idionyme seulement. L'une et l'autre nous apprennent que **la classification, dont le propre est de spécifier un vocable dans l'appellation d'une chose, ne procède ni forcément qualitativement, ni forcément quantitativement.** La concision est une opération proprement qualitative: elle consiste à choisir un vocable, celui-ci et pas un autre, dans la spécification d'une chose. La périphrase est une opération quantitative: elle consiste à rendre plusieurs vocables complémentaires dans la spécification d'une chose.

3. Il est bien sûr possible de proposer des schémas qui formalisent une analyse conceptuelle bien plus détaillée. Le schéma précité est le plus simple que l'on puisse imaginer. Ainsi la schématisation d'une autre loi dont les deux termes propositionnels intégreraient respectivement en plus les concepts C, D et F1, F2 prendrait la forme suivante "Pour tout x, si x est A avec la propriété C sous l'action de D, x est BF1; si x est A sans la propriété C sous l'action de D, x est BF2" ou "Tout A avec la propriété C sous l'action de D, est BF1; tout A sans la propriété C sous l'action de D, est BF2"). Ce dont il s'agit et ce qu'il en est peut être simple au regard d'une analyse et complexe au regard d'une autre. Autrement dit, des termes propositionnels simples peuvent être analysés dans un déploiement conceptuel qui détaille le rapport prédicatif en intègrant plus d'information, en affirmant plus de dépendances.

Les concepts réunis dans un déploiement conceptuel seront soit subordonnants, soit subordonnés. Dans le premier cas, nous parlerons d'"**holonyme**", dans le second cas d'"**hyponyme**". Quant au concepts qui occupent la même position de subordination — on les dit "coordonnés" — nous les appellerons "**prosonymes**"[25]. Remarquons que l'hyponymie et l'holonymie sont tout à fait relatives: l'hyponyme peut lui-même être un holonyme pour d'autres concepts subordonnés, l'holonyme, un hyponyme dépendant d'un autre concept subordonnant.

Nous appellerons **"compréhension"** le développement comme la restriction d'un terme propositionnel, c'est-à-dire l'activité référentielle consistant à complexifier et simplifier l'analyse de ce dont il s'agit et de ce qu'on en dit. La compréhension implique deux activités référentielles inséparables: le résumé et la précision. **Le résumé** consiste à désigner un terme en abrégeant une suite d'hyponymes en un holonyme. **La précision**, au contraire, désigne un terme unique en déployant une totalité d'hyponymes, elle coupe une totalité en plusieurs facteurs prosonymes. Le résumé et la précision nous apprennent que **la compréhension, dont le propre est de saisir une totalité de dépendances dans l'affirmation d'un fait, ne procède ni forcément qualitativement ni forcément quantitativement.** Le résumé est une opération qualitative: il consiste à choisir un vocable, ce vocable-ci et pas un autre, dans la saisie d'une totalité de dépendances. La précision est une opération quantitative: elle consiste à rendre plusieurs vocables complémentaires dans la saisie d'une totalité de dépendances.

4. Une loi scientifique implique, comme il apparaît dans l'implication du premier schéma et dans la généralité du rapport prédicatif du second, **une forme de contrainte.** Laquelle?

La proposition "all A is B" n'affirme **pas seulement des "matter-of-fact connections ... a "constant" conjunction of traits ... "accidental" or** *de facto* universality"[26]. Le type de contrainte qu'affirme une loi scientifique n'est pas purement factuelle. Prenons comme exemple la proposition "All the screws in Smith's current car are rusty"[27]. Cette proposition ne passe pas pour une loi scientifique, même s'il se fait que toutes les vis de la voiture de Smith sont rouillées. Elle est en fait reformulable comme la conjonction finie de propositions particulières qui chacune traitent d'une vis particulière de la voiture particulière de l'individu Smith. Cette proposition générale ne pourrait renvoyer à rien d'autre qu'à un nombre fini de cas. Le champ d'application de cette proposition coïncide avec les cas observés dans une région spatio-temporelle délimitée; en conséquence, elle n'a pas de pouvoir prédictif en ce qui concerne d'autres vis que celles de la voiture de Smith: elle ne prédit que ce que l'on sait déjà, c'est-à-dire rien.

Le type de contrainte qui fait défaut à cet exemple, que l'on pourrait accepter comme proposition générale "numérique" mais pas comme loi scientifique, n'est **pas** non plus **une nécessité logique,** puisque la négation formelle des lois dites scientifiques n'est pas logiquement contradictoire ("Not a single A is B" n'a rien d'auto-contradictoire). De plus, si les lois scientifiques étaient logiquement nécessaires, les scientifiques se dispenseraient de les mettre à l'épreuve, ce qui n'est pas le cas.

Puisque nous nous sommes placé comme Popper en dehors de la perspective inductiviste, nous ne renverrons **pas**, comme Hume, cette contrainte à **des**

habitudes observationnelles qui auraient crée pour l'avenir l'attente d'une conjonction déjà maintes fois observée.

La contrainte qui caractérise la loi scientifique n'est **pas** davantage **vide**. Supposons en effet qu'il n'y ait en réalité pas de x. Dans ce cas, il vaut nécessairement pour tout x que x est B si x est A.

La contrainte qu'affirme une loi scientifique est **une contrainte "réelle"**, **"physique"**. Mais que faut-il entendre par là? Revenons à Popper: "... Natural laws, though necessary as compared with singular facts, are contingent as compared with logical tautologies. For **there may be structurally different worlds - worlds with different natural laws**"[28]. **Toute proposition qui vise le réel ne peut être que synthétique.** Elle n'est pas tautologique, sa négation n'est pas logiquement contradictoire. Elle vise du possible, conçoit un monde et formule une expérience possibles. Disons le plus analytiquement: **taxinomiquement, elle nomme des choses qui peuvent ou non exister et générativement, elle affirme des états de choses qui peuvent ou non être le cas. Elle est synthétique.**

Mais est-il pertinent et suffisant d'affirmer qu'une proposition empirique générale est une loi scientifique si elle désigne des choses et des rapports possibles, concevables sans contradiction logique? Cette conception est trop inclusive et insuffisante, puisqu'elle vaut également pour la proposition mythique générale: **la négation de la proposition mythique générale n'est pas non plus logiquement contradictoire.** Peut-être alors qu'une proposition empirique générale est une loi scientifique si elle désigne des choses et des rapports généraux non seulement possibles mais réels?

Cette formule lapidaire pourrait sans doute en résumer une autre qui traite de la proposition scientifique d'une façon à la fois spécifique et suffisante. Mais cette formule lapidaire en tant que telle porte à l'équivoque, car elle semble réintroduire ce dont nous ne traitons pas (la problématique du vrai et du faux). Ou alors elle semble impliquer que le mythe ne traite pas du réel, mais seulement du possible — comme s'il était possible de "fonder" la science mais pas le mythe. Ni la science ni le mythe ne sont fondés. Le concept scientifique et le concept mythique rendent tous les deux l'univers intelligible à travers une médiation linguistique. Ils ne conçoivent pas respectivement la réalité et l'irréel. Ils conçoivent la réalité autrement.

Reprenons encore les textes de Popper pour formuler une conception spécifique et suffisante de la proposition scientifique, plus particulièrement de la loi scientifique: "natural laws might be compared to **'proscriptions' or 'prohibitions'**. They do not assert that something exists or is the case; they deny it. They insist on the non-existence of certain things or states of affairs, proscribing or prohibiting, as it were, these things or states of affairs. They rule them out. And it is precisely because they do so that they are falsifiable"[29]. "Natural laws may be described as **'principles of necessity' or 'principles** of **impossibility'**"[30]. "If we conjecture that a is a natural law, we conjecture that a expresses a *structural property of the world*; a property which prevents the occurrence of certain logically possible singular events, or states of affairs of a certain kind"[31]. Pour Popper, la loi scientifique n'affirme donc pas tant quel monde possible est réel. Elle affirme plutôt quels mondes possibles ne sont pas réels. **La proposition synthétique générale est scientifique du fait d'être falsifiable.**

1.c Choix et mise en rapport de concepts

Comment conçoit-on alors une proposition falsifiable? Comment explique-t-on donc qu'une proposition soit falsifiable et une autre au contraire infalsifiable? Pour répondre à cette question nous examinerons évidemment et le choix des concepts, éventuellement subsumés, et leur mise en rapport, plus ou moins compliquée. Car ce n'est qu'ainsi que nous cernerons notre problème taxinomiquement et génerativement.

A titre de résumé nous affirmerons deux choses :
1. seuls des vocables **sélectivement synonymisables** et capables de subsumer des idionymes comparables entre eux en fonction d'une **isonymie aspectuelle et exclusive**, rendent un énoncé falsifiable en ce sens qu'ils identifient les entités qu'il faut pour qu'on ait un fait, différent des autres faits, ou une classe de faits comparables, différente des autres classes de faits;
2. seul le rapport prédicatif unique de **deux termes séparables, autorhémiques**[32] et explicitables à l'intérieur de limites minimales et maximales en fonction d'une **prosonymie nécessaire et suffisante** rendent un énoncé falsifiable en ce sens qu'ils unifient les facteurs qu'il faut pour qu'on ait un fait, indépendant des autres faits, ou une classe de faits comparables, indépendante des autres classes de faits.

2. Pas de sémantique sans grammaire

Pour comprendre cette affirmation, il faut introduire une terminologie et des affirmations qui ne sont plus strictement d'ordre sémantique, mais aussi grammatical. Il faut passer de l'examen de la pensée référentielle à l'instance formelle qui la rend possible et nécessaire. La théorie du langage de Gagnepain qui vise à formuler le quantum spécifique du langage, n'est pas seulement, rappelons-le, une théorie sémantique, mais aussi une théorie grammaticale. Elle affirme plus exactement que toute opération sémantique s'effectue à la mesure de facultés grammaticales, que toute référence au monde présuppose un fonctionnement formel. Quelles sont donc les affirmations glossologiques décisives pour notre problématique?[33]

2a. Sème et rhème

Le fonctionnement grammatical de tout locuteur est strictement formel, plus exactement structural. Un élément grammatical est un élément structural, il n'a d'autre réalité que sa valeur structurale, c'est-à-dire sa position négativement définie dans une structure close. Or, cette structure est soit qualitative soit quantitative, soit différentielle soit numérique. Taxinomiquement, l'élément grammatical ("**sème**") se définit par sa différence. Générativement, l'élément grammatical ("**rhème**")[34] se définit du fait d'être unique, de cohérer, en un tout, des fragments qui ne peuvent fonctionner à l'état isolé. Un exemple nous permettra d'y voir plus clair[35]:

Le sème "bon", comme l'atteste leur constitution phonémique respective, est différent de don, daim, ton, taôn, rond, camp, vin, ou de feu, lessive, aviateur, ciseaux., etc. Ces sèmes ont en commun avec "bon" la valeur différentielle singulier, ou la valeur différentielle masculin, ou encore le statut lexématique. Mais "bon" ne pourrait s'y substituer structuralement: il est un sème distinguable, soit par le nombre, soit par le genre, soit par la valeur lexématique.

En tant qu'identité grammaticalement distinguable, le sème fonde la possibilité d'identifier et de différencier le dicible. Le sème est le principe qualitatif de toute intellection verbale. Il est la condition sine qua non de l'appellation. Quelqu'un qui ne maîtriserait plus la différence grammaticale, comme tout aphasique de Wernicke, prouve a contrario que l'univers n'est pas distinguable en choses différentes si le grammairien que nous sommes spontanément, sans réfléchir, ne distingue pas formellement des sèmes.

Le sème "bon" diffère aussi, comme l'atteste encore leur constitution phonémique respective, de boniment, bonimenteur, bonté, bonnement. Ces sèmes ne sauraient se substituer à "bon", car ils sont des variations morphologiques sur "bon", lexématiquement identiques à "bon", mais non morphématiquement.

La morphologie, autrement dit, **unifie l'énorme variété des sèmes, mais pour une part seulement. Elle la catégorise et préfigure ainsi la classification de la diversité des choses en champs sémantiques.**

Le rhème "pour un escroc" n'est pas, comme l'atteste leur constitution phonémique respective, un fragment d'autres rhèmes comme "du plaisir", "pour la justice", "sans témoins", "vos combattants", etc. Ces rhèmes nominaux, distincts des rhèmes de type verbal, solidarisent exactement le même nombre déterminé de fragments d'une catégorie définie que "pour un escroc": la préposition (absente ou présente matériellement comme indice syntaxique), l'article ou certains pronoms comme le possessif, et puis le nombre, le genre, le lexème nominal. Quant aux fragments du rhème, ils ne pourraient fonctionner isolément et nécessitent leur présence mutuellement adaptée: ainsi le nombre et le genre de l'article sont solidaires de ceux du lexème nominal. Les fragments forment ensemble une unité indépendante d'autres unités qui sont des unités supplémentaires. L'unité formelle fonctionne comme matrice abstraite de fragments insegmentables Elle prescrit un programme minimum de solidarité nécessaire pour parler, elle prescrit le nombre des fragments et leur catégorie, mais elle ne précise pas au sein de la catégorie ce qu'il faut choisir. Entendons que le rhème n'est pas tant "pour un escroc" que le programme implicite qui aurait également pu être concrétisé (sémiquement identifié) par "contre les escrocs", "l'escroc", "des escrocs", "sans escrocs" , etc.

En tant que minimum grammaticalement nécessaire, le rhème fonde la possibilité d'unifier et de déterminer le dicible. Le rhème est le principe quantitatif de toute intellection verbale du monde. Il est la condition sine qua non de l'assertion. Celui qui ne maîtrise plus la pluralité grammaticale, comme tout aphasique de Broca, prouve a contrario que l'univers n'est pas explicitable comme état de choses si le grammairien que nous sommes spontanément ne dénombre pas formellement des rhèmes.

Le rhème "pour un escroc" n'est pas, comme l'atteste encore leur constitution phonémique respective, le fragment d'un schème syntaxique comme: "tuer un escroc", "travailler pour un escroc", "un escroc qui se fait prendre", etc. Ces schèmes syntaxiques intègrent chacun à leur façon plusieurs unités, entre autres l'unité nominale qui sous-tend comme programme formel "pour un escroc". Ces différents schèmes syntaxiques maintiennent d'une unité à l'autre au moins une valeur structurale identique, par exemple celle du genre ou nombre.

La syntaxe, autrement dit, **identifie formellement l'énorme pluralité des rhèmes, mais sélectivement. Elle l'ordonne et préfigure ainsi la compréhension des termes propositionnels, la saisie plus complexe d'un état de choses.**

Une dernière remarque s'impose. Le rhème et le sème sont différents et indépendants l'un de l'autre, comme le prouvent encore a contrario les aphasies de Broca et de Wernicke. Il n'est pas possible de rendre l'univers appellativement intelligible sans la maîtrise de la structure sémique, même si la maîtrise de la structure rhémique est intacte, et vice versa. **Le sème ne fonde que l'appellation, le rhème, uniquement l'assertion.** Quant à la classification et la compréhension, elles sont fondées deux fois, sémiquement et rhémiquement: ni la classification ni la compréhension ne peuvent être effectuées sans la double maîtrise des structures sémique et rhémique. **Le sème et le rhème fondent tous les deux et la classification et la compréhension.**

Le sème "bon" diffère d'autres sèmes à divers égards: il n'est pas féminin mais masculin, il pourrait être singulier ou pluriel, c'est un lexème et pas un morphème. La maîtrise pourtant de ces différences qualitatives n'apprend rien sur la nécessité d'adjoindre à cette entité grammaticale d'autres entités grammaticales. La seule maîtrise de la structure taxinomique des sèmes ne rend pas le grammairien que nous sommes capables de savoir que "bon" pourrait être le matériel d'un rhème de type nominal, et qu'à ce titre, il exige la présence d'un article de mêmes genre et nombre.

Tous les rhèmes ici donnés comme exemples ne sont rien d'autre que la concrétisation différentielle d'une seule et unique matrice quantitative abstraite.

Le rhème n'est pas tant "pour un escroc", mais plutôt ce qui rend la préposition, l'article (défini ou indéfini, singulier ou pluriel, masculin ou féminin) ou certains pronoms comme le possessif, et le lexème nominal (singulier ou pluriel, masculin ou féminin) solidaires. La seule maîtrise de la structure générative ne rend pas le grammairien que nous sommes capable de savoir qu'une préposition n'en est pas une autre, qu'un article n'en est pas un autre, etc.

2b. Polysémie et polyrhémie

L'élément grammatical, n'ayant d'autre réalité que sa position structurale négativement définissable, ne désigne rien de concret, ne conçoit aucun phénomène perceptible, n'est pas fondé empiriquement. Il est parfaitement impropre au monde des choses à dire.

Le sème est polysémique. Un même sème peut se concrétiser dans une grande diversité conceptuelle. L'appellation de choses diverses sans commune mesure est possible avec un même sème, sans qu'aucune frontière grammaticale ne soit modifiée. Le sème est vide, virtuel par rapport à la diversité des choses qu'il peut nommer. Il ne désigne ni ceci, ni cela. Revenons à notre exemple:

Que veut dire "bon"? Qu'un théologien affirme que Dieu est bon est une chose, qu'un gastronome apprécie un bon dîner en est une autre, qu'un joueur de football soit bon est encore une chose différente, que la saison d'été est bonne n'est pas non plus la même chose, qu'une diététicienne conseille la consommation des bons aliments est encore autre chose, qu'une blague soit bonne est encore différent etc. Il y a là un même sème identique "bon". Et pourtant, il se concrétise dans une diversité conceptuelle. Grammaticalement, la frontière structurale, qui distingue le sème "bon" des sèmes différents, n'a pas changé. Mais ce sème rend possible l'appellation de choses diverses sans commune mesure. Il est donc polysémique.

Gardons-nous de conclure que le sème est un concept général. Le sème n'est pas un concept, ni particulier, ni général. C'est une entité grammaticale qui ne désigne pas des choses diverses, qui seraient subsumables sous un pantonyme. **Le sème n'est pas l'universale qui subsume des particularia**. Nous en voyons pour preuve qu'un sème est susceptible de fonctionner tantôt comme pantonyme, tantôt comme idionyme.

Les sens énumérés de bon ("miséricordieux", "généreux" pour Dieu; "savoureux", "appétissant" quant à l'alimentation; "athlétique", "habile tacticien", "brillant technicien" pour un joueur de football; "ensoleillé", "doux", "chaud" pour l'été; "sain", "salubre" pour les aliments; "drôle", pour une plaisanterie) ne sont pas subsumables comme "particularia" sous un "universale".

Le rhème, quant à lui, est polyrhémique. Un même rhème unique peut se concrétiser dans plus d'un terme, plus d'une proposition. Le rhème est vide, virtuel par rapport au nombre de propositions qu'il rend affirmables et n'existe grammaticalement que d'être insegmentable: il n'est donc pas insérable comme partiel de rhème à d'autres rhèmes. Sa seule réalité est grammaticale. Référentiellement, il est disponible. Il n'affirme ni ce fait-ci, ni ce fait-là.

Que cette femme travaille pour un escroc est une affirmation, que le gouvernement encore plus corrompu que lâche ne déclare pas la guerre aux gros escrocs en est une autre, que les villes du Mezzogiorno, négligées par Rome, vivent grâce aux escrocs de la Cosa Nostra en est une troisième. Il y a la un même rhème unique (sc. la matrice formelle qui sous-tend "pour un escroc"). Et pourtant il se concrétise dans plus d'une proposition. Grammaticalement, la frontière structurale qui sépare "pour un escroc" des autres rhèmes, n'a pas changé. Mais ce rhème rend possible de nombreuses propositions. Il est donc polyrhémique.

Il ne faudrait pas en conclure que le rhème est un concept holonyme. Le rhème n'est pas un concept, ni principal, ni subalterne et ne désigne pas une pluralité de dépendances qui déploient un holonyme. **Ce n'est pas un concept qui résume une suite d'hyponymes.** La preuve en est qu'un rhème est susceptible de fonctionner tantôt comme holonyme, tantôt comme hyponyme.

Prenons quelques propositions dont les termes ont été développés. La proposition "cette femme travaille pour un escroc" pourrait être un résumé des affirmations suivantes: une jeune femme travaille pour un homme qui l'extorque, une jeune femme fortunée travaille pour un galant homme qui l'extorque, une jeune femme fortunée qui est l'administrateur général d'une grande entreprise travaille délibérément, afin de se venger de son milieu familial, mais aussi sans aucun sens de ses responsabilités sociales puisqu'elle ruine l'avenir de ses employés, pour un galant homme qui la ruinera et la quittera aussitôt sa fortune dilapidée... Par rapport à chacune de ces propositions, la proposition "cette femme travaille pour un escroc" apparaît comme un résumé affirmant le même rapport prédicatif. "Pour un escroc" est plus simple, quoique moins précis que la suite des hyponymes plus ou moins longue Mais on voit mal comment la suite de ces hyponymes pourrait servir à préciser quoi que ce soit dans une proposition comme "les villes du Mezzogiorno, négligées par Rome, vivent grâce aux escrocs de la Cosa Nostra".

2c. Le mythe et la science

Etant en soi impropre à désigner cette chose-ci ou cette chose-là, ce fait-ci ou ce fait-là, l'élément grammatical doit être "rempli", "erfüllt" pour parler comme le Husserl des "Logischen Untersuchungen". Ce "remplissage" n'est rien d'autre que ce que nous avons maintes fois appelé l'activité conceptuelle, l'opération sémantique (sc. **l'appellation, la proposition, la classification, la compréhension**), c'est-à-dire la tentative de rendre intelligible le monde en exploitant la maîtrise des structures grammaticales face au phénomène perçu. L'aphasie prouve a contrario, disions-nous, que l'activité conceptuelle ne peut se passer des structurations grammaticales, sans quoi l'univers serait verbalement inintelligible mais symboliquement indiqué. Sans médiation grammaticale, notre objet d'étude ("l'intellection", "la pensée", "la conception") se situerait en dehors du domaine des sciences humaines. Il ressortirait à l'éthologie. Bref, toute conception humaine est grammaticalement médiée.

Ne pouvant faire l'impasse sur la structuration grammaticale, l'activité conceptuelle ne peut être que contrainte par elle: **les propriétes de l'élément grammatical sont prégnantes jusque dans la pensée empirique, scientifique ou mythique.** Ces propriétés grammmaticales sont, d'une part, la polysémie du sème et, d'autre part, la polyrhémie du rhème.

L'appellation: la synonymie et l'hypostase

La polysémie du sème abstrait par rapport au réel à nommer rend possible une synonymisation, sans pour autant y contraindre.

Il n'est sans doute pas inutile de rappeler l'impossibilité du point de vue sémantique, de privilégier le vocable scientifique par rapport à son équivalent mythique, de considérer le premier comme rationnel tandis que le second serait irrationnel: l'un et l'autre, en effet, identifient et différencient la chose à partir d'une même analyse grammaticale sémique, qui justement fonde toute intellection appellative — on ferait mieux de dire: rationalité distinctive. La seule différence entre mythificateur et scientifique réside dans le mode d'investissement de cette même analyse grammaticale. **Un seul et même principe formel se manifeste selon les deux seules possibilités glossologiquement concevables: la synonymie et l'hypostase Et l'une comme l'autre engendrent chacune à leur façon de la classification.**

Un locuteur qui ne synonymise pas rend le réel intelligible verbalement, mais par la seule hypostase du vide différentiel: il déduit d'une différence sémique une différence de la chose nommée, et d'une identité sémique une identité de la chose nommée. Ce locuteur, c'est **le mythificateur.** Il est contraint par une grammaire que nul objet ne pourrait mettre en doute. La chose, ici, ne résiste pas aux identités et aux différences sémiques. Tout au plus est-elle ressaisie dans une classification, elle même mythique, laquelle conçoit, au sommet du champ, une identité pantonyme qui se métamorphose de périphrase en périphrase, et, à l'autre extrême du champ, des choses différentes, incomparables, qu'aucune périphrase ne rend subsumables.

Inversement, un locuteur qui n'hypostasie pas les différences sémiques ne conclut pas d'une différence sémique à une différence de la chose nommée et d'une identité sémique à l'identité de la chose nommée. Ce locuteur, c'est **le scientifique.** Il contraint une grammmaire pour mettre en doute l'identité ou la différence des choses que suggère l'identité ou la différence des sèmes: les choses, dans ce cas, provoquent une résistance à l'analyse sémique.

L'opération synonymique, caractéristique de l'appellation scientifique, consiste à rendre en situation perceptive différents sèmes — mais pas tous — référentiellement équivalents dans l'appellation d'une chose. Quoique grammaticalement distincts, ces sèmes sont choisis pour nommer une chose identique. Ils constituent une classe de vocables synonymes par rapport à elle, mais pas par rapport à autre chose. La substituabilité des vocables est donc sélective, ce qui, justement, les rend falsifiables: la synonymie exclut des possibilités, mais pas en un sens absolu, seulement d'un certain point de vue qui peut être échangé pour un point de vue différent, à nouveau relatif.

Les choses n'apparaissent plus étranges comme elles le sont forcément pour le mythificateur. Le fait qu'elle soient nommées à l'aide d'un même sème ne contraint pas à les ressaisir comme une substance en métamorphose. Le fait qu'elles soient nommées à l'aide de sèmes différents ne rend pas impossible une comparaison d'un certain point de vue qui ne préjuge pas de l'incomparabilité à partir d'un autre point de vue.

Ainsi, les sèmes "miséricordieux" et "bon", grammaticalement différents, constituent une classe de vocables synonymes dans l'appellation d'une propriété divine identique. Ils sont choisis dans une structure formelle différentielle pour appeler une même chose. Ils sont donc rendus conceptuellement identiques.

Alors que le sème "bon" est grammaticalement identique en-deçà de la diversité conceptuelle qu'il peut désigner, la chose 'miséricordieux' - comme chaque chose - est identique au-delà des différents sèmes qui peuvent être choisis pour la nommer: bon, clément, charitable, indulgent ... sont des vocables synonymes. Mais la synonymie est sélective: bon n'est pas synonyme de drôle et de miséricordieux à la fois! La drôlerie et la miséricorde sont bien deux choses différentes. La classe des vocables synonymes dans l'appellation de la propriété divine 'miséricordieux' inclut bon, mais pas drôle, même si une autre classe de vocables synonymes (ceux qui nomment quelque chose d'amusant) inclut les vocables bon et drôle. Puisque la synonymie est exclusive, il n'est pas non plus nécessaire de rendre une identité surprenante (celle de la miséricorde et de la drôlerie) intelligible par des périphrases. Et inversement, il n'est pas impensable de rendre quelque chose de miséricordieux et quelque chose d'amusant comparable au regard d'un pantonyme, 'soulageant', par exemple. Alors même que quelque chose de miséricordieux et quelque chose d'amusant peuvent être différents du point de vue de l'action sur les zygomatiques: la miséricorde divine n'active pas les zygomatiques, contrairement à une bonne plaisanterie.

Si nous revenons alors à la loi scientifique que cite Popper, il nous apparaîtra que les concepts y sont synonymisables.. La notion de poids, par exemple, est substituable à celles de masse et d'accélération gravitationnelle, et inversement.; la notion de masse est substituable à celle d'un produit, celui du volume et de la densité, et inversement; et la notion d'accélération gravitationnelle, à celle d'un produit, celui de la constante gravitationnelle et du quotient de la masse de l'objet attracteur et du carré de la distance qui sépare l'objet attracteur de l'objet attiré.

Mais ira-t-on, périphrase à l'appui, jusqu'à identifier cette masse à la masse successorale ou à la masse instrumentale pour n'y voir qu'une chose qui se transforme pour réapparaître? Ira-t-on jusqu'à identifier cette attraction gravitationnelle à l'attraction sexuelle pour n'y voir que les effets d'une sympathie universelle? Mythiquement, oui. Scientifiquement, non.

L'hypostase, caractéristique de l'appellation mythique, consiste, soit à conclure d'une identité sémique à l'identité du désigné, soit à conclure d'une différence sémique à la différence du désigné. Dans le premier cas, à cause de l'analyse verbale, et à cause d'elle uniquement, le réel apparaît comme une chose étrange qui se métamorphose sans cesse tout en restant foncièrement identique. L'hypostase de l'identité sémique prépare en somme une classification radicale où toute chose peut être subsumée sous un pantonyme sans concurrence, et qu'il faudra périphraser à l'infini. Dans le second cas, le réel apparaît comme une diversité de choses absolument incomparables, même aspectuellement. L'hypostase de la différence sémique prépare donc l'énumération de choses inclassables. Seul un vocable absolument concis, qui n'est synonyme d'aucun autre vocable, peut en toute logique nommer l'incomparable. Quant aux périphrases, pour autant qu'elles soient encore possibles, elles ne sont plus pratiquées pour saisir l'identique qui se manifeste dans la diversité, mais pour différencier ce qui semble identique.

Ainsi le mythificateur conclura de l'identité du sème "bon" à l'identité foncière de ce qui est miséricordieux, savoureux, athlétique, ensoleillé, salubre et plaisant, etc. Cette identité prothéique est si étonnante qu'elle n'est intelligible que si l'on y voit les avatars de la même chose: il faudra périphraser la même chose des façons les plus diverses, il faudra accumuler ses attributs pour couvrir tous les avatars possibles. Ou alors, ce qui est miséricordieux n'est plus comparable à ce qui est bon, clément, charitable, indulgent ou toute chose nommée à l'aide d'un sème différent du sème "miséricordieux". La pensée s'engage dans des distinguo scholastiques: elle émiette l'univers et n'y voit que du singulier.

La proposition: l'autorhémie et l'absence de détermination

La polyrhémie du rhème, abstrait par rapport au réel à dire, rend possible une opération autorhémique, sans pour autant y contraindre[36].

Une fois encore il n'est pas inutile de rappeler l'impossibilité du point de vue sémantique, de privilégier la proposition scientifique à son équivalent mythique, de considérer la première comme rationnelle alors que la seconde serait irrationnelle. Elles affirment en effet des faits à partir d'une même analyse grammaticale en rhèmes, qui justement fonde toute intellection assertive, ou si vous voulez, toute rationalité discursive. La seule différence entre mythificateur et scientifique est qu'une seule analyse formelle s'investit autrement: dans le cas du rhème, **un seul et même principe formel se manifeste selon les deux seules possibilités imaginables, l'autorhémie et l'absence de détermination. Et l'une comme l'autre provoquent chacune à leur façon la compréhension.**

Un locuteur qui n'autorhémise pas rend le réel verbalement intelligible, mais ses propositions sont en-deça ou au-delà de ce qu'il faut pour une prédication. Il supprime un terme en concluant de l'unicité d'un rhème à la suffisance d'un terme pour affirmer un fait, et il surdétermine un rapport en concluant de la pluralité des rhèmes à l'impossibilité de compléter, donc de déterminer les deux termes. Ce locuteur, c'est **le mythificateur**. Dans le premier cas, il énonce des mots-phrases qui ne disent que le minimum; la proposition est indéterminée. Dans le second, des propositions interminables qui n'en disent jamais assez pour rendre totalement le fait. La proposition n'est pas indéterminée mais surdéterminée, infalsifiable donc: à l'extrême elle ne dit pas ceci de cela, mais tout de tout.

Inversement, un locuteur qui n'hypostasie pas les contrastes rhémiques, ne conclut pas d'une unité rhémique à l'extrême compressibilité de la situation à décrire, et d'une pluralité rhémique, à l'impossibilité de totaliser la situation dans un rapport prédicatif. Ce locuteur, c'est **le scientifique**. La proposition scientifique est une prédication en ceci qu'elle détermine deux termes, quelle que soit leur "longueur" grammaticale. Elle met en rapport un thème et un propos pour établir entre eux un rapport, ni plus, ni moins.

L'opération autorhémique, caractéristique de la proposition scientifique, consiste à rendre en situation perceptive plusieurs rhèmes référentiellement cohérents dans la détermination d'un terme. Ils peuvent être plus ou moins nombreux sans que la binarité des termes propositionnels ne soit en cause, sans que le seul rapport prédicatif entre les deux unités conceptuelles ne disparaisse (indétermination mythique) ou s'épaississe d'une multitude de rapports compossibles (surdétermination mythique).

Par exemple, 'quel escroc!' est une proposition très suggestive parfaitement capable de résumer un fait qui est ce fait-ci et pas un autre. Mais, telle quelle, elle n'établit aucun rapport falsifiable parce qu'elle n'en dit pas assez pour établir ce fait-ci et pas un autre. Elle est indéterminée.

On imagine par ailleurs aisément que la proposition 'cette femme travaille pour un escroc' soit compliquée de telle sorte qu'il devienne impossible de décider qui travaille pour qui, comment, pourquoi, quand, où, à quelles conditions, etc. Cette proposition en dirait beaucoup trop pour être encore telle proposition et pas une autre. Elle évoquerait une multitude de rapports possibles, sans en exclure qui soient indépendants. A force de totaliser le fait, elle le déstabiliserait au lieu de l'établir et prendrait des allures métaphysiques. Elle serait infalsifiable.

Si nous revenons à la loi scientifique citée par Popper, nous voyons qu'il y s'agit bien de quelque chose qu'on dit à propos d'autre chose. Mais cela n'empêche pas que le thème et le propos puissent être résumés ou précisés, du moins à l'intérieur de certaines limites. Une fois dépassées les limites minimales, la coupe prédicative disparaîtrait, ce qui n'est pas le cas ici. La rupture d'une corde à laquelle est suspendu un poids n'est pas "le poids" ou "la suspension" ou "la corde" ou "la rupture".

Une fois dépassées les limites maximales, le rapport prédicatif se démultiplierait jusqu'à devenir indécidable, ce qui n'est pas le cas ici. La rupture d'une corde est présumée compréhensible avec les seules notions en plus mises en rapport dans la loi. Il ne faut pas introduire d'autres notions à moins que la loi ne soit fausse. Encore faut-il d'abord qu'elle soit falsifiable, qu'elle définisse le nombre suffisant de concepts à mettre en rapport, autrement dit qu'elle pose des limites aux notions à prendre en compte ensemble. Scientifiquement, la rupture d'une corde n'est pas plus intelligible parce qu'une analogie évoque des événements comparables comme la rupture d'un ménage qui a charge d'enfant, ou encore la sécession de deux peuples qui assument désormais le poids de la liberté. Cette compréhension analogique rend nécessaire l'introduction de concepts supplémentaires comme ménage et enfant, peuples et liberté. Elle est d'allure métaphysique en tant qu'elle retrouve l'univers entier dans un seul fait. Elle suggère une profondeur épaisse de coïncidences simultanées au lieu de délimiter un fait sans analoga mirifiques.

La classification: l'isonymie aspectuelle et exclusive, la substance en métamorphose et la substance incomparable

Reprenons une fois de plus l'exemple de Popper sur la force élastique:

La fibre de verre, la branche du pommier et la colonne vertébrale du prisonnier sont des choses différentes, nommées par des concepts différents. Mais elles restent néanmoins comparables du point de vue de la force élastique. Ces concepts sont donc subsumables comme concepts particuliers dans le champ sémantique des objets élastiques. Ce champ diffère en toute généralité, par exemple, de celui des objets transparents, fructifères ou encore osseux. Ceux-ci incluent chacun repectivement la fibre de verre, la branche du pommier et la colonne vertébrale, mais pas le reste, parce que le reste n'est pas inclusible de ces points de vue différents. Ainsi, la fibre de verre n'est ni fructifère ni osseuse, même si elle a par ailleurs des propriétés en commun avec l'objet fructifère particulier qu'est la branche de pommier, et avec l'objet osseux particulier qu'est la colonne vertébrale. La fibre de verre, autrement dit, est isonyme à la branche du pommier et à la colonne vertébrale, mais seulement en un sens, celui de l'élasticité.

Scientifiquement donc, l'isonymie ne vaut que pour un aspect (celui que nomme le pantonyme), à l'exclusion des autres aspects (ceux que nomment des pantonymes différents). Autant dire que scientifiquement, il existe des pantonymes insubstituables. Un concept général n'est pas synonymisable à n'importe quel autre concept général. Il existe des concepts généraux différents, donc *des* champs, et non un seul. La pensée scientifique diversifie le phénomène, mais rend le diversifié malgré tout assimilable en le classant en champs: elle subsume en fonction d'aspects exclusifs.

La loi scientifique affirme ou nie une possibilité de comparer des choses, mais seulement d'un point de vue restreint, jamais substantiellement.

En conséquence, une éventuelle synonymie des concepts "élastique", transparent", "fructifère" et "osseux" ne peut être scientifique à la seule condition qu'au moins un sème différent des sèmes précités ait été sélectionné en même temps que ces sèmes-là, mais pour fonctionner comme concept général d'un champ différent, irréductible. De plus, si les concepts généraux précités ne sont pas synonymes, une proposition particulière concernant un objet transparent, fructifère ou osseux ne pourrait être pertinente, ni positivement ni négativement, par rapport à la puissance de déduction prédictive et d'explication causale d'une loi scientifique concernant la force élastique, tout simplement parce que le fait n'est pas du même genre que la loi: la loi n'affirme ou ne nie rien à propos d'objets de genre différent, classés dans des champs différents. Pour être pertinente par rapport à cette loi contraignante, il faudrait que la proposition particulière ignore la transparence, le caractère fructifère ou l'osséité de l'objet en question: il faudrait qu'elle ne parle de l'objet que du point de vue de sa résistance à la rupture, en excluant tous les autres points de vue.

Il est évidemment possible de classer l'objet élastique sous un concept plus général (l'objet amovible, par exemple), de même qu'il est possible de particulariser les concepts de fibre de verre, de branche de pommier, de colonne vertébrale (la fibre de verre fabriquée en Belgique, la branche d'un pommier de l'espèce Jonagold, la colonne vertébrale du prisonnier politique). Le pantonyme et les idionymes sont donc relatifs, ils n'existent pas indépendamment les uns des autres. Il n'y a ni pantonyme ni idionyme en soi. En conséquence, le pantonyme "amovible" est applicable à l'idionyme "branche de pommier de l'espèce Jonagold" qui est un idionyme d'idionyme , etc.

Mais exactement comme il n'était pas affirmé dans l'exemple de Popper que l'élasticité ne soit rien d'autre que la transparence, le caractère fructifère ou l'osséité, il n'est pas avancé ici que tout objet amovible soit élastique; à moins que l'élasticité soit coextensive à l'amovibilité, auquel cas l'élasticité ne serait pas un idionyme d'amovible, mais simplement un synonyme, désignant une chose identique. Il ne faudrait donc pas périphraser pour substituer "amovible" à "élastique". La substitution de l'un par l'autre se ferait sans perte d'information. Le choix du concept général "objet élastique" implique quant à lui une perte d'information par rapport aux concepts particuliers qu'il subsume. Pour conserver l'information, pour désigner l'objet en particulier, le pantonyme doit être intégré à une périphrase qui nomme, au total, la même chose grâce à des adjectifs, des clauses relatives, etc. — par exemple, objet élastique fructifère, de bois, qui croît et dépérit, etc.

Scientifiquement, un pantonyme est substituable à l'un de ses idionymes à la seule condition que la périphrase le rende synonyme de l'idionyme, à condition, d'une part, que les spécifications apposées au pantonyme le particularisent jusqu'à le rendre distinct

des autres idionymes et, d'autre part, que la totalité de ces spécifications soient nécessaire et suffisante.

En conséquence, une proposition concernant le seul pantonyme "objet élastique" sans toutes les informations supplémentaires, nécessaires et suffisantes, concernant les propriétés qui le rendent synonyme à ses idionymes respectifs "fibre de verre", "branche de pommier" et "colonne vertébrale", ne pourrait nous fournir aucune information soit négative, soit positive à propos de lois scientifiques qui traitent respectivement de la fibre de verre, de la branche du pommier, et de la colonne vertébrale comme telles.

La compréhension: la prosonymie nécessaire et suffisante, la résomption maximale et la précision illimitée

La loi établit un rapport prédicatif, elle ne résume pas la situation générique à décrire jusqu'à supprimer un terme. Elle en détermine toujours deux: le thème (every thread of a given structure) et le propos (it has a characteristic weight such that etc.). Cette loi maintient donc de part et d'autre au moins un concept. Ce concept est inévitablement un holonyme.

Le minimum nécessaire pour énoncer une loi scientifique est donc deux holonymes, un pour chaque terme. La loi scientifique la plus simple "All a is B" n'a que deux holonymes. Ce nombre est suffisant, sans quoi la proposition serait indéterminée, donc infalsifiable. Parfois, il y aura plus de deux holonymes. Mais ils sont forcément prosonymes entre eux dans chaque terme. Ce sont des prosonymes nécessaires à et suffisants pour la détermination du terme. Sans quoi la proposition serait incomplète, donc infalsifiable.

Ainsi les notions "characteristic weight", "break", "exceeding the characteristic weight", "suspension" sont des notions holonymes. Elles sont donc prosonymes entre elles, toutes nécessaires et suffisantes pour déterminer le propos dans la loi que cite Popper.

Qu'un terme soit déterminé par un ou plusieurs holonymes n'empêche pas que ses notions puissent être des résumés. Les notions principales de la loi scientifique peuvent être précisées à un niveau de dépendance inférieur, mais seulement par une suite d'hyponymes qui sont prosonymes entre eux et nécessaires et suffisants pour préciser l'holonyme principal. Le fait de préciser des résumés à l'aide d'une suite d'hyponymes nécessaires et suffisants ne transforme pas la loi scientifique. Mais la précision rend possible des explications et des prédictions plus détaillées. Elle prépare donc éventuellement la formulation des conditions initiales. Elle rend intelligible à sa façon, même si elle ne dit rien d'autre que la loi qui ne formule que la dépendance des holonymes principaux.

Un objet pèse en fonction de sa masse et de l'accélération gravitationnelle qu'il subit. Parler de masse et d'accélération gravitationnelle au lieu de poids, c'est préciser une notion holonyme qui fonctionne comme résumé à l'aide de deux notions hyponymes coordonnées. Ces deux notions en résument à nouveau d'autres qui se situent à un niveau de dépendance encore inférieur en ce qui concerne notre loi. L'accélération gravitationnelle, tout d'abord, est fonction de la constante gravitationnelle, de la masse de l'objet attracteur et de la distance qui sépare l'objet attracteur et l'objet attiré. Toutes ces notions sont hyponymes par rapport à la notion d'accélération gravitationnelle, et prosonymes entre elles. La mise en pièces de la notion holonyme d'accélération gravitationnelle rend possible une explication et une prédiction plus complexe, plus précise de la rupture d'un objet élastique. Elle rend compréhensible qu'une corde pourra se rompre à la surface terrestre mais pas à la surface lunaire, malgré le fait qu'un objet d'une égale masse y ait été suspendue.

La notion de masse est également détaillable: la masse d'un objet est égale au produit de sa densité et de son volume. Parler de volume et de densité au lieu de masse, c'est préciser à l'aide de deux hyponymes une notion holonyme qui fonctionne comme résumé, mais qui elle-même déja occupe à l'égard de la notion de poids une position d'hyponyme.

Le déploiement du résumé rend possible une explication et une prédiction plus complexe et plus précise du phénomène. Il explique la rupture sous des conditions plus détaillables. Un poids reste toujours un poids, mais la masse qui pèse x gr. peut varier en fonction des deux facteurs: volume et densité. L'objet élastique peut donc se rompre quand on y suspend un gros objet de faible densité comme un petit objet de forte densité —précision indisponible avec le seul holonyme "poids".

En conséquence, il n'est d'aucune importance pour la loi que le fait expliqué ou prédit concerne le produit du volume v1 et de la densité d1, ou de v2 et d2. Tant qu'il s'agit d'une masse, le fait reste pertinent. Et il s'agit d'une masse aussi longtemps que les prosonymes déployés compliquent tous ensemble le vocable de masse.

Bref, la résomption scientifique maximale d'un terme sauvegarde au moins un concept principal, sans quoi il n'y a plus de prédication. Ce concept est à la fois nécessaire et suffisant pour la prédication. Il est **le quantum indispensable de la prédication**. Et puisqu'il y a deux termes propositionnels dans une prédication, il y au moins **deux holonymes indispensables, un dans chaque terme**.

Le concept holonyme indispensable peut éventuellement être complémentaire d'autres holonymes, au niveau principal même du terme. Si c'est le cas, ces holonymes sont des prosonymes indispensables, mais seulement dans les limites du terme prédiqué. **Scientifiquement donc, la prosonymie des holonymes principaux ne vaut que dans les limites d'un terme. Les prosonymes principaux sont nécessaires et suffisants dans la déterminaton de ce terme.**

La précision scientifique du principal indispensable augmente, à un niveau inférieur de dépendances, le nombre des concepts, mais toujours à l'intérieur de limites minimales et maximales. Elle introduit des concepts subordonnés, mais pas plus qu'il n'est nécessaire pour préciser ce principal. Les hyponymes, prosonymes entre eux, devront à nouveau être nécessaires et suffisants. **Scientifiquement donc, la prosonymie des hyponymes ne vaut que pour les concepts que résume un holonyme indispensable. Les prosonymes subalternes sont nécessaires et suffisants dans la précision de cet holonyme.**

La pensée scientifique détermine le phénomène, mais rend le déterminé malgré tout complémentarisable en déployant des suites d'hyponymes: elle résume et précise sans dépasser des limites minimales et maximales. La loi scientifique affirme ou nie une concomitance nécessaire et suffisante de concepts à l'intérieur des limites de chaque terme.

La loi scientifique, cette loi-là et pas une autre

En somme, une loi scientifique, si elle ne désigne pas un rien du tout incomparable, ne désigne pas pour autant un tout indistinct, le global universel. Elle détermine un phénomène en toute généralité, mais exclut telle ou telle généralisation et omet une explicitation de plus: elle identifie un phénomène à tel autre, en excluant d'autres identifications; elle dit ce qui est nécessaire mais aussi suffisant pour que ce phénomène se produise. Autrement dit, la loi scientifique sera nécessairement falsifiable par un quantum plus ou moins grand et par un genre seulement d'information perceptuelle conceptuellement saisie: elle sera falsifiable par une proposition d'un genre.

Le fait scientifique, ce fait-là et pas un autre

Quant à la proposition scientifique qui décrit un fait, elle décrit tel rapport de choses à l'exclusion de tel autre rapport de choses, lequel est sans doute concevable, mais, eu égard aux seules prémisses de l'explication et de la prédiction, présumé impossible en réalité. Ces seules prémisses sont logiquement concevables comme tant d'autres prémisses. Mais elles sont conçues, d'une part, au lieu des prémisses scientifiques qui n'excluent pas les mêmes isonymies et qui ne délimitent pas les mêmes prosonymies et, d'autre part, au lieu des prémisses mythiques qui ne relativisent pas l'identité et la différence des choses, et qui en disent trop ou pas assez pour déterminer un rapport.

CONCLUSION: L'OBJECTIVATION SCIENTIFIQUE, L'INTUITION METAPHYSIQUE

La pensée scientifique analyse conceptuellement le monde phénoménal en diversifiant les points de vue sans pour autant hypostasier les différences, en compliquant le rapport prédicatif du thème et du propos sans pour autant rendre la totalité des faits dépendants. Contrairement à ce qu'on pourrait croire, la pensée scientifique restreint ses prétentions explicatives et prédictives parce qu'elle cherche à expliquer et à prédire ce fait-là et pas un autre, parce qu'elle vise le quantum spécifique.

Supposons cependant que quelqu'un cherche à concevoir l'individuel incomparable ou qu'il cherche à saisir la totalité en un seul coup. D'un point de vue sémantique stricto sensu, ce n'est ni plus efficace ni plus inutile, ni plus à la mode ni plus traditionnel, ni mieux ni moins bien. Il n'est cependant pas possible, pour ce faire, de procéder autrement que mythiquement, et donc verbalement. On ne peut, même dans ce cas extrême, faire l'impasse sur la structuration grammaticale — la même que celle dont ne peut se passer le scientifique.

La pensée mythique n'est donc pas plus immédiate ou intuitive que la pensée scientifique. La pensée scientifique n'est pas plus abstraite ou médiate que la pensée mythique. Elles sont toutes les deux fondées grammaticalement. Mais elles exploitent la grammaire autrement pour se référer au monde. Que la pensée mythique puisse viser l'absolu n'est pas dû à une intuition profonde, mais à des opérations sémantiques grammaticalement fondées. Exactement comme il n'est pas dû à une absence de respect pour le phénomène, mais à des opérations sémantiques grammaticalement fondées, que la pensée scientifique vise le quantum spécifique.

Et pourtant, on entend souvent reprocher à la pensée scientifique de ne pas rendre compte du monde phénoménal. Comme si celui-ci était diversifié et identifié, simple et compliqué en soi - hypothèse que contredit l'aphasie.

Aux yeux du mythificateur, il est vrai que le monde phénoménal ne peut apparaître qu'"objectivé", "appauvri" par l'effort explicatif et prédictif scientifique. Mais pour le scientifique, ce même monde phénoménal que rend intelligible le mythificateur ne peut apparaître qu'indécis, mirifique, spéculatif.

Attardons-nous encore un moment sur les objections faites à l'"objectivation", "l'abstraction" scientifique. D'un point de vue sémantique, on ne peut que relativiser les objections à "l'objectivation" du scientifique. Distinguons deux possibilités.

Il se peut tout d'abord que le phénoménal, dont une loi scientifique ne rend pas compte, soit pris en compte par une autre analyse conceptuelle. Si cette analyse est mythique, le point de vue sémantique pourra tout au plus rendre intelligible ce que l'analyse mythique comme l'analyse scientifique rendent chacune concevable et inconcevable — ce que nous avons fait ici. Si cette analyse est scientifique, le phénoménal dont la loi scientifique en question ne rend pas compte est en vérité déjà un fait scientifique: ce fait-ci et pas un autre. L'objection au nom de cette analyse conceptuelle scientifique indique alors la nécessité de formuler non seulement une loi d'un genre mais plusieurs lois d'un même genre ou de genres divers. Elle indique peut-être davantage: la nécessité d'identifier et d'unifier des lois scientifiques, de formuler au lieu de plusieurs lois d'un même genre ou de genres divers, une seule loi d'un genre, mais, une loi plus générale ou plus compliquée. Elle contraint à interroger les assimilations possibles des points de vue qu'elles choisissent et les rapports éventuels des domaines qu'elles étudient. Elle contraint à examiner l'identification possible des entités qu'elles considèrent comme définitoires et l'intégration éventuelle des faits qu'elles mettent en rapport.

Il se pourrait au contraire que le phénoménal dont une loi scientifique ne rend pas compte ne soit pas pris en compte par une analyse conceptuelle. L'objection est alors absolument triviale. C'est évident que nous percevons sans parler du perçu. Et le fait de ne pas en parler ne rend pas le perçu illusoire. La seule chose que l'on puisse dire de ce perçu est qu'il n'est pas rendu intelligible verbalement, qu'il est traité gestaltiquement.

NOTES

1. Cfr. Karl Popper, surtout la *Logique de la découverte scientifique.*
2. Mis à part la revue française *Tétralogiques,* la revue belge *Anthropo-logiques* et des doctorats d'état publiés ou en voie de publication (voir en ce qui concerne notre problématique la liste bibliographique sous les noms de Guyard, Le Bot, Laisis et Urien), la référence majeure pour l'étude de la théorie de la médiation est le *Traité d'épistémologie des sciences humaines* de Jean Gagnepain intitulé *du Vouloir Dire.* Le premier volume traite du signe et de l'outil (l'homme en tant que locuteur et en tant que manipulateur d'outils), le deuxième volume, de la personne et de la norme (l'homme en tant qu'être historiquement situé et en tant que moraliste).
3. Cfr. Karl Popper, *Logic of Scientific Discovery,* p.27-33.
4. Id., *ibid.,* pp.34sqq.
5. Id., *ibid.,* pp.94sqq, cpr.420sqq.
6. Id., *ibid.,* p.27.
7. Id., *ibid.,* pp.27-29.
8. Id., *ibid.,* p.36.
9. Id., *ibid.,* pp.34-36.
10. Cfr. e.g. Rudolf Carnap, The Elimination of Metaphysics, in *Logical Positivism,* éd. Alfred Ayer, pp.78sqq.
11. Cfr. Karl Popper, *Logic of Scientific Discovery,* e.g. pp.47, 93-99, 111, 423.
12. Id., *ibid.,* pp.37-8, 49-56, et 78-84.
13. Cfr. Jean Gagnepain, *du Vouloir Dire…,* Vol.1, pp.23-66 pour la grammaire et pp.67-125 pour la sémantique.
14. Cfr. Gaston Bachelard, surtout *La formation de l'esprit scientifique, Le rationalisme appliqué, Le pluralisme cohérent de la chimie moderne, Le nouvel esprit scientifique, La philosophie du Non, et Le matérialisme rationnel.*
15. Cfr.Karl Popper, *Logic of Scientific Discovery,* pp.112sqq.

16. Id., e.g. *Conjectures and Refutations*, pp.134-5 et *Objective Knowledge*, pp.235-8.
17. Id., *Logic of Scientific Discovery*, pp.59.
18. Remarquons que le raisonnement déductif n'explique pas forcément une proposition particulière qui décrit un événement. L'énoncé ou les énoncés auxquels conclut le raisonnement ne sont jamais particuliers en soi. Ils le sont par rapport aux lois fonctionnant comme prémisses. Le raisonnement peut donc aussi conclure à une loi ou à des lois, qui décrivent un type général d'événements, mais qui sont moins générales que les lois fonctionnant comme prémisses de l'explication. Le raisonnement déductif n'explique alors plus un événement mais une loi ou des lois.
Il est possible par exemple que la conclusion du raisonnement déductif soit l'énoncé général déjà cité "For every thread of a given structure S (determined by its material, thickness, etc.) there is a characteristic weight w, such that the thread will break if any weight exceeding w is suspended from it". L'explication de cette loi introduira la formulation de diverses lois toutes physico-chimiques mettant en rapport de dépendance la force élastique d'un objet en général et la structure matérielle de l'objet, mettant en rapport d'équivalence la notion de force élastique et la notion de force gravitationnelle impliquée dans celle du poids.
Pour une présentation classique de l'explication déductive, tant d'un événement que d'une loi, voir par exemple Ernest Nagel, *Structure of Science*, pp.30-42.
19. Cfr.Karl Popper, *Logic of Scientific Discovery*, pp.59-60
20. Id., *ibid.*, p.60 *1.
21. Cfr. Ernest Nagel, *Structure of Science*, p.47.
22. Tous les vocables sont repris à Jean Gagnepain, *du Vouloir Dire ...*, t. I, pp.86 et 92.
23. Voir par exemple Popper, *Logic of Scientific Discovery*, p.64sqq. et Ernest Nagel, *Structure of Science*, p.57sqq.
24. Tous les vocables sont repris à Jean Gagnepain, *du Vouloir Dire ...*, t. 1, p.99.
25. Tous les vocables sont repris à Jean Gagnepain, *du Vouloir Dire ...*, t. 1, p.104.
26. Cfr. Ernest Nagel, *Structure of Science*, p.50.
27. Id., *ibid.*, p.48.
28. Cfr.Karl Popper, *Logic of Scientific Discovery*, p.430.
29. Id., *ibid.*, p.69.
30. Id., *ibid.*, p.428.
31. Id., *ibid.*, p.432.
32. En somme, on pourrait dire que la condition nécessaire pour qu'une proposition soit falsifiable est qu'elle soit une proposition au sens canonique du terme: une proposition prédicative, une proposition à deux termes, séparés et mis en rapport prédicatif.
Autrement dit, nous n'entendons pas identifier "proposition" et "prédication", comme un préjugé normatif le veut. "Ah la France" n'est pas moins une proposition que "La France est en train de perdre son identité et son indépendance à cause de Maastricht" ou "La France n'est plus la France sans ses fromages, ses baguettes, ses vins de Bordeaux". Dans un cas il y a proposition mais suppression d'un terme, dans l'autre cas il y a proposition et rapport prédicatif. Mais dans un cas comme dans l'autre, le principe de l'énonciation est la maîtrise du rhème. Encore que cette maîtrise se réinvestit ici pour évoquer une situation, là pour la décrire, pour affirmer un rapport.
33. La théorie glossologique de Gagnepain formule des hypothèses proprement scientifiques, parce que falsifiables, comme nous avons l'intention de le démontrer dans un article intitulé "Concept mythique, concept scientifique en Anthropologie Clinique. Essai de Sémantique Glossologique" à publier en 1993 dans la même revue. Ces hypothèses ont été mises à l'épreuve expérimentalement dans le champ clinique des aphasies. Le lecteur intéressé s'en référera surtout aux travaux de Hubert Guyard et de Marie-Claude Le Bot repris dans la bibliographie.
34. Gagnepain ne parle pas de rhème, mais de "mot".
35. Pour notre commodité comme pour celle du lecteur, nous ne transcrivons pas les sèmes et rhèmes cités phonémiquement. C'est une question phonologique qui n'avance en rien notre examen.
36. Gagnepain ne parle pas d'autorhémie, mais d'autonymie.

BIBLIOGRAPHIE

BACHELARD, G., **Le pluralisme cohérent de la chimie moderne**, Vrin, Paris, 1973, 1è éd. 1932.
— **Le nouvel esprit scientifique**, PUF, coll. «Quadrige», Paris, 1984 (16è éd.), 1è éd. 1934
— **La Formation de l'Esprit Scientifique. Contribution à une psychanalyse de la connaissance objective**, Vrin, Paris, 1986 (13è éd.), 1è éd. 1938
— **La philosophie du Non. Essai d'une philosophie du nouvel esprit scientifique**, PUF, coll. «Quadrige», Paris, 1983 (9è éd.), 1è éd. 1940
— **Le rationalisme appliqué**, PUF, coll. «Quadrige», Paris, 1986 (6è éd.), 1è éd. 1949
— **Le matérialisme rationnel**, PUF, coll. «Quadrige», Paris, 1990, 1è éd. 1953
CARNAP, R., *The Elimination of Metaphysics. Through Logical Analysis of Language*, in AYER, A. (éd.), **Logical Positivism**, PUF, coll. «Quadrige», Paris, 1959, pp.60-81, trad. par PAP, A. de "Ueberwindung der Metaphysik durch Logische Analyse der Sprache", 1è éd. in **Erkenntnis**, t. II, 1932
GAGNEPAIN, J., **Du vouloir dire. Traité d'épistémologie des sciences humaines**, t. I et II, coll. «Livre et Communication», Paris, 1991
GUYARD, H., *Le test du test. Pour une linguistique expérimentale*, in **Tétralogiques 2, Pour une Linguistique Clinique**, 1985, pp. 37-114
— **Le Concept d'Explication en Aphasiologie**, thèse de doctorat d'état inédite, Université de Haute Bretagne (Rennes 2), 1987
LAISIS, J., **Apport méthodologique de la linguistique structurale à la clinique (neurologique et psychiatrique)**, thèse de doctorat d'état inédite, Université de Haute Bretagne (Rennes 2), 1991
LE BOT, M.-Cl., *L'Aphasie ou le Paradoxe du Phénomène*, in **Tétralogiques 2, Pour une linguistique clinique**, 1985, pp. 5-36.
— **Le Seuil Clinique de l'Humain**, thèse de doctorat d'état inédite, Université de Haute Bretagne (Rennes 2), 1987
NÄGEL, E., **The Structure of Science. Problems in the Logic of Scientific Explanation**, Harcourt, New York and Burlingame, 1961.
POPPER, K., **The Logic of Scientific Discovery**, Hutchinson, London, 1987 (13è éd., rev.).1è éd. allemande 1934
— **Conjectures and Refutations. The Growth of Scientific Knowledge**, Routledge and Kegan Paul, London, 1972 (4è éd. rev.), 1è éd. 1963
— **Objective Knowledge. An Evolutionary Approach**, Clarendon Press, Oxford, 1979 (4è éd., rév), 1è éd. 1972.
URIEN, J.-Y., *Marque et Immanence dans la Théorie du Signe*, in **Tétralogiques 1**, 1984, pp. 7-32.
— **Introduction aux Sciences du Langage**, Service d'Enseignement à Distance, Université de Rennes 2, Rennes, 1986.

Anthropo-logiques 4, 1992, 45-60.

Changer pour rire

Les relations de plaisanterie des Tarahumaras : figure et mesure du changement

Jean-Luc BRACKELAIRE *

Les pages que l'on va lire sont une première étape dans la reprise de mes notes de terrain et de mes hypothèses sur les Tarahumaras. Je me risque à administrer au lecteur un comprimé de ce travail en cours. J'espère qu'il ne sera ni trop dur à avaler, ni trop insipide, ni trop indigeste, car il n'y aura pas de pauses pour laisser respirer les données empiriques et rendre tout leur souffle aux arguments théoriques. Nous marcherons en quelque sorte au pas de course, suivant à la trace les Tarahumaras eux-mêmes, dont l'aptitude et le goût pour la marche et la course sont fameux, et dans un style toujours proche du pas de course. Non seulement ils sont souvent en déplacement, sans crainte des distances, mais la chasse et le sport privilégient chez eux la course et l'endurance. Le cerf épuisé qu'ils ont poursuivi sans arrêt à la trace, parfois plusieurs jours durant, l'empêchant de manger, de boire et de se reposer, connaît désormais la résistance et la ténacité de ces indiens bien frais et excités qu'il voit maintenant de près et qui vont l'achever, si c'est encore nécessaire, aujourd'hui davantage avec leurs balles qu'avec leurs flèches.

Je suis allé chez les Tarahumaras il y a neuf ans. Deux choses m'intéressaient à la fois : la spécificité des groupes indiens et la façon dont ils changent dans leur contact actuel avec le système mexicain dominant. Les Tarahumaras sortent du lot : ils sont tenus pour le groupe indien du Mexique qui s'est défendu avec le plus de succès ou le moins d'insuccès, dans le passé et jusqu'à nos jours, contre les efforts de l'Eglise et de la société pour les soumettre et les réduire de diverses façons à leur image et sous leur joug. Ne se sont-ils pas en effet perpétués jusqu'aujourd'hui numériquement et socialement, tout en intégrant à leur manière maints éléments du monde de leurs envahisseurs? Aussi

---

* Université Catholique de Louvain (Faculté de Psychologie et des Sciences de l'Education, 20, Voie du Roman Pays, B-1348 Louvain-la-Neuve).

bien intègrent-ils de nos jours, à distance et selon leurs intérêts, certaines possibilités parmi celles qui leur sont imposées par les programmes nationaux visant à les "intégrer" pour résoudre le problème qu'ils sont censés constituer[1].

L'histoire raconte leurs rébellions contre les jésuites et la résistance qu'ils ont opposée aux mineurs, fermiers et soldats espagnols aux XVIIème et XVIIIème siècles[2]. L'impact de tous ceux-ci n'en a pas moins été la réduction et le déplacement du territoire tarahumara vers l'ouest et les régions plus reculées et moins accessibles de la Sierra Tarahumara, à l'ouest de l'état de Chihuahua, au nord-ouest du pays. Cet isolement spatial, dont on fait une clef pour comprendre leur maintien, manifeste plutôt leur retrait en réaction aux contacts évoqués et exprime du même coup leur façon propre de réagir et de mettre en forme leurs contacts avec l'extérieur. Sans aucun doute, la façon d'être tarahumara a dû elle-même s'en ressentir et s'y redéfinir. De cette attitude de retrait, témoignent les rapports à distance — mais rapports tout de même — qu'ils entretiennent aujourd'hui avec les *mestizos,* qui occupent les meilleures parties de leur territoire, et les citadins, chez qui ils vont chercher un peu d'argent quand leur champs sont au repos. Pour tous ceux-ci, ils ne sont encore et toujours que des animaux ou juste un peu au-dessus, figures de la négation de l'indien qui a toujours fait le fond des relations dans le nouveau monde.

Tristes Tropiques[3] m'avait appris que ce que l'on va chercher et que l'on découvre inéluctablement aujourd'hui dans ces sociétés "tout autres", c'est la mort, la nôtre en même temps que la leur, et la dette, celle que nous avons à leur égard à travers celle qu'elles ont vis-à-vis de nous. Je pense que l'insistance des Tarahumaras à être tarahumaras, le fait qu'ils durent et endurent comme tarahumaras, dans le changement, témoignent d'une façon toute particulière de traiter la mort et la dette. Leur persistance et leur changement mesuré tiennent à leur mode d'organisation sociale, à leur façon d'établir politiquement des relations, à leur manière de se confronter à soi-même à travers l'autre, bref à quelque chose comme leur "style".

Je l'ai approché dans une double institution traditionnelle[4] : les relations de plaisanterie et les fêtes où elles entrent en action. Celles-ci me semblaient cristalliser au mieux leur "style" propre et j'élaborais l'hypothèse que ce qui s'y jouait n'était pas étranger à la manière dont les tarahumaras géraient leurs rapports avec le dehors. Il y avait là un changement radical.

---

1. Cf. PLANCARTE, Francisco M., *El problema indígena tarahumara*, Memorias del Instituto Nacional Indigenista, Vol. V, Mexico, D.F., Ediciones del Instituto Nacional Indigenista, 1954.
2. DUNNE, Peter M., *Early Jesuit Missions in Tarahumara*, Berkeley and Los Angeles, University of California Press, 1948; et SPICER, Edward H., *Cycles of conquest, The impact of Spain, Mexico and the United States on the Indians of the Southwest, 1533-1960*, Tucson, The University of Arizona Press, 1962.
3. LEVI-STRAUSS, Claude, *Tristes Tropiques*, Paris, Plon, 1955.
4. BRACKELAIRE, Jean-Luc, *Les relations de plaisanterie chez les Tarahumaras*, Mémoire non publié, Louvain-la-Neuve, Faculté de Psychologie et des Sciences de l'Education, 1983.

Voilà des indiens qui sont dans la vie quotidienne ostensiblement distants et méfiants entre membres d'unités domestiques différentes et qui se font étonnamment familiers et confiants lorsqu'ils suspendent le temps et s'entassent dans la maison de l'un d'entre eux pour chacune de leurs innombrables fêtes, troquant leur réserve habituelle pour une licence exceptionnelle qui bouleverse ce qu'ils sont et ce qu'ils doivent être.

Ces fêtes *(tesgüinadas)* constituent un pôle privilégié de la vie sociale et religieuse des tarahumaras, qui vivent dans le quotidien en petite famille, à distance les uns des autres, aussi bien au sein d'un groupe de fermes *(rancheria)* qu'entre *rancherias*. Tour à tour, chaque ferme brassera la bière de maïs, le *tesgüino*[5]. Et l'homme invitera personnellement, à pied ou à cheval, les familles qui composent son "réseau de *tesgüino*"[6]. «Il y aura du *tesgüino* chez nous demain» ou «Viendrez-vous boire un peu de bière de maïs demain avec nous?» Chaque famille a son réseau, qui exprime, supporte et renforce ses relations sociales et varie avec leur état. Il ne se définit donc pas simplement par la proximité géographique — toujours relative — ni par la proximité familiale. Et il s'étend ou se rétrécit selon les circonstances pour lesquelles la fête est organisée. Car la *tesgüinada* fait partie intégrante de tout acte social important, accompagnant tout travail coopératif et toute cérémonie, qu'il s'agisse d'un rituel funéraire, d'une cure de prévention ou de guérison des hommes ou des bêtes, d'un rite d'appel à la pluie, de fécondité de la terre ou de célébration du nouveau maïs, d'un procès parfois, etc.

Le *tesgüino* y intervient lui-même directement, aspergé, ingéré, appliqué, offert. Ses bienfaits sont loués. Il garantit la santé et la force. Et il donne leur portée à toutes les activités dont il est solidaire. «Qui ne boit pas, ne travaille pas», disent-ils; une formule que nous entendrions aussi bien mais peut-être trop exclusivement dans l'ordre inverse. Il est sacré, don de *Onorúame* aux tarahumaras qui l'honorent et l'apaisent en lui dédiant toujours la première jarre après en avoir aspergé un peu dans les quatre directions. Honneur et paix également au maître de maison et à ses invités, avec qui il partage sa richesse. En brassant le *tesgüino,* chacun s'engage et engage les autres dans la réciprocité des obligations. Et cela atteste leurs liens. Celui qui n'est pas invité aux *tesgüinadas* vit alors une véritable mort sociale. Au contraire, la grande envergure de son réseau de *tesgüino* témoignera du poids d'un notable qui se sera notamment affirmé comme tel par la fréquence et l'ampleur sociale de ses *tesgüinadas*. La qualité et la quantité du *tesgüino* sont aussi d'importance, qui doivent garantir l'accès à une belle ivresse, ni trop rapide, ni trop brève.

---

5. Les Tarahumaras disent aussi *sugíky* et *batári*. *Tesgüino* (ou *tesxuino,* ou encore *tesvino*) est un terme sud-américain hispanisé (cf. PENNINGTON, Campbell W., *The Tarahumar of Mexico, Their Environment and Material Culture,* Salt Lake City, University of Utah Press, 1963, pp. 149-157; et DEIMEL, Claus, *Les indiens Tarahumaras au présent et au passé,* Lyon, Fédérop, 1980, pp. 87-88 [orig.: *Tarahumara, Indianes im norden Mexikos,* Francfort, Ed. Syndikat, 1980]).
6. Selon le concept développé par John G. KENNEDY (*Tesgüino* Complex : The role of beer in Tarahumara Culture, *American Anthropologist,* 65, 1963, pp. 620-640).

La *tesgüinada* commence dans l'ordre, suivant ou accompagnant telle tâche ou cérémonie, elles-mêmes accompagnées parfois de chant, de musique et de danse. Mais le bel ordre s'estompe rapidement, au rythme des cigarettes et des gourdes de bière qui circulent, des jarres qui se vident. Et un désordre certain prend progressivement le dessus, dans les rires, les cris et les pleurs. Le spectacle est celui d'une inversion de l'ordre social habituel.

La parenté de plaisanterie est le canal privilégié de cette inversion. Et c'est entre hommes de même génération qu'elle se déploie avec le plus de force. Les beaux-frères *(muchímari)*[7], vrais ou classificatoires, et par extension tous les hommes alliés de telle ou telle façon, ou qui s'instituent précisément comme tels à cette occasion, jouent à se faire la cour, s'envoyant flatteries, avances, moqueries et insultes. Selon l'expression d'un de mes informateurs, celui qui joue ainsi parle «comme un autre».

Ils s'interpellent : «*Muchímari! Muchímari!*», et le nom à lui seul déclenche déjà rires et sourires. «Eh bien maintenant que je suis arrivé, voyons comment tu vas me faire l'amour!» lance l'un dans l'hilarité générale. «D'accord, j'y vais, mais ensuite ce sera à toi d'y aller!» répond l'autre. Ou, s'asseyant tout contre son complice, le premier lui glissera pince sans rire : «Ah! Tu es là toi demi-femme!» Et le second, en pantalon comme la plupart, de rétorquer : «Toi tu m'as l'air bien brave avec ton cache-sexe!» Ou bien : «Voleur! Tu m'as pris ma sœur! Je vais te prendre ta fille!» Et la réponse : «Voyons si tu es capable de me prendre d'abord!» «D'accord, dit le premier avec appétit, mais que les autres nous cachent avec une couverture». Ou encore, ne voilà-t-il pas qu'ils se montrent grotesquement l'anus et le sexe pour en vanter réciproquement les hautes qualités? Les plaisanteries et bouffonneries sexualisées peuvent s'enchaîner, grossir symétriquement, et engager directement de nombreux membres présents.

Et c'est la lutte qui prendra souvent le relais de la joute verbale, sorte de combat de catch où l'on se saisit par la ceinture et où on tente de déséquilibrer l'adversaire. En voici un au sol, que son vainqueur, assis sur lui, feint de prendre comme une femme; traité d'enculé, il se plie et se joint aux rires de tous, puis retourne avec eux au *tesgüino*. Mais le ton peut parfois monter, et tel autre repartira sans relâche à l'attaque, perdant le contrôle et ouvrant la porte à la brutalité.

Une comédie semblable se joue entre beau-frère et belle-sœur *(kunára et upíra)*, et par extension entre tous les hommes et femmes liés d'une façon ou d'une autre, ou qui se lient justement de cette façon, le plus souvent à l'initiative des femmes, qui assument dans leurs mots, conduites et attitudes la position publique d'habitude réservée aux hommes. Ils s'amusent à se séduire et à se

---

7. *Muchímari* est le terme général pour les beaux-frères; mais dans certaines zones de la *Sierra Tarahumara*, il nomme plus spécifiquement les beaux-frères plus jeunes que soi, *chiéri* dénommant alors un beau-frère plus âgé que soi. Je suivrai ici la graphie proposée par John G. KENNEDY dans *Tarahumara of the Sierra Madre, Beer, Ecology and Social Organisation*, Arlington Heights, AHM Publishing Corporation, 1978, pp. 171-174.

provoquer par des mots et des gestes audacieux, tentant par exemple de s'arracher réciproquement le pagne et la jupe, puis s'engageant dans une lutte évocatrice. «Pourquoi m'as-tu mis tant de piment, quand j'étais chez toi hier?! Tu l'as fait exprès! Tu sais bien que je n'aime pas le piment!» crie une femme mûre à un homme plus âgé. Il lui répond, doucereux, en s'échappant : «Je croyais que tu aimais tant le piment...» Ils jouent avec piquant à être des époux. *Kunára* et *upíra* sont en effet les termes de parenté désignant respectivement le mari et l'épouse. Et peut-être parviendront-ils, dans l'ivresse et le désordre croissants, à s'unir sexuellement.

On joue aussi entre belles-sœurs *(ripóri),* ici aussi vraies, classificatoires ou par extension. Elles flatteront les charmes de l'autre, proposeront l'acte sexuel, soulèveront sa jupe, l'insulteront, la menaceront de viol, etc. La lutte est plus rare et moins dure qu'entre hommes, mais elles pourront à l'occasion s'y engager fortement, et marquer aussi leur victoire par la simulation d'un coït infligé à l'adversaire.

Enfin, il faut parler de l'axe vertical de la parenté de plaisanterie. Grands-parents et petits-enfants *(aparóche et ushú)*[8], et par extension tous les parents de ces deux générations, se provoquent et se traitent en effet également comme partenaires sexuels. Le ton habituel est cependant plus doux. Ils se font des avances, se lancent telles moqueries suggestives, esquissent tels gestes hardis. Voici par exemple un vieillard qui caresse le derrière du gamin de la maison. Il sursaute et se refuse en souriant, aux rires de tous. Un autre jeune homme, invité par son grand-père à démontrer ses capacités sexuelles, le défiera de l'attraper, ironisant sur son aptitude aujourd'hui ridicule à la course. Ils pourront aussi lutter et leurs combats ne sont pas sans rudesse. Ces relations s'entament dès l'enfance et en dehors des *tesgüinadas.* Car ce n'est qu'au sortir de l'enfance que les Tarahumaras peuvent vraiment y participer. Et leur première participation signe précisément cette sortie. Avant cela, ils ne feront que traverser les *tesgüinadas,* tourner autour, y assister, s'en imprégner, lorsqu'elles ont lieu chez eux.

La place qu'occupent les *tesgüinadas* dans le monde tarahumara a été reconnue par les missionnaires, dès les premiers contacts, au XVIIème siècle, puis par les explorateurs, les ethnographes, les écrivains et les ethnologues qui ont fréquenté ces indiens[9]. Tous en ont été frappés. Mais ils ne s'y réfèrent souvent que pour les condamner, les défendre ou les glorifier. Ou ils s'en remettent à leurs yeux pour les décrire. Et quand il s'agit de les étudier, ils en

---

8. Les petits-enfants nomment *aparóche* et *ushú* respectivement leurs grands-pères et leurs grands-mères, et ceux-ci leur répondent par le même terme, indépendamment donc du sexe du petit-enfant.
9. Cf. en particulier DUNNE, Peter M., *op. cit.*; LUMHOLTZ, Carl, *Unknown Mexico,* 2 vol., New York, Scribner's Sons, 1902 [tr. esp. 1904, réed.: *El México Desconocido,* 2 vol., Mexico, Instituto Nacional Indigenista, 1981]; ARTAUD, Antonin, *Les Tarahumaras,* in *Oeuvres complètes,* Tome IX, Paris, Gallimard, 1971; KENNEDY, John G., *Tesgüino* Complex : The role of beer in Tarahumara Culture, *American Anthropologist,* 65, 1963, pp. 620-640; *Inápuchi : Una Comunidad Tarahumara Gentil,* Mexico, Instituto Indigenista Interamericano, 1970; *Tarahumara of the Sierra Madre, Beer, Ecology and Social Organisation,* Arlington Heights, AHM Publishing Corporation, 1978; et DEIMEL, Claus, *op. cit.*

examinent les tenants et les aboutissants ou en mesurent les effets positifs et négatifs à divers niveaux. Il en va de même pour les relations de plaisanterie[10]. Jamais ces phénomènes ne sont analysés dans leur spécificité humaine, dans leurs principes, dans ce qu'ils sont.

Pour articuler ce qui est en jeu dans la parenté de plaisanterie et les fêtes des Tarahumaras, je m'appuyerai sur la théorie de la médiation du linguiste et épistémologue français Jean Gagnepain. Plus précisément, je me baserai sur la distinction qu'il propose entre les plans de la personne et de la norme, sur la dialectique propre à ces deux modes de la rationalité humaine et sur leurs interférences[11]. Je n'exposerai pas ici in extenso ses modèles sociologique et axiologique, pas plus que je ne discuterai de façon serrée les morceaux théoriques existants à propos de la parenté et des relations de plaisanterie, ni les éléments apportés en cette matière dans la littérature concernant les Tarahumaras. Je propose de situer le phénomène à partir des notions d'inversion, de célébration et de licence.

La personne n'est pas le sujet, au sens corporel, mais cette dialectique par laquelle nous acculturons toujours à nouveau nos rapports naturels, fondés sur la sexualité et la génitalité, en rapports sociaux, fondés sur l'alliance et la prestation. Telles sont les deux faces immanentes de la personne, analogues dans leur immanence aux deux faces du signe[12]. L'immanence indique la clôture du système : chez l'homme, l'alliance ne s'atteste que de déterminer de la responsabilité, de la prestation de service, et celle-ci ne se définit que de la spécificité du lien qu'elle institue. Par la personne, nous analysons d'abord ethniquement la sexualité en alliance et la génitalité en prestation pour nous rapporter alors politiquement aux autres dans des liens et des devoirs réciproques, c'est-à-dire comme autres, comme partenaires, et non dans une interaction naturelle organisée sur le modèle de la complémentarité des sexes mâle et femelle et de la dépendance entre le petit et son géniteur, avec ce que ceci inclut de domination et de soumission. Tels sont les trois moments de la dialectique de la personne, dialectique entre un pôle ethnique, qui nous sort de la situation naturelle, et un pôle politique qui nous la fait retrouver autrement. Ce qui fonde la personne, c'est donc le principe de l'altérité, dans sa double face d'identité et de responsabilité, de rapport à l'autre et à l'autrui, de parité et de

---

10. Brièvement décrites par Wendel C. BENNETT et Robert M. ZINGG (*The Tarahumara, An Indian Tribe of Northern Mexico*, Chicago, The University of Chicago Press, 1935 [tr. esp.: *Los Tarahumaras, Una Tribu India del Norte de Mexico*, Mexico, Instituto Nacional Indigenista, 1978]) puis par Herbert PASSIN (The Place of Kinship in Tarahumara Social Organisation, Part II, *Acta Americana*, 1, 1945, pp. 471-495), elles ne sont étudiées comme telles que par John G. KENNEDY (Bonds of Laughter among the Tarahumara Indians, Toward a Rethinking of Joking Relationship Theory, in *The Social Anthropology of Latin America*, Walter Goldschmidt et Harry Hoijer (eds), Los Angeles, University of California Press, 1970, pp. 36-68).

11. GAGNEPAIN, Jean, *Du Vouloir Dire, Traité d'Epistémologie des Sciences Humaines, II, De la personne, De la norme*, Paris, Livres et Communication, 1991.

12. GAGNEPAIN, Jean, *Du Vouloir Dire, Traité d'Epistémologie des Sciences Humaines, I, Du Signe, De l'Outil*, Paris, Pergamon Press, 1982 (rééd.: Livres et Communication, 1990).

paternité. Il articule d'une façon nouvelle ce que la théorie psychanalytique et l'ethnologie ont conçu comme étant au fondement respectivement du "sujet" et de la société : le rapport au semblable et le rapport au père, l'alliance et la filiation. Ce principe fondateur est un principe de divergence. Il nous fait diverger de ce que nous sommes naturellement avec l'autre et les autres en analysant en pure négativité notre être et notre devoir être pour nous ramener ensuite autrement à ces autres comme à nous-mêmes en tant que partenaires d'un échange, d'une négociation.

Or en se faisant la cour et en luttant, les parents de plaisanterie jouent à ramener leurs alliances à la complémentarité sexuelle et leurs obligations au rapport de "force". Le lien social y tend à la sexualité et la prestation sociale à l'agressivité. Il y a inversion de la dialectique constitutive de la société. Socialement en effet, les Tarahumaras ne cessent en tant qu'hommes d'acculturer et d'avoir à acculturer la sexualité en liens sociaux et la violence, l'agressivité, en prestations sociales. Ils mettent ainsi en œuvre dans des termes qui sont les leurs le principe culturel de l'alliance et de la filiation. Et voilà que cela s'inverse et que s'inversent du même coup les rôles et fonctions établis. Maris et épouses ne comptent pas plus que faibles et puissants, les hommes deviennent des femmes, les femmes des hommes, les jeunes deviennent adultes, les vieux rajeunissent, aînés et cadets se ressemblent, le pouvoir quitte les mains de ceux qui le portent.

Pourquoi cette inversion suit-elle la voie de la parenté de plaisanterie? Le système de parenté des Tarahumaras est bilatéral. Et le pôle quotidien de leur vie sociale s'organise autour de ce qu'on appelle "la famille nucléaire". Ce qu'il faut voir ici c'est que les parents de plaisanterie constituent bilatéralement la plus petite différence, le premier degré de l'extériorité, en termes d'alliance et de prestation, par rapport à cette entité familiale domestique. Ils sont les premiers vis-à-vis de qui les liens et les devoirs ne sont pas "naturels". Il faut entendre naturalisés, car c'est là la figure sociale donnée par les Tarahumaras à la personne, à la famille, au rapport à l'autre comme à soi, à l'intérieur comme à l'extérieur. Par delà et à travers la figure sociale et historique qu'ils prennent chez ces indiens, c'est le principe d'alliance et de prestation qui est à l'œuvre.

Autrement dit, ces alliés privilégiés que sont chez les Tarahumaras les beaux-frères et belles-sœurs, les grands-parents et petits-enfants, manifestent socialement qu'ils ne collent pas aux autres comme des êtres simplement sexués et comme le petit et l'adulte, dans des relations qu'organiseraient la sexuation et la génération, mais s'allient et s'engagent par rapport à eux en analysant d'abord implicitement ce qu'ils sont en termes d'alliance et de prestation, c'est-à-dire en structurant la parenté. Nous avançons donc d'un côté que les beaux-frères et belles-sœurs manifestent d'une façon paradigmatique le principe de l'alliance; qu'ils en sont chez les Tarahumaras une figure sociale toute particulière. Et de l'autre, que les grands-parents et petits-enfant expriment socialement le principe de la filiation; qu'ils le mettent en perspective d'une manière spécifique.

On sait que l'ethnologie, en particulier dans son volet structural, a reconnu tout le poids de la relation de beau-frère dans la société humaine : c'est le don ou l'échange d'une femme, sœur et épouse, qui associe deux familles et fait des beaux-frères des parents par alliance. Le beau-frère atteste ainsi l'exogamie, la loi de l'échange, le principe de l'alliance[13]; il marque la rupture avec la "famille biologique" et le dépassement «d'un monde où l'on pourrait vivre entre soi»[14]. Ce qui constituerait la relation d'alliance, dont le mariage est tenu pour «l'archétype», c'est donc l'association de la famille du mari et celle de la femme, c'est-à-dire l'articulation des trois termes que sont le mari, la femme et le frère de la femme.

Mais la théorie de la médiation nous invite à aller plus loin et à ramener cette figure d'un seul tenant sociale et historique de l'alliance — aussi archaïque, diffusée, fonctionnelle ou structuralement élémentaire qu'elle paraisse — au principe qui la permet, autrement dit à la capacité que nous avons humainement d'analyser notre rapport à l'autre en toute négativité, c'est-à-dire dans les termes de l'altérité. A ce moment-là, mariage et alliance posent et même constituent un seul et même problème : celui du lien social et du principe qui le permet. Et ce qui est dit ici des alliés de plaisanterie vaut aussi bien pour les mariés, comme pour toutes les formes de l'alliance. Avec Gagnepain, il faut poser sociologiquement l'alliance, ou aussi bien le mariage, comme principe, comme pur principe de lien social, principe de classification, par lequel nous classons dans le temps même où nous nous classons, principe ethnique, non pas d'abord sociologique mais socionomique, dès lors qu'il est le fait des acteurs eux-mêmes avant d'être celui que le sociologue conçoit comme tel. Le rapport d'alliance ne se définit pas alors par le nombre de termes qu'il articule. Il constitue précisément le principe de comptage, l'analyse ethnique qui permet qu'il y ait politiquement des termes en connexion.

Ce qu'il importe de noter c'est donc que les Tarahumaras font des beaux-frères et belles-sœurs une figure socialement significative de l'alliance. Ils se présentent en effet comme les termes minimaux de la relation par alliance, la marge extérieure de la famille, le premier pas hors de la maison. Mais il n'est pas insignifiant que deux hommes qui ne sont pas beaux-frères, ni vrais ni classificatoires, puissent établir cette relation. C'est que ce n'est pas la différence élémentaire, minimale, qui est en jeu, mais la question même de la divergence, que les acteurs mettent en œuvre et nient à la fois en la positivant socialement dans ce degré minimum.

Ce que je viens de dire des beaux-frères et belles-sœurs peut être transposé mutatis mutandis aux grands-parents et petits-enfants, qui illustrent socialement la relation de filiation. Nous passons ainsi d'une face à l'autre de la personne. La filiation ne renvoie pas ici à la relation naturelle entre adultes et petits, mais au

---

13. LEVI-STRAUSS, Claude, *Les Structures Elémentaires de la Parenté*, Paris, Mouton, 1967 (éd. orig.: 1949), p.ex. pp. 548-570.
14. *Ibid.*, p. 570.

principe humain de la transmission, de l'héritage ou encore de la dette, que la psychanalyse a appréhendé sous la rubrique du rapport au père ou de la paternité, et que l'ethnologie a examiné sur toutes les coutures.

On n'ignore pas la place exemplaire que l'ethnologie structurale a reconnue en cette matière à l'avunculat. Mais elle en a fait une configuration universelle, «corollaire, tantôt manifeste et tantôt enveloppé»[15] de la prohibition de l'inceste et donc du principe de l'alliance. La relation avunculaire est présentée comme un donné immédiat de la structure de parenté la plus élémentaire. Celle-ci, agençant toujours une relation de consanguinité, une relation d'alliance et une relation de filiation, organise un système liant quatre couples d'oppositions : frère/sœur, mari/femme, père/fils et oncle maternel/neveu[16]. En écho tout à la fois à ces idées de Claude Lévi-Strauss et aux positions de Jacques Lacan, Marie-Cécile et Edmond Ortigues, affirmeront au terme de leur bel *Oedipe Africain,* qu'«en résumé, le tabou de la sœur, en quoi l'anthropologie nous montre la condition première des relations sociales, et d'autre part la fonction du phallus, en quoi la psychanalyse voit le degré minimum de médiation entre la mère et l'enfant, nous conduisent pour l'essentiel à une même conclusion : pour que soient remplies les conditions nécessaires à l'existence d'une structure dans l'institution familiale et dans le complexe d'Oedipe, il faut un minimum de quatre termes, c'est-à-dire un terme de plus que ce qui est naturellement nécessaire»[17]. Or, ce n'est pas là affaire de nombre, encore une fois, mais tout au plus de principe de comptage — auquel il convient d'ajouter celui, qu'illustrent les couples évoqués, de différentiation[18]. Et il faut préciser que nous nous situons ici entièrement sur la face de la filiation. Certes, celle-ci se trouve avec celle de l'alliance dans un rapport de justification réciproque. Mais alliance et filiation ne constituent d'aucune façon les premier et second temps logiques d'une parenté que les acteurs structurent eux-mêmes et simultanément sur ces deux faces, non hiérarchisées, reprenant par rupture les relations naturelles qu'organisent la sexuation et la génération.

L'avunculat est un visage social de cette paternité de culture par laquelle nous quittons et retrouvons dialectiquement la "paternité" biologique. Il manifeste que le père de la relation père/fils n'est pas le géniteur, mais qu'il implique du côté de la personne, en tant que telle précisément, l'analyse par définition structurale de son devoir être. Et la paternité n'est rien d'autre que le rapport structural à l'enfance. Grands-parents et petits-enfants en sont une autre manifestation sociale. Ils positivent également, quoiqu'en des termes différents, ce rapport de structure, dont ils seraient la figure minimale, celle que l'on rencontrerait d'abord en sortant de l'unité familiale. Et on peut dire que grands-parents et petits-enfants sont structuralement impliqués dans la relation entre

15. LEVI-STRAUSS, Claude, *Anthropologie Structurale,* Paris, Plon, 1958, p. 62.
16. *Ibid.,* pp. 37-62; et *Anthropologie Structurale II,* Paris, Plon, 1973, pp. 103-135.
17. ORTIGUES, Marie-Cécile et Edmond, *Oedipe Africain,* Paris, Union Générale d'Editions, pp. 384-385 (éd. orig.: 1966).
18. Tels sont en effet les deux axes — quantitatif et qualitatif ou encore génératif et taxinomique — de l'analyse, axes qui, ne coïncidant pas, se projettent l'un sur l'autre.

parents et enfants de la même façon que, sur l'autre face, beaux-frères et belles-sœurs le sont dans celle du mari et de l'épouse.

Revenons maintenant à l'inversion. C'est donc avec ces parents-là que les Tarahumaras plaisantent et, plus largement, sur le modèle de cette parenté qu'ils entrent dans des relations de plaisanterie. Celles-ci définissent et engagent ceux qui représentent au mieux le fait que l'on ne coïncide pas avec soi, que l'on peut sortir de ce que l'on est et de ce que l'on doit être, ceux à travers qui on se met en perspective, bref ceux en qui s'explicite de la façon précisément la plus spectaculaire le principe humain implicite par lequel nous analysons ethniquement notre condition. C'est ce principe même que les relations de plaisanterie mobilisent et qui permet aux Tarahumaras de dénoncer l'arbitraire de l'ordre établi, de s'en détacher dans la comédie, l'humour et la fête. Plus exactement, il faudrait dire que c'est ce principe, en tant justement que principe d'arbitrarité, qui leur permet de contester ce qui est établi. Mais ce renversement de l'ordre, dont on sait qu'il peut servir à sa transformation comme à son renforcement[19], ne met pas directement en question les entités familiale et communautaire. Elle s'appuie sur les relations avec ceux de l'extérieur qui nous sont les plus intérieurs et ceux de l'intérieur qui nous sont les plus extérieurs.

Dira-t-on simplement qu'en eux se déplacent — et à la fois se condensent — amours et antagonismes? C'était la position d'un Geza Roheim traquant le complexe d'Oedipe chez les Navahos et les Hopis et en découvrant les traces dans leurs relations de plaisanterie. Le petit-fils navaho, par exemple, déplacerait sur son grand-père l'agressivité contre le père, et le jeune hopi sur ses tantes paternelles et leurs maris respectivement ses penchants sexuels et sa haine[20]. Sans doute l'idée d'un telle mise en équation est-elle d'avance trop simple. Et comme le montre Sory Camara à propos des Mandingues, «l'alliance à plaisanteries n'est pas seulement un exutoire aux antagonismes endogènes» mais engage l'échange avec les autres[21]. Cette conception tend en outre à réduire les relations de plaisanterie à leur fonction de décharge à moindre risque, sans analyser ce que cela engage aussi d'un aménagement de l'interdit, comme on va le voir. Et elle ne saisit pas qu'elles donnent un visage au paradoxe constitutif de la réalité sociale, attestant le principe d'arbitrarité qui fonde d'un seul tenant l'ordre social et son renversement.

Dans cette société d'Hommes, la relation entre beaux-frères en constitue une sorte de modèle. A lire la description que j'en ai présentée, on aura pu en repérer le caractère homosexuel, noté également par Kennedy, qui précise que ses informateurs ont toujours clairement dénié qu'il existe des rapports

19. BALANDIER, Georges, *Anthropo-logiques*, Paris, Librairie Générale Française, 1985 (éd. orig.: 1974), pp. 249-278; et *Le pouvoir sur scènes*, Paris, Balland, 1980, pp. 95-144.
20. ROHEIM, Géza, *Psychanalyse et Anthropologie*, Paris, Gallimard, 1967, chap. VIII (orig.: *Psychoanalysis and anthropology*, New York, International Universities Press, 1950).
21. CAMARA, Sory, Différences et interactions culturelles, *Ethnopsychologie*, 3-4, 1976, p. 294.

homosexuels effectifs entre *muchímari*[22]. Mes informateurs ont dit de même, tout en signalant qu'il existe aussi des homosexuels chez les Tarahumaras. Il faut prendre les choses autrement. L'homosexualité doit être saisie, avec Gagnepain, en référence au principe humain de la classe et de l'alliance. Elle atteste que nous ne coïncidons pas avec ce que nous sommes naturellement. Le "sexe social" n'est pas le sexe biologique. Et le lien social passe par la négation de la relation naturelle des sexes. En sa face d'identité, la personne, avons-nous vu, est cette dialectique qui nous fait culturellement passer d'un monde naturel organisé sur le mode de la différence et complémentarité naturelles des sexes, que nous analysons en du lien social, à un monde culturel où nous nous lions alors diversement avec ceux qui deviennent nos partenaires sociaux. L'inverti positiverait le pôle d'analyse de la dialectique, et plus précisément l'analyse de l'unité de lien social, sans l'aménager dans l'échange. Tout se passerait pour lui comme si la négation de la complémentarité sexuelle était elle-même naturelle, comme si l'analyse se suffisait à elle-même. Les beaux-frères tarahumaras, eux, *jouent* à cela. Et c'est toute la différence. Ils jouent à naturaliser leur lien, à ramener leur alliance à la complémentarité sexuelle, leur relation personnelle au rapport de corps, le mariage qui les lie culturellement au couple qu'ils composent naturellement, attestant par inversion le principe même de l'alliance.

C'est ce principe qui est définitoire de l'amour et de la mort chez l'homme, par l'absence qu'il instaure analytiquement au sein de l'attraction des sexes et de la présence à l'autre. Et ce n'est pas un hasard si les alliés de plaisanterie — mais aussi les grands-parents et petits-enfants — sont à la fois les meilleurs amis et les responsables de l'enterrement et des cérémonies qui accompagnent le décès de leur allié; pour les parents immédiats du défunt, l'âme est un danger et ils en ont peur. Quand je les invitais à parler de leurs *muchímari,* les Tarahumaras ont toujours évoqué d'un seul tenant l'amitié qui les lie et la distance ou la mort qui les sépare ou risque de les séparer. Après avoir décrit joyeusement la relation de plaisanterie qu'il entretient avec son beau-frère, Federico s'émeut et explique : «C'est que je ne vois pas beaucoup mon beau-frère, parce qu'il vit au loin, près du canyon». Démontrant une semblable émotion, Pioquinto commentera : «C'est que ça me fait de la peine quand ils meurent parce qu'on les aime beaucoup». Jésus, lui, présentera son beau-frère en affirmant : «Il est très bien! Jamais il ne me laissera mourir tant qu'il sera vivant». Liés «à la vie à la mort», ils déterminent ensemble qu'ils ne se réduisent pas à ce qu'ils sont naturellement et aménagent dans leurs échanges comiques l'angoisse que suscite cet écart. C'est dire que leur lien ne disparaît nullement avec la mort de l'un deux, et les funérailles verront le mort et le vivant plaisanter aussi burlesquement qu'avant. En me rendant «hétérogène à moi-même» et en faisant de mon allié un «autre moi-même»[23], les relations de plaisanterie célèbrent le lien qui nous unit.

22. KENNEDY, John, G., *op. cit.,* 1963, pp. 40-41 et 1978, p. 173.
23. Selon les expressions de Sory Camara à propos des «relations de moquerie» des Mandingues (Le concept d'hétérogénéité et de changement chez les Mandingues, *Ethnopsychologie,* 1, 1976, p. 53; et *Gens de la parole, Essai sur la condition et le rôle des griots dans la société Malinké,* Paris, Mouton, 1976, p. 44).

Car il s'agit de célébration, de célébration festive et ludique. La parenté de plaisanterie célèbre les liens des partenaires qu'elle implique. Et c'est ainsi leurs relations elles-mêmes que les Tarahumaras célèbrent dans la fête, par delà leurs identités et responsabilités propres. Il convient de voir que cette sortie du quotidien, qui en inverse l'ordre établi, engage la vie sociale dans sa spécificité. Comme l'écrit Lévi-Strauss, «les fêtes jouent la vie sociale à l'envers, non parce qu'elle a jadis été telle, mais parce qu'elle n'a jamais été, et ne pourra jamais être, autrement»[24]. Mais n'est-ce pas déjà une façon d'être autrement que de faire la fête? Gagnepain qualifie de chorale cette dimension constitutive du social qui consiste à «célébrer purement et simplement l'être ensemble»[25], quelles que soient les raisons et la taille du rassemblement. Il en fait une visée politique spécifique, strictement équivalente aux visées anallactique et synallactique par lesquelles nous tendons à respecter l'ordre ou à l'adapter. Bien entendu, et l'on rejoint ici l'idée de Lévi-Strauss, ces visées ne s'atteignent jamais elles-mêmes, fondées qu'elles sont sur la divergence à ce que nous sommes, et la fête ne renverse pas plus totalement l'ordre social que celui-ci n'est jamais tout-à-fait établi ou entièrement transformé.

On joue à le renverser. Et dans la célébration le jeu se fait comédie : on se met en scène ensemble, réciproquement, en un spectacle où l'on joue ses propres personnages à l'envers. Pour cerner davantage cet aspect ludique du phénomène, je me permettrai de rappeler — et d'attribuer au comique — ce que Freud, sous forme d'interrogation, disait de l'humour : «Cela a-t-il un sens, se demandait-il, de dire que quelqu'un se traite lui-même comme un enfant et joue en même temps à l'égard de cet enfant le rôle de l'adulte supérieur?»[26] L'intention que l'humour met en acte pourrait alors s'exprimer comme suit : «Regarde, voilà donc le monde qui paraît si dangereux. Un jeu d'enfant, tout juste bon à faire l'objet d'une plaisanterie!»[27] En liant structurellement le jeu au métier, c'est-à-dire à la prestation de service, à la responsabilité, Gagnepain nous permet de formuler les choses d'une façon plus précise : le jeu, dit-il, est au métier comme l'enfance à la paternité. Telle est la position que les Tarahumaras adoptent dans la fête: celle d'une remobilisation de l'enfance qui relativise leurs engagements. Devenant ainsi familiers et confiants, ils jouent avec engagement à être ce qu'ils ne sont ni ne doivent être : couple sexuel, supérieur et inférieur, par delà leur sexe et leur âge sociaux.

Et ils se permettent en ces matières une licence non seulement agréable mais hyperbolique. Car c'est aussi de cela qu'il s'agit : de se permettre et avec excès. J'ai évoqué à loisir l'indécence, l'obscénité, le relâchement. Le moment est venu

24. LEVI-STRAUSS, Claude, *Les Structures Elémentaires de la Parenté, op. cit.*, p. 563.
25. GAGNEPAIN, Jean, *Du Vouloir Dire, Traité d'Epistémologie des Sciences Humaines, II, op. cit.*, p. 117.
26. FREUD, Sigmund, L'humour (1927), in *L'inquiétante étrangeté et autres essais*, Paris, Gallimard, 1985, p. 325; *G.W.*, XIV, 386.
27. *Ibid.*, p. 328.

d'aborder cette dimension, sans doute décisive, mais qu'il faut pouvoir toucher d'abord dans sa spécificité pour l'articuler ensuite de façon précise avec ce qui précède. Elle n'engage pas comme telle la dialectique de la personne mais celle de la norme, entendons du droit, ou encore du vouloir, par laquelle nous ne nous habilitons moralement à la satisfaction qu'en nous interdisant d'abord, c'est-à-dire en analysant éthiquement nos pulsions, notre vouloir naturel. C'est dire que nous ne collons pas plus avec lui que, sur le plan de l'être, avec notre être de nature. Je pense qu'il y a lieu de déconstruire le phénomène dont je traite ici sur ces deux plans de la rationalité. Ne convient-il pas en effet d'y distinguer nettement l'inversion du défoulement, la célébration de la détente, le spectacle du débraillement, le jeu de la prise de risque, le renversement de la loi de la transgression de la règle, la sortie du quotidien du dévoiement de la contrainte, l'alternatif du permissif, l'aménagement des relations de celui du plaisir?

Cette "économie" du plaisir, pour parler comme Freud[28], a toujours été pointée dans les écrits sur les relations de plaisanterie. On ne cesse de les rapporter à l'opposition entre tabou et licence, tension et détente, retenue et laisser-aller, répression et libération, contrainte et liberté, sacré et profane, correction et insulte, politesse et grossièreté, gêne et sans-gêne, etc. Et on souligne le mélange, l'équilibre et l'alternance voire le rythme de ces paires. Mais c'est le plus souvent, dans la ligne de Mauss, pour articuler d'emblée cette dimension dite "psychologique", "sentimentale" ou "affective" aux structures, pratiques et représentations sociales où le phénomène doit trouver son explication. Pour le dire autrement, c'est la façon dont cette dimension se répartit socialement, par exemple en une parenté d'étiquette et une parenté à plaisanteries, aux rôles et fonctions différenciés, qui fournirait l'explication de ces «faits moraux» situés «sur la frontière des faits connus sous le nom de potlatch»[29]. Sans aucun doute, il y a là un ordre de structuration du phénomène, et Mauss a été ici un initiateur; j'ai proposé plus haut d'en renouveler l'abord, et nous allons y revenir. Mais le processus d'"économie" et de dépense "affectives", de perte et de gain de plaisir, n'est pas saisi comme tel. La dialectique proprement humaine de l'interdit et du désir, qui fait que l'homme ne désire que de s'interdire, n'est pas appréhendée. Or c'est à elle que se rattachent tous les couples de termes évoqués, qui renvoient à ses deux pôles contradictoires, celui de l'analyse éthique et de son aménagement moral.

Jean Gagnepain baptise de *noloir* ce principe qui nous fait passer, sans nous en faire échapper, de la pulsion à la norme et par lequel chacun de nous analyse non pas logiquement ni ethniquement — ni par ailleurs techniquement — mais éthiquement ce qu'il veut, créant pour ainsi dire du vide, du manque au cœur du pulsionnel. Plus précisément, nous acculturons le prix payé pour le bien recherché respectivement en du gage et du titre, selon les deux faces de la norme. Telle est la spécificité humaine sur ce plan : l'homme n'est pas

28. Id., *Le mot d'esprit et ses rapports avec l'inconscient* (1905), Paris, Gallimard, 1969; *G.W.*, VI.
29. MAUSS, Marcel, Parentés à plaisanteries (1926), in *Oeuvres*, T. 3, Paris, Minuit, 1969, pp. 109-125.

simplement pris, comme l'animal, dans de la valeur, c'est-à-dire dans l'enchaînement infini d'un prix et d'un bien devenant à son tour prix d'un autre bien... Pas plus qu'il ne l'est, sur le plan de la personne, dans l'enchaînement sans fin, constitutif de l'espèce, d'un spécimen sexué et d'un type reproductible. Tout comme la sexualité s'analyse en alliance et la génitalité en filiation, le prix est analysé en du gage et le bien en du titre. Le prix que nous payons pour obtenir le bien que nous voulons ne suppose-t-il pas chez l'homme cette faculté de rationnement qui en fait le gage d'un titre qui est lui-même le lieu d'une véritable arithmétique du plaisir? Mais quelles sont alors, en situation, les façons de nier cette négativité éthique, c'est-à-dire de se satisfaire non plus immédiatement mais par la médiation du tabou? Gagnepain distingue trois visées de la licence morale : ascétique, casuistique et héroïque, selon que prime le pôle de censure éthique ou d'aménagement moral de la dialectique de la norme, ou que celle-ci se prend elle-même pour projet.

Il ne fait aucun doute que les *tesgüinadas* et les relations de plaisanterie mobilisent de manière prévalente le pôle de licence. On tend à accorder la règle au désir plutôt que l'inverse. La plaisanterie va dans cette direction, qui montre le désir plus qu'elle ne le cache, permettant de dire, de faire et d'être presque ce que l'on veut. Tandis que la vie quotidienne est empreinte d'inhibition et d'exigence, la fête ouvre les portes à la satisfaction, comme si celle-ci n'était plus structurée par l'interdit mais naturelle. L'excès indique à suffisance son caractère culturel, n'étant que la figure inversée de l'ascèse qui gouverne le quotidien. Alcool et tabac aidant, le pôle d'interdiction se trouve pour ainsi dire neutralisé, la dialectique court-circuitée. La plaisanterie tendrait plutôt à remobiliser la dialectique, mettant en évidence la négativité qui nous fonde sur ce plan, le rien qui nous motive et que Gagnepain appelle l'abnégation. Maurice Leenhardt avait bien saisi cet aspect constitutif de la parenté de plaisanterie, qu'il préférait appeler «parenté à libre parler ... car la morsure de la moquerie n'est pas toujours plaisanterie»[30]: il explique que «si l'on demande à celui qui a lancé son libre propos, la raison de son audace, il déclare qu'il l'a fait *bwiri* ou *i bwiri,* c'est-à-dire, à tout hasard, ou, à fonds perdu; il l'a lancé comme un envoi dans le style lyrique, sans trop savoir ce qui adviendra (...) Le terme s'emploie dans toutes les circonstances où l'esprit ne mesure rien, ou hasarde un essai, ou se laisse aller (...) Parole à fonds perdu, à tous risques, libre parler, sont bien des aspects sous lesquels se maintiennent, par delà l'étau des contraintes sociales, la spontanéité et l'initiative. Les tâtonnements des premières initiatives, par leurs succès ou leurs échecs, décident du choix»[31]. Mais en fin de compte, cet aspect se voit ramené au social : la relation de parenté à libre parler maintient les possibilités de spontanéité dans les groupes où la contrainte sociale est forte.

30. LEENHARDT, Maurice, *Do Kamo, La personne et le mythe dans le monde mélanésien,* Paris, Gallimard, 1971 (éd. orig.: 1947), p. 238.
31. *Ibid.,* pp. 241-243.

Je préciserai ici que le problème n'est pas de le lier au social mais de l'y ramener. Ceci revient en effet à manquer à la fois la spécificité humaine du désir et ses interférences avec le plan de l'être et de la société. Car leurs interférences n'ont de sens qu'une fois posées leurs dialectiques propres. Il s'agit, d'une part, après avoir saisi la dialectique propre du vouloir, de concevoir la façon dont elle engage l'être social; qu'est-ce, en d'autres mots, que le désir humain en tant qu'il porte sur la personne, en tant qu'il la prend pour contenu? comment la norme rationne-t-elle la personne? ou encore, que deviennent les acteurs, l'échange en tant qu'ils sont pris dans la dialectique de la norme? Gagnepain parle de transfert pour cerner cette morale de la personne. D'autre part, une fois conçue la dialectique de la personne, qui nous permet de vivre socialement, il y a lieu de montrer comment elle engage notre vouloir; que fait la vie sociale du désir et de l'interdit? autrement dit, que devient la norme d'être reprise par la dialectique de la personne? Le concept retenu par Gagnepain pour désigner cette mise en forme sociale de la norme est celui de codification ou de code.

C'est dans ces termes que nous devons, d'un côté, réinterpréter ce qui s'est écrit sur les relations de plaisanterie dans la ligne d'un Mauss ou d'un Leenhardt. Elles s'inscrivent dans la vie sociale en tant que celle-ci codifie notre vouloir, établissant par exemple la primauté de la règle ou celle du désir respectivement dans le quotidien et la fête, à l'intérieur et l'extérieur de la maisonnée, ou dans la parenté à étiquette et celle à plaisanteries. Chez les Tarahumaras, la *tesgüinada* et la parenté de plaisanterie, en tant que parenté, fixent socialement d'une façon privilégiée le pôle de licence. Il s'agit là d'une codification de la licence, en ses aspects de relâchement et de transgression. Et elles le font, on l'a vu, dans une visée chorale. On tend à y célébrer la relation dans sa permissivité, à en partager le risque et le plaisir. Tout ce que nous avons avancé plus haut à propos de la célébration festive et ludique englobe notamment la célébration de ces droits abusifs et de la plaisanterie.

De l'autre côté, n'est-ce pas sur la personne que portent précisément la licence et la plaisanterie? Que devient la personne, disais-je pour situer d'abord le problème, en tant qu'elle est prise dans ce processus éthico-moral par lequel nous nous autorisons par la censure, et en l'occurrence par son relâchement? La question est celle du vouloir être, de ce que l'on veut être, de ce que l'on s'interdit et se permet d'être, ici "pour rire" et avec excès. De quelle manière se permet-on d'investir les échanges à travers et par delà le tabou? Or ce que l'on veut être est par définition ambigu, mensonger, trompeur, portant à la fois la marque du désir et de l'interdit. C'en est constitutif. Et en s'impliquant dans l'échange, on aménage toujours moralement le rapport mutuellement constitutif du vrai et du faux. Le concept de transfert, que Gagnepain se permet de détacher de sa stricte référence à la cure psychanalytique, vient nommer ce processus qui consiste à être sans être. C'est de légitimation de la personne et non plus de légalisation de la norme qu'il s'agit, et ceci engage la licence en toutes ses visées. «Même si la Loi la conditionne, la norme ici jauge la loi et ce serait simplifier les choses à l'excès que de refuser d'attribuer aussi au respect qu'on lui doit les manières qu'on a légitimement de la tourner»[32].

La parenté de plaisanterie en est une, et l'on parlerait aussi bien d'une plaisanterie de parenté. Il s'agit ici non pas de jouer à la parenté, dans le sens du jeu évoqué plus haut, mais de jouer la parenté, dans le sens du pari, de la mise en jeu. Plus précisément encore, la plaisanterie consiste ici à se jouer de la parenté, à lui jouer un tour. On rejoint ici cette idée de Sory Camara que «ces alliés à plaisanteries sont de faux parents». Mais il ajoute que «c'est là une condition essentielle pour qu'on puisse libérer, dans nos relations avec eux, des attitudes ailleurs réprimées», ce qu'il exprime dans les termes «de la projection et du transfert d'attitudes et d'affects»[33]. Or ce n'en est pas une condition, c'en est constitutif. La parenté de plaisanterie est cette forme du transfert qui, en privilégiant le désir, fait apparaître son rapport définitoire à la règle. Sous cet angle, ce n'est pas la personne ni le corps qu'elle mobilise dans le sens de la "libération", mais les attitudes en ces matières, c'est-à-dire la façon dont nous investissons, au travers et au delà de la sexualité et de la génitalité, les liens et devoirs sociaux. Elle en habilite l'inversion. Ne peut-on dire alors que le premier degré d'extériorité par rapport à la famille immédiate que délimite cette parenté de plaisanterie n'est que la figure sociale que les Tarahumaras donnent à la duplicité du désir en matière de parenté?

---

32. GAGNEPAIN, Jean, *Du Vouloir Dire, Traité d'Epistémologie des Sciences Humaines, II, op. cit.*, p. 242.
33. CAMARA, Sory, *Gens de la parole, op. cit.*, p. 44.

Anthropo-logiques 4, 1992, 61-76.

Vers une métapsychologie du toxicomaniaque*

Philippe LEKEUCHE **

Les présentes considérations s'inscrivent sur le fond d'un horizon impliquant une théorie générale de la toxicomanie considérée comme une entité nosologique à part entière, mettant en jeu une organisation psychopathologique spécifique, révélatrice, dans une perspective pathoanalytique, d'une dimension anthropologique incontournable, d'un existential «constitutif de la structure de l'existence humaine, en tant que celle-ci exprime ou manifeste l'Etre» (Lalande)[1].

A la suite de Schotte, notre façon de poser la question renvoie au facteur contactuel *m* (maniaque) du schéma pulsionnel de Léopold Szondi, facteur qui représente, selon l'expression de Jacques Schotte, une des catégories psychiatriques de l'anthropogénèse, en l'occurrence ici celle de la *maniacalité,* en allemand *die Sucht.* Szondi lui-même a consacré une section de sa *Triebpathologie* à traiter de cette thématique de la maniacalité *(Sucht)* et de la toxicomanie *(Süchtigkeit)*[2]. Il y examine corrélativement les destins de la pulsion du Moi et de la pulsion du Contact quant à ce problème d'une séparation basale à effectuer par le pré-sujet, par le vivant, depuis le lieu même de ce qu'il appelle «l'union duelle» *(Dualeinheit).*

---

* Communication présentée au XIIème Congrès International de l'I.F.S.P., à Liège, les 1, 2 et 3 novembre 1991.

** Université Catholique de Louvain (Faculté de Psychologie et des Sciences de l'Education, Département de Psychologie Clinique, 20, Voie du Roman Pays, B-1348 Louvain-la-Neuve) et Centre d'Aide et de Traitement du Solbosch (Bruxelles).

1. J'ai commencé à expliciter ce point de vue dès 1985 dans ma conférence intitulée: «Toxicomanie et pulsionalité». En 1987, la troisième partie de ma thèse de Doctorat en Psychologie y fut consacrée. Un certain nombre d'articles, pour la plupart demeurés inédits à ce jour, traitent tour à tour divers aspects de ce problème théorique. Celui-ci fut posé de la sorte à partir de ma pratique clinique au sein d'une Institution de soin pour toxicomanes (héroïnomanes, alcooliques, pharmaco-dépendants), le Centre d'Accueil et de Traitement du Solbosch, à Bruxelles.

2. SZONDI, Leopold, *Triebpathologie*, Bern, Hans Huber, 1952, pp. 415 et suivantes.

Sur un plan strictement descriptif, celui de la phénoménologie clinique, il est légitime de reconnaître la réalité de ce que j'ai nommé *toxicomanie essentielle,* par différence avec ce que l'on pourrait qualifier de toxicomanie symptomatique survenant sur le fond d'une structure soit psychotique, soit névrotique, soit perverse. Le radical pulsionnel de la toxicomanie essentielle prend racine dans le vecteur du Contact, plus précisément dans le facteur *m,* et s'avère être là comme une des modalités possibles de psychopathie ou de thymopsychopathie. Certes, le toxicomane essentiel, s'il est essentiellement toxicomane, n'est pas que toxicomane: sinon comment pourrions-nous le traiter? Aussi, le schéma pulsionnel szondien vient à point pour nous rappeler que, dans toute pathologie, toutes les dimensions de l'humain se trouvent toujours engagées de manière plus ou moins patente. Il n'empêche que le toxicomane, là où il est toxicomane, dans la phase d'état de sa toxicomanie, alors même qu'il se trouve immergé, englobé, pris dans le fonctionnement toxicomaniaque, témoigne à travers sa souffrance d'un problème humain spécifique, essentiel, irréductible. Lui refuser cette originalité nosographique, c'est lui couper l'herbe sous le pieds, ne pas l'entendre, ne pas lui reconnaître ce qu'il a à nous enseigner en propre quant à un des avatars pulsionnels du devenir-homme: c'est tout bonnement le rayer de la carte, rayer quelqu'un qui a déjà trop tendance à se rayer de lui-même!

Avec le temps, m'inspirant des développements de Szondi et de Fernando Geberovich[3], j'ai cru pouvoir dégager *trois signes pathognomoniques de la toxicomanie essentielle:* 1) le fait que la personne se trouve dans la condition de «ne pas pouvoir cesser»(Szondi) de produire de la prise; 2) la présence d'un trouble du Moi, signifié testologiquement par le clivage du Moi Sch00 (la «perte du Moi»: *Ich-Verlust, Selbstlosigkeit* ou encore la «désintégration du Moi» selon Szondi); 3) l'accrochage à une prothèse auto-dégradante («autophage», dit Geberovich) qui, à la longue, ne peut plus soutenir sa fonction de support et finit par engloutir le Moi.

Ainsi que je l'écrivais (dans un article intitulé «L'originalité de Léopold Szondi en matière de toxicomanie»): «Szondi restitue à la problématique toxicomaniaque sa valeur de révélateur anthropologique: elle révèle, sous une forme morbide, ou selon le mot de Schotte, «pathoanalytiquement», un problème humain universel, incontournable, parce qu'étant l'existantial de base par excellence: comment vivre séparé de cet autre qui n'est pas encore un autre, comment se couper de ce lien qui n'est pas encore un lien, comment surmonter ce Moi, cette solitude, qui n'est pas encore un Moi (*Uberwindung des Alleinseins*[4]) pour qu'adviennent alors et le Moi, et cet autre, et le lien?»[5].

---

3. Cf. Fernando GEBEROVICH, *Une douleur irrésistible. Sur la toxicomanie et la pulsion de mort,* Paris, Inter Editions, L'Analyse au singulier, 1984.
4. SZONDI, Leopold, *op. cit.,* p. 423.
5. *Fortuna,* Bulletin du Groupe d'Etudes Szondiennes de Montpellier, n° 6, octobre 1989, p. 21.

Les considérations qui précèdent avaient pour fonction d'ouvrir le champ de mon propos d'aujourd'hui et n'ont fait que résumer dans les grandes lignes mon travail antérieur. Permettez-moi, avant d'entrer dans le vif du sujet de mon présent exposé, de me livrer encore à deux remarques de portée générale qui me semblent importantes:

I. La première porte sur l'aspect adialiectique du *fonctionnement toxicomaniaque*. L'espace-temps toxicomaniaque fait coexister des courants pulsionnels qui inscrivent leur action dans une cinétique rapide, parfois fulgurante en ses variations (on songe ici, par exemple, au mécanisme évoqué par Freud dans *Pulsions et destins des pulsions* du «renversement dans le contraire» ou encore au passage sans transition d'un moment hypomaniaque à un moment dépressif). Nous avons affaire à des forces pulsionnelles primitives qui vont soit dans le sens de l'arrêt, soit dans le sens du mouvement; soit dans le sens de l'accélération ou dans celui du ralentissement; soit dans le sens de la solidification ou dans celui de la liquéfaction, le "dur" et le "mou" pouvant soit coexister en dehors de toute contradiction, soit s'interpénétrer sans synthèse aucune. C'est ce que l'on observe dans certains profils de toxicomanes au Szondi-Test: un "noyau dur" (des prises de positions pulsionnelles identiques à l'avant-plan et à l'arrière-plan empirique) est cerné de "zones molles", de clivages ventilés ou tritendants, comme dans ce profil:

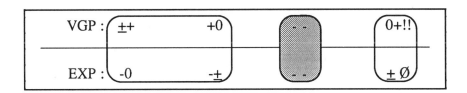

Prenons l'image d'un grand marécage avec, dans celui-ci, des fortins cernés par les sables mouvants. Il n'y a pas d'opposition dialectique[6] entre les sables et les fortins mais simplement des coups et des contre-coups. De même, dans l'espace-temps pulsionnel toxicomaniaque, l'on a affaire à des contrastes qui ne forment pas des contradictoires en conflit dialectique. Ces zones semblent être dans un rapport de discontinuité et de voisinage hors de toute opposition qualifiée. Ces «incompossibles»[7] peuvent cependant se gêner, se mélanger,

---

6. Que tout profil szondien réclame une interprétation dialectique, au sens large de «dialogique», est une chose. Que son économie pulsionnelles soit dialectique, c'est-à-dire régie par un conflit psychique dépassable en la position d'un terme troisième relevant d'un ordre de complexité supérieur et introduisant par là à une nouvelle problématisation, à un nouveau type de conflit, en est une autre.
7. Cf. p.9 de ce texte.

collaborer, se renforcer, se neutraliser ou demeurer indépendants l'un de l'autre. Une pluralité de motions pulsionnelles s'agite, chacune de ces motions en présence pouvant glisser sur l'autre, se transformer en elle, se métamorphoser en elle. Je pense à cet alcoolique qui me déclarait avoir beaucoup de volonté dans la vie relativement à nombre de choses, mais aucune quant à son rapport à l'alcool. De là aussi cette impression clinique que nous laissent les grands toxicomanes: celle d'une terrible mouvance, ou mobilité, ou inconsistance, paradoxalement mêlée à des points de force, de résistance, très rigides. Balint, dans *Le défaut fondamental,* a approché de tels mouvements pulsionnels lorsqu'il évoque l'existence de ce qu'il appelle les «substances primaires» et lorsqu'il insiste sur le fait que la zone du défaut fondamental ne se laisse pas ressaisir sur le mode du conflit psychique caractéristique de la névrose. La dialectique, au sens hégélien, inclut peut-être quelque chose d'éminemment paroxysmal, déjà trop «complexe», structurellement, pour penser la logique en jeu dans le fonctionnement toxicomaniaque. Selon la remarque de Michel Legrand, c'est sans doute plutôt sur le mode du *paradoxe* qu'il faut penser la toxicomanie. Je préciserai quant à moi que j'entends «paradoxe» au sens de ce que la rhétorique qualifie de «tour de paradoxe» ou de paradoxisme, désignant par là «une figure qui consiste à affirmer ou à nier d'une même chose les deux contraires, à rapprocher ainsi des idées qui se repoussent, dans un but expressif»; en exemple, ce vers de Racine: «Présente, je vous fuis; absente, je vous trouve» *(Dictionnaire Encyclopédique Quillet);* ainsi aussi du toxicomane qui se rend présent sur le mode de l'absence, ou qui se drogue pour ne plus avoir à se droguer (en s'attaquant, avec son toxique, à ce qu'il suppose être la cause même de son malaise), etc... Le toxicomane qui en arrive à supporter le conflit psychique, à dialectiser, est déjà entrain d'émerger de sa toxicomanie.

II. Ma seconde remarque consiste à mettre un troisième terme en rapport avec ceux de *toxicomane* et de *toxicomanie:* je veux parler du *toxicomaniaque* (neutre). Ce mode de fonctionnement pulsionnel ne s'empare pas seulement de l'esprit individuel: il peut atteindre et se répandre dans la Psychè d'une civilisation, d'une culture, d'une société. Se pose ici la question de l'articulation du social et du psychologique, chaque époque véhiculant un modèle de la subjectivité, modèle auquel les individus concrets peuvent s'identifier plus ou moins. On ne comprendra rien à la toxicomanie si l'on néglige de prendre en considération sa toile de fond culturelle: une mutation radicale qui se serait produite dans la civilisation à un moment donné et depuis laquelle se développerait de plus en plus de toxicomaniaque sur le fond d'une psychopathisation croissante de nos sociétés. La nature de ce «malaise dans la civilisation», ainsi que son moment d'apparition, ne sont pas aisés à circonscrire. Mais il nous apparaît certain que la toxicomanie d'une personne singulière ne saurait être réduite à une maladie strictement psychologique, à une régression privée: à travers sa souffrance, dans ce qu'elle a d'essentiel, le toxicomane montre ce qu'il ne saurait dire: sa Psychè, sa Corporéité, sa Socialité expriment ainsi le dit «Malaise». Mais quel est cet *Unbehagen* (Freud)? Sur quelle catastrophe culturelle repose-t-il? Quand a-t-elle eu lieu? Plusieurs auteurs se sont interrogés sur ce point capital; citons-les au passage: Adorno, Bernanos, Ellul, Geberovich, Heidegger, Lipovetski, Lyotard, Steiner... Leurs analyses divergent mais chacun d'eux tente de préciser la teneur d'une mutation pressentie dans la civilisation, catastrophe qui affecte l'être même de l'homme. Je ne peux pas développer ce thème ici. Je dirai seulement que le toxicomane me semble incarner de manière grossie, exacerbée, prototypique, voire caricaturale, une possibilité pathologique, un avatar du sujet de la post-modernité[8]. Szondi parlait de «pressentiment de la catastrophe» à propos du clivage Sch++, la catastrophe en question consistant dans la survenue du clivage Sch00, la «perte du Moi» ou la «perte du rapport à soi-même» *(Selbstlosigkeit)*. On peut dire que, chez le toxicomane, elle a lieu.

Autour de la notion de «trouage du Moi» dans la toxicomanie

C'est en 1987 que j'ai pour la première fois parlé de «trouage du Moi» dans un texte intitulé: «"Trouage" du Moi et Corps-pare-excitation dans la toxicomanie»[9]. Voici comment, en résumé, j'y fus amené.

Je suis parti tout d'abord d'une constatation empirique: les profils testologiques des toxicomanes en début de cure, alors qu'ils sont encore plus ou moins imergés «psychiquement» dans leur toxicomanie (après sevrage physique), présentent, de manière statistiquement significative, une fréquence plus élevée du clivage Sch00 que les profils ultérieurs de ces mêmes sujets après plusieurs mois de cure. J'ai qualifié alors ce clivage du Moi de «trouage» dans la mesure où je faisais l'hypothèse de la présence chez eux «d'un état psychique analogue à celui de la rupture du *Reizschutz* tel qu'il se produit dans les "névroses traumatiques"»[10]. Trois éléments cliniques m'encourageaient à concevoir les

---

8. A titre illustratif, je renvoie au chapitre conclusif du livre de Geberovich, déjà cité, sur la toxicomanie, chapitre intitulé: «Un avatar de la post-modernité» (pp. 282 et suivantes), ainsi qu'au chapitre IV de l'ouvrage de Gilles LIPOVETSKY, *L'ère du vide*, Paris, Gallimard, Les Essais, 1983, qui a pour titre: «Modernisme et post-modernisme».

9. LEKEUCHE, Philippe, *Destin, Ethique, Médiation. Etudes szondiennes*, Thèse de Doctorat en Psychologie, Inédite, Université Catholique de Louvain, 1987, pp. 247 et suivantes.

10. *Ibid.*, p. 251.

choses en ce sens: « (1) *l'intensité indescriptible du "flash"* éprouvé lors des prises initiales d'héroïne pourrait crever la "barrière de protection" et ouvrir des frayages de moins en moins résistants à l'excitation; ceci expliquerait pourquoi les effets de la drogue vont en s'amoindrissant et pourquoi le toxicomane se voit alors contraint d'augmenter toujours davantage la quantité et la fréquence de ses doses; (2) de nombreux toxicomanes sont *traumatophiles;* dans les situations de la vie, ils en viennent à rechercher le trauma. Au lieu d'y voir un alibi destiné à justifier après coup la prise du toxique, il vaut mieux penser que les toxicomanes s'efforcent de maîtriser la quantité traumatique d'excitation à travers sa répétition (..); (3) une fois les frayages ouverts par le toxique, *leur "colmatage" demeurera toujours fragile,* ainsi qu'en témoignent les rechutes catastrophiques de certains alcooliques qui ont repris "un verre" après des années d'abstinence complète...»[11].

Je peux ajouter à cela que, lorsqu'il m'est arrivé de tester un toxicomane sous produit (sans que je m'en aperçoive: on me disait alors, le lendemain ou le surlendemain, que ce patient avait rechuté en "maison" le jour du testing), ou dans l'espace de temps précédant ou suivant immédiatement une rechute, j'ai quasiment toujours observé à l'avant-plan du test le clivage Sch00.

Je précise maintenant que je ne fais pas tourner toute ma théorisation de la toxicomanie autour de cette notion de trouage du Moi. Si elle me semble lourde de sens et donc incontournable dans l'approche des toxicomanies essentielles, elle n'a pas à prétendre devenir une notion totalitaire. Cette notion demeure problématique et ambiguë. Jusqu'à il y a peu, mon approche du phénomène de trouage a été trop descriptive, trop statique, trop massive. De plus, cette application pourrait laisser croire à une conception déficitaire, carentielle, de la toxicomanie. Le Moi y apparaît comme une sorte de contenant, d'organe, dans lequel, à un moment donné, se serait produit un trou. Une telle notion ne nous permettrait de faire qu'une seule chose: un constat. Comme si, à propos de Sch00, de la «perte du Moi», on demandait: «Mais où donc est passé ce Moi qui a disparu?» Nulle part. Le Moi qui a disparu n'est pas ailleurs car le Moi n'est pas une substance. Je me rappelle l'injonction de Jacques Schotte nous recommandant, dans l'un de ses cours, de «penser le Moi en mouvement». Je me souviens également, dans le même esprit, d'une mise en garde que fait Freud dans la *Traumdeutung* quant à sa construction métaphorique, topique, des systèmes du psychique: «... je tiens pour utile et légitime de continuer à se servir de la représentation intuitive [de la métaphore: *anschauliche Vorstellung*] des deux systèmes. Nous évitons tout usage malheureux de ce mode de mise en scène *[Darstellungsweise]* en nous rappelant que les représentations *[Vorstellungen]*, les pensées et les formations psychiques en général ne doivent pas être localisées dans des éléments organiques du système nerveux, mais pour ainsi dire *entre*

---

11. *Ibid.,* p. 252.

eux, à l'endroit où se forment les résistances et les frayages qui leur correspondent. Tout ce qui peut devenir objet *[Gegenstand]* de notre perception intérieure est *virtuel,* comme l'image donnée dans un téléscope par le cheminement du rayon lumineux. Mais les systèmes, *qui ne sont pas eux-mêmes du psychique* et ne sont jamais accessibles à notre perception psychique, on a le droit de les comparer aux lentilles du téléscope qui projettent l'image. Si l'on poursuit cette analogie, la censure entre les deux systèmes correspondrait à la réfraction [à la brisure du rayon: *Strahlenbrechung*] lors du passage dans un nouveau milieu»[12]. Les métaphores topiques de Freud — qu'il s'agisse de la "machine" neurologique de l'*Esquisse* (1985), de la "machine" optique de la *Traumdeutung* (1900) ou de la "machine à écrire" du *Wunderblock* (le «bloc-notes magique», 1925) — *dessinent des "machines" pulsionnelles.* En effet, le psychique, ce n'est jamais la "boîte" reconsidérée, reconstruite différemment au fil des années; le psychique a à voir avec les *mouvements* qui s'y déroulent dans des «milieux» non homogènes; les «lieux psychiques» sont des fonctions des mouvements qui y ont cours et, en tout état de cause, ils ne les précèdent pas statiquement à la manière de contenants attendant leurs contenus. Freud ne cesse d'y suivre les mouvements de ce qu'il appelle: forces, frayages, résistances, attraction, poussée, investissement, contre-investissement, pression, répression, refoulement, conflit, etc... Il écrira ainsi, dans le texte sur *L'Inconscient* (1915): «... le passage du système *Ics* dans un système voisin ne s'effectue pas par une nouvelle inscription, mais par un changement d'état, une modification dans l'investissement. *L'hypothèse fonctionnelle a ici évincé sans peine l'hypothèse topique*»[13].

Si nous voulons nous rapprocher du mode de penser freudien, il nous faut concevoir le trouage du Moi comme une *opération, une action psychique.* Le trouage ne figure donc pas simplement un état mais aussi un déroulement, un processus, une dynamique. Déjà du point de vue de la phénoménologie clinique, la notion de trouage est à penser comme impliquant une temporalité cyclique, paradoxale: «je me défonce, je me troue dans le même temps que je me remplis d'une substance qui me troue davantage qu'elle ne me remplit». Ce double mouvement met en jeu non pas des antithèses contradictoires en tension dialectique vers leur propre dépassement et résolution mais des *incompossibles*[14] qui se recouvrent et se superposent en dehors de tout conflit, hors de toute idée de compromis au sens du symptôme névrotique. Nous n'avons pas affaire ici à un processus qu'on pourrait qualifier de dialectique. Pas plus qu'il n'est question, dans la toxicomanie, de refoulement. Ce qui ne veut pas dire que le toxicomane ne refoule rien. Ce qui veut dire que le fonctionnement toxicomaniaque,

---

12. Pages 615-616; cité par Jacques DERRIDA, *L'écriture et la différence,* Paris, Seuil, 1967, pp. 318-319; je souligne.
13. Trad. fr. in *Métapsychologie,* Paris, Gallimard, p. 88, c'est moi qui souligne.
14. J'emprunte ce néologisme à Jean Guiraud qui l'utilise notamment dans son analyse du champ pictural de René Magritte, par exemple lorsque l'artiste peint une tour en pierre avec des racines d'arbre à sa base.

lorsqu'il est enclenché, se déroule dans une zone de l'appareil psychique qui ignore le refoulement. Ici encore, Freud nous ouvre des pistes dans son texte sur *Le refoulement* (1915) à propos de la *douleur* et de la *faim* qui ne sont pas sans analogie avec l'appétence, avec l'insatisfaction toxicomaniaque: «... la douleur est impérative, écrit Freud; elle n'obéit qu'à l'action du toxique qui la supprime et à l'influence d'une diversion psychique. Le cas de la douleur est trop peu élucidé pour pouvoir servir en quelque façon notre propos. Prenons le cas d'une excitation pulsionnelle comme la faim, qui reste non satisfaite. Elle devient alors impérative, elle ne peut être apaisée par autre chose que l'action de satisfaction, elle entretient une tension de besoin constante. On est bien loin ici d'avoir à prendre en considération quelque chose comme un refoulement. Le cas du refoulement n'est donc assurément pas donné quand la tension résultant de la non-satisfaction d'une motion pulsionnelle augmente jusqu'à être intolérable»[15]. Et Freud de préciser plus loin que ce sont alors «les autres destins pulsionnels, comme la transformation dans le contraire, le retournement sur la personne propre, qui s'acquittent de la tâche de défense contre les motions pulsionnelles»[16].

Aspects phénoménologique, génétique et structural du «trouage»

Dans la toxicomanie, le temps vécu est discontinu. Ceci explique pourquoi la décision prise au matin de ne plus boire ou de ne plus se droguer n'est pas tenue le soir. Au matin, la décision est vraiment prise, tout au moins, elle est sincère. Mais une décision, cela *se prend* et cela *se tient*. Ces deux verbes, tenir et prendre, font retentir ce qu'il y a de contactuel (vecteur C), de non-intentionnel, de non-volontariste (intentionnalité: vecteur P; volonté: facteur k) dans la décision, à la base de la décision. Bref, la bonne intention et la volonté ne suffisent pas. Pour que la décision se maintienne, il faut qu'entre en jeu un événement psychique relevant de la pulsion du contact, il faut qu'entre en jeu la «mémoire contactuelle»: (se) retenir (d-). La position d- a à voir avec l'analité, nous dit Szondi: retenir les fèces (il parlera d'un «contact collant» — *Kleben* = coller). Elle est une position seconde, médiatrice du contact (moment «auto»): elle témoigne d'une première forme de passéification (position nostalgique, collage aux «anciens objets», de repli sur «soi», d'une première forme

---

15. FREUD, Sigmund, *op. cit.*, pp. 46-47.
16. *Ibid.*, p. 48.

d'autonomisation (retenir les fèces, c'est dire «non» à la mère, lui refuser un «cadeau»). La *temporisation* archaïque qui se réalise ici s'inscrit dans le corps (à l'intérieur du corps, pas en surface). La position d- opère une incorporation, met en forme une contenance personnelle, elle est une première forme de mémoire: contactuelle *et* corporelle. Avec C0+, on demeure dans l'oralité, la tenue, dans l'actualité, l'instant, la fusion. Avec C-+, on passe à l'analité, la retenue, la temporisation. Lorsque, chez le toxicomane, la décision de s'abstenir ne se maintient pas, c'est qu'il a régressé dans le circuit du contact de C-+ à C0+: il se produit une ventilation du facteur médiateur d.

Chez le toxicomane, le temps ne se déploie pas à partir du moment décisionnel initial mais, au lieu de s'engendrer, il reste bouclé sur lui-même, enclavé dans le momentané qui est informe, plus ou moins extensible, chaque moment étant séparé du moment suivant. En fait, dans cette discontinuité où chaque moment n'en fait qu'un et est unique, parler de moment «suivant» est un abus de langage. Car les moments ne s'enchaînent pas mais restent simplement juxtaposés. Le temps apparaît comme spatial, composé de multiples lieux, de points indépendants les uns des autres. La décision, toujours à nouveau reprise, est une tentative répétée de (re)connexion, exactement comme lorsqu'on s'efforce à de multiples reprises de faire passer un mince fil par le chas d'une aiguille: il est à peine passé que le voilà déjà ressorti sans que l'on parvienne à le saisir par l'autre bout et à l'étirer une fois pour toutes. Prenons maintenant le verso de la décision, par exemple, de ne plus boire: celle de boire. Au moment où elle a lieu, la pensée semble mise hors jeu. Avec ce court-circuitage commence le cycle de l'intoxication, éventuellement avant toute prise de toxique. Ainsi s'inaugure de la discontinuité, une fracture dans le temps propre. Concrètement décrit, voici comment je me représente le phénomène ponctuel mais encore englobant, décisif, aussi net que le brisement d'une baguette, que j'appelle *«déconnexion»:* la personne perd soudain le contact avec tout ce à quoi elle tient, avec tout ce qui la fait tenir, qui lui confère une certaine tenue. Son éthique, ses liens affectifs, une certaine image de soi, bref, toute une série de repères semblent balayés, *effacés.* Cet effaçage, ce «blanc», introduit de la *discontinuité* dans le temps historique corrélative de ce que j'ai appelé le «trouage du Moi», en langage szondien *Sch00* : le Moi est traversé, emporté par le pulsionnel; il ne prend plus position, cela signifie qu'il ne parvient plus à lier (*connectere* = «lier ensemble») l'énergie qui l'emporte comme un fêtu de paille dans le courant. Le Moi s'avère agi par le pulsionnel. On pourrait dire soit que le Moi se décharge de lui-même, soit qu'il se vide de ses investissements narcissiques (de ses indentifications), soit encore qu'il se dissout dans le flux des affects et des représentations (le flux des représentants de la pulsion), soit, comme le dit Szondi, qu'il se «désintègre», qu'il y a «perte du moi» *(Ich-Verlust)* ou «perte du rapport à soi *(Selbstlosigkeit).* Toutes ces *variantes de l'absence à soi,* de la disparition de ce qui existait jusque là comme «Moi», me semblent provisoirement recevables pour tenter de nommer l'opération qui se déroule alors.

Si je parle de «trouage du Moi», et pas seulement de «dissolution», de «vidage» ou de «décharge», c'est essentiellement pour deux raisons. La première est d'ordre *génétique:* je tiens au postulat selon lequel l'opération actuellement toujours répétée du trouage, par celui qui est devenu toxicomane, repose sur une cassure archaïque, une effraction basale du «pare-excitation» (Freud), une brisure dans ce que Winnicott appelle la «continuité avec le commencement personnel», ce traumatisme entraînant, selon sa propre expression, la «désintégration d'une structure naissante du moi»[17]. Cette brisure aura peut-être toujours besoin d'une réparation actuelle, continuellement répétée. On ne saurait l'affirmer sans plus. Mais cette appréhension a fait dire à Thierry Snoy que, nous autres thérapeutes, nous sommes confrontés, face aux toxicomanes, à n'être que des «bricoleurs de l'incurable», à renoncer définitivement à notre toute-puissance thérapeutique, à faire avec les moyens du bord dans ce navire qui prend l'eau de toutes parts... Face au grand toxicomane, au toxicomane essentiel, point n'est besoin pour nous de désespérer avec lui, ni de tomber dans un volontarisme thérapeutique, dans un comportementalisme optimiste. Ces deux attitudes ne signifient pas soigner, prendre soin de cet autrui. Non, la question est de nous demander, lorsqu'on adresse la parole à un toxicomane, qui parle et à qui, quelle part de nous-même prend-t-elle la parole et quelle dimension, dans cet autre à qui nous nous adressons, touche-t-elle? Notre parole est-elle en mesure de donner à ce sujet la capacité de tenter son acte dans le sens de sa vie? De faire en sorte qu'il puisse autrement utiliser cette brisure dans laquelle il s'engouffre, de la faire autrement résonner (par exemple à travers un processus de création artistique...)? La seconde raison, qui me fait parler de «trouage», est *structurale:* le toxicomane ne se trouve pas seulement confronté à un vide qu'il tente de remplir par ses agirs. Dans la toxicomanie, le mouvement pathologique poursuit sa course dans un renchérissement incessant, l'insatisfaction croissant à mesure de la prise, jusqu'à la perte de conscience, le "trou noir" ou même la mort. Nous n'avons pas affaire simplement à un vide susceptible d'être rempli à un moment donné, mais à un trou, à du sans-fond; d'où la formule de Szondi prend ici tout son poids lorsqu'il affirme que le toxicomane «ne sait pas s'arrêter» (ce dernier cherchant en effet, perpétuellement, son point d'arrêt, son propre fond, dans l'espoir d'y rebondir vers la vie, mais ne trouvant, hélas trop souvent, que l'abîme de son anéantissement).

---

17. Cf. WINNICOTT, Donald W., *Jeu et réalité. L'espace potentiel,* Paris, Gallimard, 1975, p. 135. L'auteur y évoque «le facteur temps» en rapport avec le traumatisme, l'effacement de la trace, la coupure dans la continuité existentielle du bébé, l'acceptation de la séparation. Comme chez Balint à propos du «défaut fondamental», il y a l'idée que la "guérison" (entre guillemets) de la cassure laissera des marques...

Vers une métapsychologie du «trouage du Moi»

Le petit texte de Freud intitulé *Note sur le Bloc-notes magique* (1925) devrait nous permettre de progresser un tant soit peu dans notre élaboration du concept de «trouage», d'avancer de quelque pas sur le chemin qui mène d'une vision phénoménologique à une théorisation métapsychologique[18].

Freud avait trouvé, à l'époque, dans le commerce, un petit outil mnémotechnique appelé *Wunderblock* («bloc-notes magique»), toujours actuellement en vente chez nous sous l'appellation d'«ardoise magique»). Voici comment Freud en décrit la composition matérielle :

> «Le bloc-notes magique est un tableau fait d'un morceau de résine ou de cire brun foncé encadré de papier; il est recouvert d'une feuille mince et translucide qui est fixée à son bord supérieur et libre à son bord inférieur. Cette feuille est la partie la plus intéressante du petit appareil. Elle comporte elle-même deux couches qui peuvent être séparées l'une de l'autre sauf à leurs bords transversaux. La couche supérieure est un feuillet de celluloïd transparent et l'inférieure est faite de papier ciré mince et donc translucide. Quand on n'utilise pas l'appareil, la face inférieure du papier ciré adhère légèrement à la face supérieure du tableau de cire.
>
> Pour se servir de ce bloc-notes magique, on écrit sur le feuillet de celluloïd de la feuille qui recouvre le tableau de cire. On n'a pas besoin de crayon ou de craie, car l'inscription ne consiste pas ici en un dépôt matériel sur la surface réceptrice. (...) Un style pointu raye la surface où l'"écriture" s'inscrit en creux. Avec le bloc-notes magique, on ne raye pas directement, mais par l'intermédiaire de la feuille qui recouvre le dessus. Le style fait adhérer, en tous les points qu'il touche, la face inférieure du papier ciré au tableau de cire, et les rayures qu'il fait apparaissent en écriture sombre sur la surface du celluloïd qui, autrement, resterait d'un blanc gris uniformément lisse. Si l'on veut détruire l'inscription, il n'y a qu'à séparer du tableau de cire la feuille recouvrante avec ses deux couches en la tirant légèrement à partir du bord inférieur. L'écriture était rendue visible du fait d'un contact étroit entre le papier ciré et le tableau de cire aux endroits qui avaient été rayés; ce contact est maintenant rompu et il ne se rétablit pas quand le papier repose à nouveau sur le tableau. Le bloc-notes magique est alors libre d'inscription et prêt à recevoir de nouvelles notes.
>
> Les petites imperfections de l'instrument sont, bien sûr, sans intérêt pour nous puisque nous voulons seulement examiner en quoi il se rapproche de la structure de l'appareil perceptif psychique»[19].

---

18. FREUD, Sigmund, «Note sur le "Bloc-notes magique"» (trad. fr. de *«Notiz über den "Wunderblock"»*), in *Résultats, idées, problèmes*, Paris, Gallimard, 1990. Notons que le facteur k réalise, selon Szondi, le pont perceptif entre le Moi et la réalité externe. Or, 80% des toxicomanes présentent du $k0$. Ce qui témoigne bien du trouble du système Pc-Cs chez eux.

19. *Ibid.*, pp.121-122.

Pourquoi Freud s'intéresse-t-il à ce *Wunderblock?* Parce que, depuis toujours, déjà même depuis *L'Esquisse* (1895), il cherche, à travers ses métaphores topiques successives, à se représenter comment l'appareil psychique «a une capacité indéfinie de recevoir des perceptions toujours nouvelles» alors même qu'«il en fournit des traces mnésiques durables, même si elles ne sont pas inaltérables». Seul notre appareil psychique réalise les deux opérations à la fois, car pour ce qui concerne «les dispositifs par lesquels nous remplaçons notre mémoire: ou bien la surface réceptrice doit être renouvelée ou bien les notes détruites»[20]. Par ailleurs, Freud établit certaines correspondances entre les composantes du *Wunderblock* et les composés ou systèmes de sa première topique de 1900 (qu'il ne disqualifie d'ailleurs absolument pas en 1925). Il résume ainsi l'analogie entre les deux appareils: «... il ne me semble pas trop aventuré d'assimiler la feuille recouvrante constituée de celuloïd et de papier ciré au système *Pc-Cs* avec son pare-stimulus, d'assimiler aussi le tableau de cire à l'inconscient qui se trouve derrière et enfin *l'apparition et la disparition de l'écriture à l'allumage et l'extinction de la conscience* dans la perception»[21]. Mais deux différences existent cependant: dans le *Wunderblock,* les traces durables ne sont pas utilisées et l'outil ne peut pas "reproduire" de l'intérieur l'écriture en surface une fois qu'elle y a été effacée.

Cela étant dit, le texte sur le *Wunderblock* présente trois innovations majeures en cette année 1925: 1) à la différence de ce qui se passe dans *L'interprétation des rêves,* Freud va s'intéresser ici au fonctionnement du système Pc-Cs *à l'état de veille;* 2) il va faire du *facteur temps* un trait essentiel dudit fonctionnement; 3) «l'hypothèse fonctionnelle», le *dynamique,* va l'emporter ici nettement sur «l'hypothèse topique»: l'activité psychique n'est plus enfermée "dans" la boîte mais la déborde (ce qui figure la main qui agit depuis le lieu d'un autre, s'agissant du fonctionnement de notre appareil perceptif psychique!); elle réside en une action perpétuellement répétée sur laquelle Freud va concentrer son attention.

Et Freud d'en arriver ainsi à ce qui est pour lui une élucidation nouvelle du système Pc-Cs:

> «Dans le bloc-notes magique, l'écriture disparaît chaque fois qu'est rompu le *contact* étroit entre le papier qui reçoit le stimulus et le tableau de cire qui conserve l'impression. Ceci s'accorde avec une représentation que je m'étais faite depuis longtemps touchant le fonctionnement de l'appareil perceptif psychique, mais que j'avais gardée jusqu'à présent par devers moi. J'ai émis cette hypothèse: des innervations d'investissement sont envoyées de l'intérieur *par coups rapides et périodiques* dans le système *Pc-Cs* qui est complètement perméable, pour en être ensuite retirées. Tant que le système est investi de cette façon, il reçoit les perceptions qu'*accompagne la conscience* et conduit

---

20. *Ibid.,* pp. 120.
21. *Ibid.,* p. 123; les italiques sont de moi.

l'excitation dans les systèmes mnésiques inconscients; dès que l'investissement est retiré, *la conscience s'évanouit* et le fonctionnement du système est arrêté. Ce serait alors comme si l'inconscient, par le moyen du système *Pc-Cs,* étendait vers le mode extérieur des antennes, qui sont *rapidement retirées* après en avoir comme dégusté les excitations. Ainsi les interruptions qui, dans le cas du bloc-notes magique, proviennent de l'extérieur, je les faisais résulter de la *discontinuité* du flux d'innervation; et, à la place d'une *rupture de contact* effective, on trouvait, dans mon hypothèse, l'inexcitabilité *périodique* du système perceptif. Je supposais en outre que ce mode de travail *discontinu* du système *Pc-Cs* est au fondement de l'apparition de la représentation du *temps.*

Si l'on imagine qu'une main détache *périodiquement* du tableau de cire la feuille recouvrante pendant qu'une autre écrit sur la surface du bloc-notes magique, on aura là une figuration sensible de la manière dont je voulais me représenter la fonction de notre appareil perceptif psychique»[22].

De l'examen attentif de ce passage, nous avons quelques enseignements précieux, relativement au problème que nous traitons ici, à retirer. Enumérons-les :

1) Le système Pc-Cs se trouve être doublement en *contact:* avec le monde extérieur et avec le système Ics. Chacun de ces contacts peut être soit maintenu, soit interrompu, avec, pour conséquence, l'"allumage" *(Aufleuchten)* ou l'"évanouissement" *(Vergehen)* de la conscience. On a l'impression d'avoir ici affaire à un phénomène "on-off" d'allure contactuelle. Lorsque s'établit une «rupture de contact» entre Ics et Pc-Cs, c'est-à-dire lorsque le «flux d'innervation» provenant de l'Ics n'investit plus le Pc-Cs, la surface de la conscience est semblable à la surface de celluloïd: «d'un blanc gris uniformément lisse»[23]. Ce phénomène évoque à mon sens ce que j'ai décrit ci-avant comme «déconnexion».

2) Un tel investissement depuis le dedans (Ics) n'est pas continu mais *discontinu, périodique, continuellement interrompu;* il a lieu par à-coups. De plus, ces à-coups sont *rapides,* l'inconscient étendant «vers le monde extérieur *[donc vers le système Pc-Cs]* des antennes, qui sont rapidement retirées...».* Cela doit être rapide et discontinu parce que le système Pc-Cs véhiculant de l'énergie libre et étant qualifié de *perméable,* ses contenus, ses excitations doivent faire, toujours à nouveau, immédiatement place nette pour en laisser venir d'autres. La conscience est donc un phénomène discontinu, fulgurant, sans cesse *évanoui* à tout instant et sans cesse ravivé dans une *pulsation,* un *battement rapide* entre le contact et la rupture du contact entre les systèmes en question. Ce mode d'investissement discontinu, cette conscience n'existant que dans des intermittences rapprochées, «ce mode de travail discontinu du système *Pc-Cs,* écrit Freud, est au fondement de l'apparition de la représentation du *temps».*

---

22. *Ibid.,* pp.123 et 124; excepté pour *Pc-Cs,* les italiques sont de moi.
23. *Ibid.,* p. 121.

3) Pour un même stimulus, il existe deux niveaux de traitement parallèles, niveaux qui peuvent être reliés ou disjoints: celui de l'écriture en surface, effaçable (la conscience) et celui de l'écriture indélébile (l'inconscient).

4) Le Moi lui-même n'est qu'une fonction du système Pc-Cs. Ainsi que Freud l'écrit dans *Le Moi et le Ça* : «... le moi est la partie du ça qui est modifiée par l'influence directe du monde extérieur par la médiation de Pc-Cs, d'une certaine façon il est une continuation de la différenciation superficielle»[24]. On peut donc risquer de tirer la conclusion que *la mise hors-jeu de Pc-Cs,* que l'évanouissement de la conscience, *entraîne corrélativement la disparition du Moi* et que ce dernier n'existe que dans *un processus constant de disparition-réapparition,* c'est-à-dire dans une perpétuelle intermittence: il n'est pas une substance, il n'est jamais qu'«en instance», toujours «en mouvement».

5) Dans le cas où le medium du contact avec l'extérieur, le pare-excitation du système Pc-Cs, que Freud rapproche ici du feuillet en celluloïd (p.122), se trouverait endommagé (s'il est déchiré, par exemple), la surface réceptrice (Pc-Cs) subirait-elle aussi un dommage, elle ne recevrait plus l'inscription (alors que la tablette de cire, elle — l'Ics ici —, emmagasinerait directement sa trace durable). Déjà, dans *L'Inconscient* (1915), Freud écrivait ce qui suit: «... l'Ics est en outre atteint par les expériences vécues provenant de la perception extérieure. Toutes les voies qui mènent de la perception à l'Ics demeurent normalement libres...»[25].

Le clivage du Moi Sch00 témoigne de cette mise hors jeu du Moi lors de la déconnexion entre les systèmes Pc-Cs et Ics ou bien lors de la rupture du pare-excitation. Sch00 signifie que Pc-Cs subit un effaçage durable ou passager de ses contenus. Il s'y produit comme un "blanc". Une déconnexion a lieu, soit par rapport à l'extérieur (perception), soit par rapport à l'intérieur (représentation), soit par rapport aux deux. La perception et la représentation ne se "marquent" plus dans la conscience. Les traces durables de l'Ics n'ont plus d'écho, ne font plus de vagues en surface.

Dans le cas du toxicomane présentant Sch00, ni perceptions, ni représentations ne l'arrêtent plus dans sa quête du produit. Emporté par l'énergie qui librement circule, il est déjà dans l'agir, agi qu'il est par sa pulsionalité. Cette déconnexion peut précéder la prise de toxique ou lui être consécutive et elle ouvre la voie à tous les débordements. En langage *Wunderblock,* on dira que la feuille mince et translucide, le système Pc-Cs (avec ses deux feuillets, le pare-excitation et la surface réceptrice), est décollée de la

---

24 *Das Ich und das Es, G.W.,* XIII, p. 252; fr., p.179.
25. Trad. fr. in *Métapsychologie,* Paris, Gallimard, p. 107.

tablette de cire (l'Ics). Dans le profil szondien d'un patient toxicomane (héroïnomane) rencontré récemment, qui était en phase de rechutes graves et successives, cette situation psychique se traduisait ainsi :

```
VGP : Sch00

EXP :      p- d-m-
```

Il disait ressentir l'envie d'encore rechuter. J'avais l'impression, lors de mon entretien clinique avec lui, que les perceptions qui auraient pu arrêter chez lui l'envie de "consommer", que les représentations qui auraient pu lui donner à penser, que tout cela ne s'inscrivait pas, ne *"prenait"* plus.

Dans les allées et venues (les fugues et les retours) qui scandent les rechutes, ne pourrait-on pas voir le va-et-vient de la main qui déconnecte et reconnecte le *Wunderblock?* L'institution prendrait la signification de ce qui fait mémoire, des autres, de ceux qui restent, des traces durables, et le toxicomane en dérive, en perte de contact avec l'institution, serait comme la surface sensible de laquelle tout s'efface? Comme s'il avait tout "gommé", laissant ses marques et ses traces dans le lieu de la Psychè institutionnelle... Qu'on ne se méprenne pas: nous sommes ici en dehors de toute dialectique du souvenir et de l'oubli, comme me le faisant remarquer un jour Henri Vanderschelden. Pour oublier, il faut pouvoir se souvenir, et inversément. Le toxicomane fait plutôt coexister simultanément, dans la séparation, en des lieux disjoints, deux incompossibles: l'inscription de la trace et son effaçage. De même, l'alcoolique ne boit pas pour oublier mais pour effacer en un point ce qu'il préserve en un autre. Un questionnement sur les rapports entre l'alcoolisme et la création littéraire pourrait trouver ici un point de départ intéressant.

Il me semble que, dans le fonctionnement toxicomaniaque, le battement alternatif entre connexion et déconnexion est saccadé, trop scindé :
A. *la connexion se prolonge* seule, la surface s'encombre d'inscriptions, d'une cacophonie de pensées (c'est le cas lorsqu'une phase d'abstinence finit par produire un "trop-plein", un envahissement de pensées compulsives) suscitant alors un besoin de déconnecter; B. il s'ensuit *une déconnexion* à son tour *prolongée,* effectuée soit par la prise de produit, soit par une opération psychique purement endogène. Dans une perspective pathoanalytique, on voit donc comment *le fonctionnement toxicomaniaque accentue, grossit, exacerbe le fonctionnement en deux temps du système Pc-Cs.* Et c'est ici que vient se poser la question du *temps,* centrale dans la toxicomanie.

Freud rattache notre représentation du temps au mode de fonctionnement *périodique* du système Pc-Cs. Il soutient que l'Ics, qui est certes aussi pour une part un héritage, n'a pas de représentation du temps et ne tient pas compte du facteur temps (au sens usuel de ce mot). Ainsi que le mentionnait un jour Jacques Schotte, la forme la plus banale, contactuelle, de la temporalité, comporte trois moments rythmiques: se mettre à une tâche, s'y tenir, s'arrêter. C'est bien là une difficulté inhérente au fonctionnement toxicomaniaque (ou bien le toxicomane "zone" pour tromper l'ennui en ne faisant rien; ou bien il n'arrive pas à s'arrêter de travailler). C'est le rythme qui lui fait défaut. Métapsychologiqument, on pourrait peut-être risquer la formule: connecter, maintenir la connexion, déconnecter. Le battement connexion-déconnextion réalise une rythmicité primitive servant de matrice à la représentation d'un temps plus complexe éprouvé comme continuum.

Par ailleurs, au lieu de dire que le toxicomane veut «tout, tout de suite», et qu'il vit dans le moment présent, ce serait prendre en compte sa souffrance, et non seulement son urgence, de préciser qu'il vit surtout le temps comme du discontinu mutilé.

Je terminerai en soulevant une question clinique d'importance pour le champ des toxicomanies. Après un long séjour en institution, après aussi qu'un travail thérapeutique réel, du point de vue du patient et de l'équipe soignante, ait été effectué, on peut soudain assister à une cascade de graves rechutes au fur et à mesure que le moment de quitter l'institution se rapproche, à tel point qu'on en vient à se demander si les bénéfices du traitement ne sont pas balayés. On a l'impression d'un véritable parallélisme entre, d'une part, les progrès thérapeutiques dans la resocialisation et la perlaboration (la réécriture) des matériaux psychiques et, d'autre part, la recrudescence du fonctionnement toxicomaniaque. C'est comme si les deux systèmes psychiques, Pc-Cs et Ics (l'effaçage et l'inscription) fonctionnaient indépendamment l'un de l'autre. Comment donc *l'angoisse de séparation* par rapport à des éléments externes (la famille, l'équipe soignante, etc...) en arrive-t-elle à produire une déconnexion interne, une *séparation intrapsychique,* une rupture de contact entre les systèmes: entre "moi" (ce Moi qui doit partir) et les "autres" (ceux qui demeurent inscrits dans l'espace institutionnel)? C'est sans doute dans le contexte du transfert qu'il nous faudra tenter de ressaisir le sens de ce qui se joue ici. N'est-ce pas comme si la personne se disait: «Puisque, vous qui restez, vous voulez que je m'en aille, que je parte, hé bien, je disparais, je me raye moi-même de moi: Sch00!».

Anthropo-logiques 4, 1992, 77-120.

Suggestions pour un abord structural des toxicomanies

Pascal METTENS *

> *Une idée préconçue a toujours été et sera toujours le premier élan d'un esprit investigateur.*
>
> *Claude Bernard*

INTRODUCTION: LA MALADIE (NERVEUSE) DES TEMPS MODERNES?

Les toxicomanies ne cessent d'intriguer et de décourager, depuis quelques décennies, les psychiatres, psychologues et sociologues — la liste est loin d'être exhaustive — dès qu'ils entreprennent de théoriser ou d'agir sur ce qui leur apparaît à la fois comme un trouble psychiatrique et un phénomène de société. L'échec retentissant de la plupart de leurs tentatives d'élucidation ou d'intervention n'est pas sans évoquer celui jadis infligé par les malades de la Salpêtrière à Charcot et certains de ses élèves, au terme de leur quête éperdue d'une lésion corticale spécifique de l'hystérie[1].

De l'étonnement de Freud, confronté, voici plus d'un siècle, à une paralysie hystérique, «qui se comporte ... comme s'il n'existait pas d'anatomie du cerveau»[2], à celui, tout récent, d'Olievenstein, constatant que les toxicomanes hospitalisés présentent des désordres à la fois atypiques et familiers tant ils sont fugitifs ou changeants[3], il n'y a épistémologiquement guère de différence. Dans

---

* Assistant à l'Unité de recherches anthropologiques et pathoanalytiques en psychologique clinique, Université Catholique de Louvain, Faculté de Psychologie et des Sciences de l'Education, Voie du Roman Pays, 20, B-1348 Louvain-la-Neuve.
1. Pour un exposé détaillé de la question, cf. le remarquable ouvrage de Bercherie [1983, pp. 59-71].
2. Freud [1897a, pp. 203-204].
3. Olievenstein [1977, p. 156-157 & 1991, pp. 10-15].

un cas comme dans l'autre, en effet, on constate que ne s'opère pas sans résistance l'extension, à un domaine apparemment nouveau de la pathologie, d'un appareil conceptuel qui, jusqu'ici, semblait pourtant avoir donné entière satisfaction.

Par malheur, le bon sens est une vertu qui ne se rencontre qu'exceptionnellement en psychopathologie: qu'on se souvienne de l'acharnement avec lequel les neuro-psychiatres de la fin du siècle dernier, ne découvrant aucune lésion, même «dynamique»[4], dans les cas d'hystérie, étendirent leurs recherches «aux troubles ... de la sensibilité de la peau et des organes profonds, aux comportements des organes des sens, aux particularités des contractures et paralysies ... et aux modifications du métabolisme»[5], faisant ainsi la preuve de leur inaptitude à contester le bien-fondé d'une méthode qu'il ne leur restait plus, dès lors, qu'à répéter sans trêve pour l'affiner toujours davantage. Du côté des toxicomanies, on constate le plus souvent une semblable tendance, qui consiste à imposer à l'objet nouveau les contours d'un modèle explicatif lui préexistant de longue date, et dont on ne doute pas un instant de la portée universelle. C'est ainsi que, presque toujours, on entend affirmer que la prise de toxiques n'est qu'un comportement susceptible d'apparaître indifféremment chez des psychopathes, des psychotiques et des pervers, tout comme chez ces adolescents en quête d'un plaisir insolite, d'un groupe d'appartenance original ou d'un équivalent suicidaire inédit[6]. L'ampleur de cette dévalorisation nosographique de la toxicomanie est d'ailleurs inversement proportionnelle à la multiplication des discours sur les prétendus fondements bio-psycho-sociologiques d'un *problème drogue*, véritable fléau qui mettrait en péril ou qu'engendrerait, selon les points de vue, le fonctionnement même de notre société. A en croire les médias et ceux qui les informent, il serait donc question bien plus d'épidémie que de trouble psychiatrique. Mais ne considérait-on pas déjà de la sorte, au début de ce siècle, la progression fulgurante de la neurasthénie dans de nombreuses couches de la société[7]? Chaque civilisation, on le voit, a le malaise qu'elle mérite, et il semblerait bien que le camarade de collège, qui naguère initiait les fils de bonne famille à la masturbation, soit devenu de nos jours un dealer potentiel!

---

4. Cf. à ce sujet les critiques de Freud [1893a, pp. 34-35] sur la notion de lésion dynamique, «dont [le neuro-psychiatre] ne retrouve pas la trace dans le cadavre» tout en étant intimement convaincu qu'elle n'en reste pas moins «une lésion organique vraie». Cf. également Bercherie [1983, pp. 59-71].
5. Id. [1893b, p. 70].
6. Lemperière, Féline & al. [1985, pp. 169-170]. Il existe, bien entendu, de multiples variantes de cet étonnant inventaire.
7. La thèse de l'extension des troubles à étiologie sexuelle est reprise par Freud [1896a, p. 109] pour contester le rôle trop important attribué selon lui à l'hérédité dans l'étiologie des névroses: «si la neurasthénie se bornait aux gens prédisposés, estime-t-il, elle n'aurait jamais gagné l'extension et l'importance que nous lui connaissons». Cf. également la revue critique par le même Freud [1908, pp. 28-31] des arguments de ses contemporains visant à expliquer «l'accroissement imputable à [la] morale [sexuelle civilisée-répressive] de ... cette maladie nerveuse qui se répand si rapidement dans notre société contemporaine» [p. 29]. Ces raisonnements sont parfois très proches de ceux développés de nos jours pour rendre sociologiquement compte de la progression de l'"épidémie" toxicomaniaque, notamment chez Bergeret [1980].

Car c'est bien la société qui est en cause, et l'on ne s'étonnera guère qu'hystérie et toxicomanie, dont la complémentarité dialectique n'a été jusqu'ici clairement reconnue que par la seule théorie de la médiation, aient connu des destins si voisins à des époques différentes. Si l'on accorde quelque crédit à l'hypothèse, formulée par Gagnepain, du passage, dans notre société, d'un modèle victorien de contrainte et d'inhibition, à celui, plus laxiste, de la consommation[8], on comprend mieux que l'hystérique ait, par son inhibition excessive, séduit à l'époque victorienne le neuro-psychiatre et initié le psychanalyste aux rudiments de la névrose pour des raisons analogues à celles qui font qu'aujourd'hui, la toxicomanie, trouble par excellence de la consommation, est mise à l'avant-plan de la scène publique et si souvent dramatisée. Mais il faut reconnaître que le travail de pionnier fourni par Freud dans le champ des névroses n'a pas encore trouvé, faute de temps, d'équivalent dans celui des psychopathies, aujourd'hui toujours en friche.

Dès lors, à quelques trop rares exceptions près, aucune "métapsychologie" des toxicomanies, et, d'une manière générale, des psychopathies, n'a véritablement reçu d'élaboration durable et convaincante, si ce n'est dans la reprise, souvent malheureuse, de concepts, sans doute pertinents dans leur domaine de définition d'origine, mais le plus souvent trop hâtivement transposés[9]. Presque toujours, dans les "nosographies" actuelles, les psychopathies n'existent pas en tant que volet autonome de la psychopathologie, mais se trouvent disjointes en de multiples catégories aussi descriptives qu'utilitaires[10], cette propension à l'inventaire étant amplifiée par une autre, plus inquiétante encore, qui consiste à dévaloriser l'élaboration théorique au profit de la résolution des problèmes de communication et de traduction entre praticiens du psychodiagnostic.

En somme, «poser le problème de la psychopathie — de quelque façon que ce soit — c'est aborder un domaine psychopathologique dont la conception et la conceptualisation sont demeurées en reste dans les progrès de la psychiatrie contemporaine … Or, paradoxalement, l'usage de cette notion … se multiplie, faisant fonction de véritable fourre-tout[11]».

La théorie de la médiation entreprend sans aucun doute de répondre à cette carence épistémologique et nosographique, en permettant de formuler des hypo-

---

8. Comme le fait remarquer Gagnepain [1984, IV, p. 11]. On n'est cependant pas autorisé à parler de changement de structure dans cette apparente mutation d'une société "névrotique" en une société "psychopathique": il s'agit plutôt d'une simple oscillation, périodique sans doute, qui n'est liée qu'aux possibilités spécifiquement humaines de privilégier l'une ou l'autre visée du réinvestissement moral. Le scepticisme de Foucault [1976] quant à la localisation dans le temps d'une société victorienne qui serait aujourd'hui "libérée" reste donc tout à fait justifié.

9. Ainsi que le note également Le Poulichet [1987, pp. 10-17].

10. Dans le DSM-III-R, on recourt notamment, pour circonscrire le phénomène psychopathique, aux originalités nosographiques suivantes: troubles de l'adaptation avec ou sans perturbation des conduites, troubles des impulsions non classés ailleurs, kleptomanie, jeu pathologique, pyromanie, personnalité antisociale, sans oublier les multiples conséquences liées à l'utilisation des substances dites psycho-actives (classement par produit et par degré de désorganisation somatique).

11. Kinable [1984, p. 7].

thèses précises et falsifiables sur la toxicomanie. Leur vérification ne peut cependant s'effectuer sans délai, à tel point certaines questions exigent des éclaircissements préalables. Dans un premier temps, il est indispensable de mesurer les retombées du transfert en psychiatrie de la méthode expérimentale qui semble avoir porté ses fruits en clinique aphasiologique. Ensuite, il convient d'interroger les savoirs existants sur les psychopathies et la toxicomanie, pour préciser les impasses auxquelles ils conduisent et chercher parmi eux sur quelle base appuyer le discours incontestablement novateur de l'anthropologie clinique. C'est à mieux éclairer ces questions, préliminaires à toute vérification, que l'on se consacrera ici.

I. DE L'APHASIE SEMIOLOGIQUE DE BROCA A LA TOXICOMANIE

La démonstration de l'adéquation de la théorie de la médiation à la clinique psychiatrique n'est pas chose aisée. Tout, dans ce modèle, incite en effet à en contester vigoureusement la validité, tant les présupposés méthodologiques qui en régissent la construction semblent directement contredire l'évidence clinique, à laquelle a pris l'habitude de souscrire sans réserve le praticien. Celui-ci, habitué à rencontrer des étiologies multiples et des cas mixtes, paraît s'être définitivement détourné des modèles scientifiques, trop réducteurs à son goût, pour privilégier la singularité de la rencontre et la nécessité sociale d'une prise en charge thérapeutique. Bref, le clinicien s'est résolument rangé du côté du malade et de son histoire. Et pourtant, si l'on forme le voeu de fonder un jour des sciences humaines cliniques, ce n'est pas vers la pathogenèse, le devenir-malade qu'il convient de se tourner. Il s'agit, tout au contraire, d'opter pour une véritable patho-logie, c'est-à-dire — au risque de choquer — un abord différentiel des entités morbides et, dans ce domaine, il faut bien reconnaître que l'expérience vécue ne remplacera jamais l'expérimentation, ni le récit, pas plus que l'anamnèse et les histoires de malades, la théorisation.

Tentons donc, dans un premier temps, de ressaisir la démarche poursuivie dans la vérification du modèle langagier proposé par Gagnepain, afin d'imposer au champ des toxicomanies, si cela s'avère possible, une cohérence interne aussi rigoureuse que celle que la glossologie a permis d'instaurer en clinique aphasiologique[12]. Outre la nécessité de neutraliser les compensations du malade pour mettre en évidence la détérioration dont il est victime, et la prise en compte de l'inévitable occultation, par la contradiction performantielle, phénoménale, de

---

12. Mon propos n'est pas d'évaluer si ces principes méthodologiques sont chacun suffisamment élaborés pour garantir la validité des grammaires élémentaires induites, construites et administrées aux patients aphasiques à des fins de vérification clinique. Il est en effet possible, dans l'immédiat, de se contenter d'exploiter en psychopathologie les acquis de cette clinique expérimentale, épistémologiquement bien plus cohérente que la démarche théorico-thérapeutique qui y a habituellement cours.

l'analyse instantielle qu'il s'agit précisément d'étudier — questions sur lesquelles on ne s'attardera pas ici[13] — une telle expérimentation se fonde également sur les a priori méthodologiques suivants[14]: tout d'abord, on considère que «la pathologie dissocie ce que le normal globalise en un comportement appelé langage»; ensuite, que «la clinique de l'aphasie a ceci de privilégié qu'elle ne touche que le langage et mieux, qu'elle n'en affecte que telle ou telle modalité, et ce de façon exclusive». Enfin, «on ne peut être aphasique que de *deux* façons. C'est-à-dire qu'est prise en compte ici «une longue tradition neuro-linguistique de la description du trouble»; en effet, «la plupart des neurologues reconnaissent l'existence de deux grands troubles aphasiques, l'aphasie de Broca et l'aphasie de Wernicke, correspondant respectivement à des lésions pré-rolandiques ou post-rolandiques de l'hémisphère gauche»[15].

La transposition à la psychopathologie de ces principes de construction de l'objet clinique rencontre d'emblée des obstacles importants. La difficulté essentielle réside en ceci que l'on se trouve immédiatement immergé dans *le* psychiatrique, société et droit confondus, qu'il s'agisse, chez Freud, du refoulement qui, s'il a pour objectif premier la répression d'un affect, opère toujours sur une représentation socialement choquante[16], ou encore d'un désir qui, depuis Lacan, est toujours inévitablement *de l'Autre* — sans oublier Szondi, qui ne conçoit, quant à lui, de choix que destinal. Du côté des traités de psychiatrie ou d'anti-psychiatrie, on constate un pareil amalgame, cette fois entre autonomie et liberté, l'enjeu du débat consistant surtout à savoir à qui il convient d'attribuer la responsabilité de la folie — au patient, à sa famille, voire même à la société tout entière[17]. Nous ne disposons donc pas, en psychopathologie, de notions équiva-

---

13. On peut consulter à ce sujet p. ex. Le Bot [1985, pp. 5-7].
14. Le Bot, Duval & Guyard. [1984, p. 33], ce sont les auteurs qui soulignent.
15. Il peut paraître réducteur de se limiter à la simple dichotomie Broca-Wernicke qui a reçu depuis un siècle de nombreux compléments nosographiques. Du point de vue de la théorie de la médiation, ce choix présente cependant deux avantages non négligeables: tout d'abord, il permet de reprendre, pour mieux le réorganiser, le savoir commun à la majorité des neuro(psycho)logues, quelles que soient leurs options théoriques; ensuite, en se limitant ainsi à l'essentiel, on évite de tomber dans le piège de la démultiplication conceptuelle auquel succombent certains catalogues nosographiques actuels, qui ne visent qu'à la description exhaustive du *phénomène* aphasique sans le dissocier vraiment de ses nombreuses variantes compensatoires.
16. Freud [1915a, p. 195].
17. Du côté de la tradition, H. Ey [1968, p. 6] estime que «la maladie mentale est ... une perte de l'efficience psychique et de la liberté ... [Elle] altère ou aliène l'homme diminué dans sa puissance et dans son unité ... La psychiatrie a pour objet l'homme diminué dans sa liberté, dans son humanité et non pas seulement dans sa vitalité». L'antipsychiatrie, quant à elle, malgré des références marxistes et sartriennes, raisonne de la même manière sur la folie, à l'identification du responsable près. Ainsi p. ex. Cooper [1967] entend «par ... violence ... l'action corrosive de la liberté d'une personne sur la liberté d'une autre» (p. 36). «Certains souffrent, poursuit-il, d'une perpétuelle invasion de leur espace subjectif par autrui, au point que, finalement, leur existence semble se réduire à celle d'un objet situé dans les systèmes géométriques du besoin des autres membres du groupe. ... [Ces personnes] sont totalement aliénées ... à travers une intentionnalité perpétuellement consentante» (p. 65). «Les lois du groupe sont élaborées par et à travers l'interaction de chaque membre avec chaque autre et ont leur origine dans la liberté de chacun, dans l'obéissance librement consentie ou le rejet des lois déjà établies» (p. 66). En somme, on en est resté à la déjà très ancienne définition d'une liberté

lentes au langage ou à la représentation, trop globales sans doute, mais qui se différencient malgré tout — quitte à y interférer massivement dès que l'on évoque, par exemple, l'écriture — respectivement de la technique et de la motricité. Dès lors, là où, en clinique aphasiologique, il suffit de procéder à l'épuration du concept de langage, déjà partiellement déconstruit par des neuro(psycho)logues étayant leurs dissociations sur les acquis de la neuroanatomie, on semble, en psychopathologie, avoir résolument opté pour une conceptualisation située à l'interférence entre les plans du droit et de la société, dans le but bien plus de com-prendre un phénomène dans sa globalité que d'en localiser, pour mieux l'expliquer, le déterminisme sous-jacent.

Cette manière de procéder, si elle présente pour le thérapeute l'avantage de coller à la situation clinique, n'est cependant pas sans inconvénients majeurs: elle ouvre en effet la voie à l'édification purement idéologique d'une psychiatrie unitaire, arbitrairement définie comme le registre de la vie psychique ou de la personnalité, les autres modalités rationnelles d'analyse (grammatico-rhétorique et technico-industrielle) étant par conséquent rétrogradées au rang de préalable naturel. L'annexion par la psychiatrie de tout le psychique, c'est-à-dire du culturel, lui confère une illusoire autologie[18], qui consiste plutôt, à y bien regarder, en une simple revendication d'autonomie par rapport à la neurologie. Cette prétention purement sociologique à l'auto-détermination n'aurait en soi rien d'illégitime si elle ne dispensait la psychopathologie de toute définition positive: elle se contente d'être, contre la neuropathologie dont elle souhaite se démarquer, le lieu du non-lésionnel, et donc du réversible[19], ce qui a pour effet de cautionner implicitement le primat du thérapeutique — ou mieux: du patho-nomique — sur le patho-logique. La nécessité de soigner un patient, singulier, déontologiquement irréductible à sa maladie, interdit dès lors toute déconstruction du phénomène clinique et il devient impossible, notamment en matière de psychopathies, de concevoir sur base d'une tradition psychiatrique majoritairement partagée l'existence d'un nombre réduit — comme c'est par exemple le cas en aphasiologie — voire même fini, de manières exclusives l'une de l'autre d'être malade. Il n'existe donc pas dans le domaine des toxicomanies, du moins en première analyse, d'analogues chrématologiques des aphasies sémiologiques de Wernicke et de Broca.

Précisons au passage que la recherche de telles équivalences n'implique nullement, comme on pourrait le croire, la mise en évidence de conditionnements neuro-biologiques des troubles psychopathiques, pas plus d'ailleurs que l'attestation anatomique d'une quelconque lésion corticale n'est nécessaire à

---

qui «consiste à pouvoir faire tout ce qui ne nuit pas à autrui» (Déclaration de 1789, art. IV, cité par Lalande [1988, p. 561]).

18. Pour reprendre le mot de J. Schotte emprunté à Kronfeld.

19. «Rien n'est jamais définitivement perdu en psychiatrie» [J. Schotte, 1977, p. 54], qui note également que «les troubles psychiatriques se caractérisent par l'absence ... d'une atteinte organique telle qu'elle engendrerait un déficit irréversible, et se rapprochent bien plutôt de ce que l'on dénomme habituellement troubles fonctionnels». Je cite ici ce texte dans la mesure où l'argument est directement invoqué pour contester la coexistence de troubles neurologiques et psychiatriques au sein du modèle proposé par Gagnepain.

l'élaboration d'un modèle anthropologique et pathoanalytique du langage. Il s'agit bien plutôt d'étayer une axiologie, jusqu'ici analogiquement déduite du modèle du fonctionnement langagier, et donc encore en appel de sens, sur des modèles nosographiques qui lui sont étrangers, quitte à malmener quelque peu ces derniers pour y parvenir. En l'absence de tels dialogues forcés entre la théorie de la médiation et d'autres formes de savoir, le risque est grand de réifier, sans possibilité aucune de le falsifier, le modèle éthico-moral proposé par Gagnepain dans une expérimentation qui se bornerait à une simple illustration clinique de la fécondité du postulat d'une même rationalité multiplement refractée.

La clinique expérimentale des toxicomanies reste donc encore largement à construire. Toutefois, il est permis d'en esquisser les contours, par analogie avec celle développée en glossologie: il s'agit principalement d'une *clinique de la détérioration* — le mot ne manquera pas, une fois de plus, de choquer le clinicien qui l'entend spontanément au sens de lésion — dont l'objectif est de dégager de l'observation, toujours déconcertante et particulière, l'unique dysfonctionnement qui détermine en permanence le trouble étudié. Comme l'ont en effet indiqué ceux qui ont entrepris de construire des grammaires élémentaires induites, le test expérimental doit être à même de rendre compte, par un seul procédé explicatif, de l'ensemble des productions du malade, qu'elles soient socialement adéquates ou non. En d'autres termes, il est impossible d'être aphasique une fois sur deux[20], à mi-temps ou par éclipse. Cette affirmation de la permanence du trouble est aisément acceptée en clinique neurologique, étant donné l'évidence d'un dommage cortical, le plus souvent irréversible. Mais une telle justification, on l'a vu, est épistémologiquement irrecevable d'un point de vue strictement anthropologique. De plus, elle occulte la véritable nature du problème, à savoir que la nécessité de rendre compte du trouble aphasique comme d'une détérioration immuable provient uniquement de l'exigence de produire en sciences humaines un discours falsifiable[21], c'est-à-dire dont on s'interdit de faire varier, selon le cas ou la situation, la "valeur de vérité". Plutôt que d'interpréter la démarche prônée par la théorie de la médiation comme une réduction neurologisante de la psychopathologie, mieux vaut considérer que tout modèle, s'il ne conçoit pas le trouble comme une incapacité permanente et isolable, reste trop massivement mythique et ne rend compte, en espérant atteindre le phénomène dans sa complexité et sa singularité, que des compensations mises en oeuvre par le malade pour corriger son déficit.

Il est dès lors bien plus économique de poser qu'en psychopathologie, tous les cas sont purs et que les variations observées, dont il n'est pas nécessaire de rendre pathologiquement compte, sont l'effet des défenses et des capacités compensatoires singulières des patients; qu'il existe nécessairement un nombre restreint de psychopathies, exclusives l'une de l'autre, dont l'inventaire est indis-

---

20. Guyard & Masson [1990, p.153].
21. Sur le rapport entre visée scientifique et falsifiabilité, cf. J.-C. Schotte [1992], dans ce même numéro.

pensable à la construction de tout modèle qui prétendrait atteindre un certain degré de scientificité.

C'est à la déconstruction du phénomène toxicomaniaque, sur base de ces quelques principes directeurs, que l'on va maintenant se livrer, après un bref parcours critique de l'abondante production écrite en ce domaine.

II. Immaturite et dependance

A lire ce qui précède, on aura compris, j'imagine, l'inutilité d'une revue exhaustive de la littérature sur les toxicomanies. Par contre, et au risque de négliger quelque écrit prétendument incontournable en la matière, il me paraît moins futile de chercher à comprendre pourquoi la plupart des auteurs, quel que soit leur héritage théorique, en sont réduits à produire invariablement le même type de discours.

A. De la pharmaco- à la psychodépendance

Je commence volontairement par un texte ancien, où est proposée une définition de la toxicomanie qui ne me paraît ni meilleure, ni pire que d'autres, même parmi les plus récentes: «la toxicomanie, nous dit-on, se définit moins par les effets de la drogue que par *l'attitude envers le toxique,* c'est-à-dire par la *perversion du besoin* et la *dépendance* à l'égard de la drogue[22]». Le trouble toxicomaniaque n'est donc pas réductible à l'‴objet-drogue", au toxique, que peu ont pourtant l'audace d'évacuer complètement de leur définition, mais par rapport auquel la plupart tentent malgré tout de se démarquer. C'est donc, personne n'en doute, le rapport instauré par son consommateur à cet "objet" particulier qu'est la drogue qui constitue le noeud du problème, d'une part dans la mesure où le processus de satisfaction est, selon les théories, "perverti", "court-circuité" ou encore "psychiquement non élaboré", d'autre part parce que le produit lui-même semble détenir la propriété étonnante de rendre dépendant celui qui s'y adonne.

La dépendance est en effet très largement reconnue comme le signe caractéristique du trouble et nous devons sans doute l'exemple le plus navrant d'une telle "conceptualisation" aux experts de l'Organisation Mondiale de la Santé, qui n'hésitent pas à affirmer qu'est toxicomane, toute victime d'une pharmaco- ou psychodépendance (ou de ces deux formes de dépendance à la fois)[23]. La toxicomanie, au contraire des autres pathologies, se situerait donc à la croisée de deux

---

22. Ey, Bernard & Brisset [1967], ce sont les auteurs qui soulignent.
23. Cité par Bergeret [1986, p. 5] dans un de ses ouvrages de vulgarisation, consacré «aux aspects *strictement humains* du problème drogue» (c'est l'auteur qui souligne).

déterminismes, l'un biologique, l'autre psycho-sociologique: l'individu, incapable de se prémunir contre les effets du toxique, en deviendrait presque inéluctablement la victime.

L'affirmation a cependant été vigoureusement combattue, et certains ont vu chez ces patients, soumis lors de traitements médicaux à des chimiothérapies qui engendrent potentiellement une forte dépendance mais ne présentant, après leur guérison, aucun syndrome de sevrage, la justification éclatante et l'urgente nécessité d'un modèle de la toxicomanie irréductible aux seuls effets du toxique. Cependant, la notion de dépendance n'en est jamais pour autant contestée[24] et l'on se contente d'introduire, pour corriger le tir, une dépendance psychique, destinée à remplacer son homologue psychopharmacologique jugé cliniquement trop peu convaincant. Mais, si l'on y prête attention, cette innovation n'est rien d'autre qu'un artifice discursif résultant de l'importation abusive d'un concept quant à lui tout à fait cohérent en pharmacologie.

Il reste à donner après-coup à cette notion hybride une allure plus psychologique. C'est pourquoi beaucoup de théoriciens parmi nos plus célèbres consommateurs de toxicomanes en viennent à considérer comme une «évidence» que «tout manque chez l'être humain renvoie à un autre manque archaïque, et [que] c'est dans ce renvoi que se situe la spécificité de la dépendance humaine»[25]. L'explication, de biologique qu'elle était en pharmacologie, est donc devenue, comme il se doit en sciences humaines, historico-génétique: puisque c'est indiscutablement la dépendance qui définit la toxicomanie, il est tout naturel de chercher à en identifier la cause première, le premier moteur, et de rapporter le trouble toxicomaniaque à l'état de détresse primordiale du nourrisson, c'est-à-dire au moment où s'observe, dans la "réalité" du développement, un stade que l'adulte croit être en droit d'interpréter comme tel.

Peu importe ici que l'explication soit vraie ou non dans son contenu. Il est d'ailleurs tout à fait raisonnable de craindre que de jeunes enfants qui n'auraient pas été entraînés de bonne heure à tolérer la frustration présentent de hauts risques de psychopathisation. C'est le procédé déductif en lui-même qui est bien plus discutable que les conclusions auxquelles il permet d'aboutir, puisqu'il dispense d'avoir à produire un modèle logique — et non plus simplement chronologique — de la toxicomanie. On croit dès lors avoir expliqué ce dont on n'a en fait élucidé que l'origine, en admettant bien entendu que l'interprétation en soit correcte. Cette "source maternelle" du trouble est cependant si archaïque, et l'on y recourt dans de si nombreux cas, qu'elle rend malheureusement infalsifiables de tels énoncés, et l'on est entraîné dans une quête sans fin de paramètres bio-psycho-sociaux supplémentaires, destinés à corriger, par approximations successives, les contours d'un portrait-robot, jamais convaincant, du toxicomane.

---

24. Quelques exceptions cependant: Le Poulichet [1987, p. 13] considère que la notion de dépendance psychique «empêche de penser les toxicomanies, par la forme d'évidence qu'elle a acquise». Lekeuche, sur les travaux duquel on aura l'occasion de revenir, considère lui aussi qu'elle n'est qu'un «pseudo-concept».

25. Olievenstein [1987, p. 14].

B. Les impasses de la nosographie freudienne

Pour mieux comprendre cette dépendance ou cette immaturité dont sont spontanément taxées tant de pathologies, il faut remonter à Freud, et principalement à deux articles écrits en 1924, dans lesquels sont abordées les questions, essentielles pour l'avancement de la théorie psychanalytique, du rapport de l'appareil psychique à la réalité extérieure, du statut comparé des névroses et des psychoses et, dans la foulée, de la santé et de la normalité[26].

1. Névroses, psychoses et normalité

Au départ, Freud espère cautionner pathoanalytiquement sa seconde topique, encore toute récente, en montrant au lecteur à quel point le découpage ça-moi-surmoi coïncide avec celui de la psychopathologie: «la névrose de transfert, écrit-il, correspond au conflit entre le ça et le moi, la névrose narcissique au conflit entre le moi et le surmoi, la psychose au conflit entre le moi et le monde extérieur»[27]. La mise en évidence de troubles qui attesteraient l'existence du surmoi n'est cependant pas aussi aisée que dans les deux autres cas, et il ne leur consacrera pas, du moins dans l'immédiat, de plus amples développements que cette simple indication[28]. C'est pourquoi, lorsqu'il entreprend, la même année, de définir la normalité en fonction de la pathologie, fidèle en cela à un principe d'analyse qui le guide depuis ses premiers travaux mais qu'il n'explicitera que très tard[29], il ne reste plus en lice que le binôme névrose-psychose. Il qualifie donc de «normal ou "sain"» un comportement qui réunit certains traits des deux réactions, qui, comme la névrose, ne dénie pas la réalité, mais s'efforce ensuite, comme la psychose, de la modifier»[30]. Ce qui nous importe n'est pas le contenu

---

26. Si une telle comparaison entre névroses et psychoses n'est pas la première du genre, il semble néanmoins qu'elle s'inscrive dans sa tentative la plus aboutie de penser structuralement l'ensemble des troubles psychiatriques. Dans le cadre d'élaborations métapsychologiques autour de la première topique, Freud [1915b, p. 218] avait déjà affirmé qu' «aussi longtemps que le système Cs domine affectivité et motilité, nous appelons normal l'état psychique de l'individu ... Le règne du Cs sur la motilité volontaire est solidement fondé, ... résiste régulièrement à l'assaut de la névrose et ne s'effondre que dans la psychose, [mais] la domination du développement de l'affect est moins consolidée», c'est-à-dire qu'elle a tendance à être affaiblie dans le cas de la névrose.

27. Id. [1924a, p. 286].

28. Id., ibid., p. 285. C'est pourquoi Freud reconnaît que l'exercice auquel il se livre est rendu complexe par la naissance trop récente du concept de surmoi. Il suggère donc de prendre en compte cette instance dans tous les cas de pathologie, tâche qui, à son sens, n'a pas encore été menée à bien. Spontanément, on est tenté, comme le fait p. ex. Dayan [1985, p. 198] de considérer les psychoses comme «incluant naturellement les "névroses narcissiques" au sens de 1924». Freud [1932, pp. 84-87] procède d'ailleurs ainsi dans ses *Nouvelles conférences*, lorsqu'il incorpore aux troubles caractérisés par la perte de la réalité une «folie de surveillance» dont un des visages n'est autre que la mélancolie. Mais que les névroses narcissiques soient amalgamées en 1924 avec les névroses ou les psychoses est sans aucune importance dans le cas qui nous occupe, l'essentiel étant d'apercevoir qu'elles sont présentes tout au long du texte, mais en filigrane.

29. Dès 1890 [p. 5], il affirme en effet que «ce n'est qu'en étudiant le pathologique qu'on peut comprendre le normal», mais il ne formulera ce principe méthodologique de manière détaillée que dans la métaphore célèbre du cristal brisé [1932, pp. 83-84].

30. Id. [1924c, p. 301].

de cette définition, qui appelle pourtant de nombreux commentaires, mais surtout ce que son auteur y entend exactement par névrose et psychose. La tâche est malaisée dans la mesure où les prises de positions nosographiques sont chez Freud notoirement labiles, voire même souvent contradictoires. Tentons malgré tout d'y voir un peu plus clair.

Il est incontestable que des changements importants se produisent en 1924: le concept de névrose narcissique perd le rôle central qu'il jouait dans la terminologie freudienne, suite à l'acceptation, tardive mais sans équivoque, de la notion de psychose, et ne semble plus contenir désormais que la mélancolie, qui en est présentée comme le «cas exemplaire», sans pour autant que d'autres maladies y soient explicitement répertoriées[31]. Il est également certain que ne sont à aucun moment abordées dans ces textes les névroses dites actuelles ou traumatiques, mais exclusivement les névroses de transfert. Par contre, pour définir en extension le concept nouvellement admis de psychose, il est nécessaire de suivre un peu plus en aval les méandres de la pensée freudienne

Dans un premier temps, Freud différencie les névroses des psychoses en se basant sur la dichotomie ça-réalité — ou, plus exactement, dans sa conception "linéaire" qui ne lui permet pas d'entrevoir la nécessité d'une dissociation du vouloir et de l'intersubjectivité: subordination du désir à la réalité extérieure dans les névroses et inversement dans le cas des psychoses. Cette intuition formulée, il cherche à illustrer le fonctionnement psychotique par «des exemples tendant à montrer que c'est le rapport entre le moi et le monde extérieur qui ... est troublé»[32]: c'est le cas, selon lui, de la confusion hallucinatoire aiguë ou *amentia* de Meynert, «qui est peut-être la forme de psychose la plus extrême et la plus frappante, [où] le monde extérieur n'est pas du tout perçu, ou bien sa perception reste complètement inopérante», et des *schizophrénies*, qui «tendent à déboucher ... sur la perte de tout commerce avec le monde extérieur»[33]. S'il est certain que, très tôt, et pour des raisons qu'il n'est pas nécessaire d'évoquer ici, l'amentia a représenté pour la théorie psychanalytique une forme idéale de psychose, il semble tout aussi évident que le tableau qu'en a brossé originellement Meynert est fort éloigné de ce que l'élève Freud a bien voulu retenir des leçons de son ancien maître[34]. La psychose hallucinatoire aiguë est donc bien plus pour la psychanalyse une construction théorique qu'imposent les efforts d'extension de la théorie des névroses à l'ensemble des troubles psychiatriques. Comprenons donc bien que le problème posé, de nosographique qu'il était, ne peut que se déplacer progressivement en direction d'un questionnement métapsy-

---

31. Id. [1924a, p. 286]. Pour un historique détaillé des prises de position nosographiques successives de Freud, cf. p. ex. Laplanche & Pontalis [1967, pp. 267-270].

32. Freud [1924a, p. 284].

33. Id., ibid., pp. 284-285.

34. A tel point que Meynert considère que «la confusion n'a nul besoin de s'accompagner d'hallucinations» et que l'on peut observer qu'«il y a, le plus souvent, prise de conscience de la maladie même au point culminant de son processus» [Meynert in Dayan, 1985, pp. 47 & 49]. Je ne m'attarderai pas à aborder la question, ici secondaire, des rapports dans la théorie freudienne entre psychose et réalité; le travail a d'ailleurs déjà été effectué de manière remarquable par Dayan.

chologique[35] sur la nature du «mécanisme, *analogue* à un refoulement, par lequel le moi se détache du monde extérieur»[36]. Il ne s'agit donc plus seulement, comme annoncé au début du texte, de comparer à la lumière de la seconde topique les fonctionnements névrotique et psychotique, mais aussi de rendre pathoanalytiquement compte de deux mécanismes de défense, *quels que soient les catégories nosographiques auxquelles appartiennent les troubles susceptibles de les attester.*

Si la question, en 1924, est laissée sans réponse, le "nouveau"[37] mécanisme de défense est cependant identifié trois ans plus tard, dans le cadre d'une étude consacrée au fétichisme: «la plus vieille pièce de notre terminologie psychanalytique, écrit alors Freud, le mot "refoulement" se rapporte déjà à ce processus pathologique. Si l'on veut séparer en lui plus nettement le destin de la représentation de celui de l'affect et réserver l'expression "refoulement" pour l'affect, pour le destin de la représentation il serait juste de dire … déni»[38].

Mais la démarche poursuivie n'est pas exclusivement d'ordre métapsychologique. Freud est également d'emblée confronté à un obstacle clinique de taille qui barre la route à ses tentatives répétées de systématisation: la perte de la réalité, qui, en première analyse, lui paraissait totale, peut n'être que partielle, non seulement parce que le psychotique s'avère capable de renouer, dans le délire, avec une certaine forme de réalité mais aussi — et l'argument est, trois ans plus tard, d'ordre logique et non plus, comme c'était le cas du précédent, chronologique — parce que l'on note dans certains troubles, au lieu d'un déni pur et simple, la coexistence au sein du moi de deux courants contradictoires, l'un ne reconnaissant pas la réalité tandis que l'autre en tient rigoureusement compte.

Reportons à plus tard toute interrogation sur ce concept de clivage du moi pour nous demander quels sont les troubles évoqués par Freud en 1927 pour illustrer cette incapacité, qu'elle soit partielle ou totale, de reconnaître l'évidence de la réalité. Ce sont, à propos de la différence naturelle entre les sexes et du problème de la castration, le *fétichisme*, qui protège contre l'*homosexualité*, en rendant la femme supportable comme objet sexuel[39] et, en ce qui concerne la mort du père, la *névrose obsessionnelle*, qui préserve de la *psychose* où «un des courants, celui fondé sur la réalité, a vraiment disparu»[40]. Si l'on mène à son terme, sans pour autant le pervertir, le raisonnement freudien, on aboutit au classement suivant:

---

35. Dans ce texte, j'entends *métapsychologique* au sens de *structural*.
36. Freud [1924a, p. 286], c'est moi qui souligne.
37. Le problème de la perte de la réalité dans les psychoses est une question qui préoccupe Freud depuis ses premiers travaux psychanalytiques [1894a, pp. 15-17]. Il ne fait donc ici que le reprendre à la lumière de la seconde topique. Toutefois, c'est seulement à partir de 1924 que voit le jour une véritable tentative d'explication systématique.
38. Id. [1927, p. 134].
39. Id., ibid., p. 135.
40. Id., ibid., p. 137.

MODE DE TRAITEMENT DE LA REALITE	TYPE DE REALITE	
	Différence anatomique entre les sexes	Mort du père
clivage du moi	fétichisme	névrose obsessionnelle
Déni pur et simple	homosexualité	psychoses

Nous sommes à présent en mesure d'exploiter l'ensemble des données nosographiques jusqu'ici collectées. Signalons — pour éviter tout malentendu — que le fétichisme, contrairement à ce que l'on affirme trop souvent[41], ne représente pas pour Freud le paradigme du fonctionnement pervers en général: s'il signale en effet que le trouble appartient bien au registre des perversions[42], nulle part dans son oeuvre n'est envisagée l'hypothèse inverse. Seule la théorie de la médiation nous permet d'éviter de succomber à de telles tentations généralisatrices manifestement abusives, dues à l'absence en psychanalyse d'une nosographie générale, et, en ordonnant dans un schéma d'ensemble ce qui, chez Freud, s'élabore par touches successives, de résoudre l'apparente contradiction qui consiste à assigner à certaines psychoses et à certaines perversions — et seulement à celles-là — un mécanisme de défense commun:

SOCIETE		DROIT	
INSTITUANT	INSTITUE	REGLEMENTANT	REGLEMENTE
fétichisme (homosexualité) soit les troubles qui consistent en un déni de la différence naturelle entre les sexes	schizophrénie, névrose (amentia), (mélancolie?) soit les troubles qui consistent en une coupure avec le monde extérieur	obsessionnelle phobie	hystérie
Déni		Refoulement	

La définition de la normalité précédemment énoncée, ainsi formulée sur base des oppositions et complémentarités entre névrose et psychose, mais aussi entre refoulement et déni, est donc, pour l'essentiel, exclusivement conquise sur les troubles autolytiques hypothétiquement situés par Gagnepain aux plans de la société et du droit. C'est donc une conception de la maladie en termes d'excès d'analyse culturelle, d'humain "trop humain", d'homme malade de sa civilisation, qui est ainsi promue par Freud.

De ce point de vue "culturaliste" sur la normalité découle, en contrepoint, l'immaturité, voire l'infantilisme dont on affuble trop souvent les patients souffrant de troubles fusionnels pervers ou psychopathiques. S'il est interdit de

---

41. Comme le notent p. ex. Laplanche & Pontalis [1967, p. 309], ou encore Rosolato [1967] dans une excellente étude consacrée au fétichisme. Profitons de l'occasion pour pointer les ébauches successives de la notion de déni dans les derniers textes freudiens: outre la mise en évidence d'un déni infantile, qui ne produit pas de conséquences pathologiques [1923], il existe également une allusion au déni de la castration dans le masochisme, mais qui ne détermine le trouble que secondairement [1924b, p. 292].

42. Freud [1938, p. 78]. Le trouble est d'ailleurs explicitement considéré comme une perversion dès les *Trois essais* [1905].

nos jours de les suspecter trop ouvertement de dégénérescence héréditaire, nous ne pouvons nous empêcher de détecter chez eux à tout le moins un "retard de socialisation" par rapport au normal dont nous pensons être la mesure et, en bons pères de famille, de leur concéder le droit d'émerger au mieux à une sorte d'«adolescence inachevée et prolongée»[43], relativement stable. Mais cela va plus loin: rien n'empêche, quand on pousse à l'absurde de tels raisonnements — surtout en ce qui concerne les psychopathes, qui sont, on l'a vu, les laissés pour compte de la psychopathologie — d'attribuer à ces malades les mêmes affinités que les primitifs avec une pensée magique en prise trop directe sur le monde, la même indécence que celle, si naturelle, des enfants et la même complicité fusionnelle, incestueuse et intolérante à toute frustration que celle qu'entretient le nourrisson avec la mère "archaïque". Quant à la violence — et l'auto-intoxication en est une forme, en tant que viol, par une substance illicite, des frontières corporelles socialement délimitées — elle ne peut évoquer depuis Freud que la pulsion de mort, qui opère en silence la déstruc(tura)tion de cette culture dont nous sommes chacun le propriétaire.

2. Les états-limites de la psychiatrie

Nous n'avons pu, jusqu'à présent, que montrer les impasses auxquelles conduisent les discours traditionnels sur la toxicomanie. Si nous espérons trouver des pistes nouvelles à suivre, il nous faut reprendre le parcours de l'oeuvre de Freud au point où nous l'avons laissé. Mais, afin de tirer tout le profit possible de cette lecture, il n'est pas inutile d'imposer un bref détour à notre itinéraire, pour évoquer la manière dont Bergeret a voulu généraliser la dernière nosographie freudienne à l'ensemble des troubles psychiatriques, en adaptant à la psychanalyse la notion d'états-limites. La démarche est d'autant plus instructive qu'elle s'appuie principalement sur les textes que l'on vient de commenter. Or, ce faisant, Bergeret est victime — ce qui le rend définitivement digne d'intérêt — d'une formidable erreur de lecture, qu'il convient de rectifier.

En 1924, Freud opère successivement deux raisonnements. Le premier nous est déjà familier, aussi nous dispenserons-nous de le commenter à nouveau: «la névrose de transfert, affirme-t-il, correspond au conflit entre le moi et le ça, la névrose narcissique au conflit entre le moi et le surmoi, la psychose au conflit entre le moi et le monde extérieur». Dans le paragraphe suivant se pose la question, non plus la "localisation" de ces troubles dans la seconde topique, mais bien de leurs "destins" possibles. La difficulté du texte, souvenons-nous, réside en ceci que Freud ne souffle plus mot des névroses narcissiques, se limitant à évoquer les névroses de transfert et les psychoses qui, dit-il, «naissent des conflits avec les différentes instances qui ... dominent [le moi], autrement dit elles correspondent dans la fonction du moi à un échec». Voilà, en quelque mots, esquissé le premier destin du conflit intrapsychique. Le deuxième consiste, pour

---

43. Comme le note Le Poulichet [1987, p. 16].

le moi, «à échapper sans tomber dans la maladie à des conflits assurément toujours présents». L'énigme ici posée n'est donc pas celle de l'entrée dans la maladie mais plutôt de la persistance de la santé "mentale" en dépit de la pression permanente exercée par les conflits entre instances. Le dernier destin, quant à lui, est décrit comme une opération interne au moi, présentée, au contraire des deux premiers, comme une simple spéculation théorique qu'autorise le schéma de la seconde topique: «il sera possible au moi d'éviter la rupture de tel ou tel côté [entendons bien: d'éviter que le moi cède au ça, à la réalité (à laquelle est conférée dans ces textes le statut d'instance psychique) ou au surmoi] en se déformant lui-même, en acceptant de faire amende de son unité, éventuellement même en se crevassant ou en se morcelant»[44].

Bergeret n'hésite pas à fonder sa théorie des états-limites tout entière sur la fusion de ces deux paragraphes pourtant incompatibles et affirme, contre le sens du texte, que Freud a «dépeint en 1924 une *déformation* du moi se présentant comme un intermédiaire ... entre l'éclatement psychotique et le conflit névrotique»[45]. Aucune déformation, aucun clivage du moi ne sont à l'évidence invoqués dans cet article pour définir un stade pathologique intermédiaire entre névrose et psychose, mais bien — répétons-le — pour envisager, outre le maintien de l'état de santé et l'entrée dans la névrose ou la psychose, une autre manière, tout aussi morbide que la précédente, de résoudre un conflit entre le moi et *n'importe laquelle* de ses instances.

Concédons cependant à l'auteur qu'il était dans l'impossibilité, pour mener à bien son projet très louable de systématisation, de procéder autrement qu'en mutilant le texte freudien. En effet, se référant à une nosographie limitée aux seules névroses et psychoses, il ne lui reste à emprunter qu'un étroit chemin de crête entre ces deux structures «vraies», ou encore «profondes» — je reprends ici ses propres termes — pour annexer à la psychanalyse des entités morbides dont le paradoxe épistémologique réside en ceci qu'elles doivent être à la fois «stables», puisqu'elles existent indéniablement dans la réalité de la clinique, et «superficielles», étant donné qu'elles n'ont reçu chez Freud aucun statut nosographique véritable.

S'il est cliniquement pertinent de rapprocher de la névrose, comme l'a fait Bergeret, les aménagements caractériels et de la structure psychotique les troubles pervers et psychosomatiques, il faut bien reconnaître que ses efforts de

---

44. Freud [1924a, p. 286].
45. Bergeret [1976, p. 187]. Tout aussi étonnante est la formulation suivante: «ainsi que S. Freud l'a défini en 1924: pour ne pas avoir à se morceler, le moi *déforme* sans éclater pour autant» [p. 195], c'est l'auteur qui souligne. Les mêmes affirmations se retrouvent dans d'autres textes et notamment [1975, pp. 49 & 30]. L'incompréhension est plus manifeste encore lorsque sont mis en rapport la doctrine du déni et du clivage du moi avec le type libidinal narcissique décrit par Freud en 1931 qui, vérification faite, ne semble pourtant guère présenter d'affinités avec le choix d'objet anaclitique postulé par Bergeret à la base des organisations-limites. D'autres références, comme par exemple le recours au manuscrit G des lettres à Fliess traitant de la mélancolie [Freud, 1895] paraissent tout aussi suspectes. Bref, l'auteur fait flèche de tout bois pour consolider ses thèses, multiplie les raccourcis bibliographiques et confond fréquemment des concepts comme type libidinal narcissique, choix d'objet narcissique, étayage, (dépression) anaclitique (au sens de Spitz), etc.

synthèse dépassent rarement le stade du bricolage conceptuel. Les états-limites, véritable fourre-tout de la psychiatrie, ne constituent donc en rien un complément nosographique crédible à la doctrine freudienne; ils en indiquent, bien au contraire, les irrémédiables limitations.

3. L'impensable clivage du moi

Il est pourtant possible, avec le secours de la théorie de la médiation, de réinterpréter la notion de clivage du moi d'une manière infiniment plus respectueuse des textes freudiens. Commençons par nous reporter à un passage célèbre des *Nouvelles conférences* qui, à mon sens, l'éclaire grandement: le moi, loin d'être une instance indivisible, y est présenté par Freud comme susceptible de se cliver, c'est-à-dire de se prendre pour objet. Gardons-nous d'y voir trop vite la description d'un clivage "intra-moïque", puisqu'il convient d'entendre ici le moi comme désignant la personnalité psychique dans sa totalité, et non pas comme l'une de ses instances, au même titre que le ça et le surmoi. Il nous faut également tempérer les affirmations de certains commentateurs, qui estiment que les notions de clivage du moi et de déni de la réalité, introduites dès 1927, remplacent la trop massive et déficitaire perte de la réalité invoquée précédemment. Rien n'est moins sûr, puisque Freud semble ici raisonner exactement de la même façon qu'en 1924: il est toujours à la recherche d'une attestation pathoanalytique de la dissociation de l'appareil psychique en différentes instances et, huit ans plus tard, seuls varient les exemples cliniques produits: il s'agit en l'occurrence d'un trouble nommé par lui «folie de surveillance», qui évoque assez nettement la paranoïa, et de la mélancolie, lesquelles justifient cliniquement l'existence conceptuelle du surmoi dans la seconde topique: celui-ci, bien plus encore que chez le normal, «se serait nettement séparé du moi et ..., par erreur, aurait été déplacé vers la réalité extérieure»[46].

Les troubles du surmoi, bien vite passés sous silence en 1924, reçoivent ici leurs développements cliniques tant attendus. Mais il faut reconnaître que ce qui se décrit sous le nom de clivage du moi ne diffère en rien d'un conflit entre le moi et une des autres instances psychiques: le moi succombe dans ce cas, non pas aux exigences de la réalité extérieure ou à la force du désir, mais aux persécutions répétées du surmoi[47]. On est donc en droit d'affirmer que «Freud ne se réfère qu'épisodiquement à la notion de *[Ich]spaltung*, lui préférant la théorie du moi, du ça et du surmoi qui articule la division intérieure de la personnalité»[48].

On rencontre effectivement de manière épisodique, à travers l'ensemble de l'oeuvre de Freud, un clivage du moi désignant, comme on l'a déjà mentionné plus haut, la coexistence de deux tendances contradictoires dans le moi. Mais

---

46. Freud [1932, p. 84].
47. L'illustration est cependant moins convaincante que celle proposée en 1924 pour les psychoses, et l'on ne saisit pas très bien, dans ces tableaux de paranoïa et de mélancolie tels qu'ils sont décrits par Freud, si les malades souffrent d'une perte du commerce avec la réalité extérieure ou d'une trop grande conviction en l'évidence de celle-ci.
48. Cornet [1971, p. 459].

cette notion n'est en rien métapsychologique et a pour unique fonction de rendre compte de la complexité du phénomène clinique observé, que réduisent inévitablement des explications en termes de refoulement et de déni. La réification du moment d'analyse instantielle spécifiquement humaine, marquée du sceau de la négativité — inhibitrice et anxiogène dans les névroses de transfert, arbitraire et singularisante dans les psychoses, le fétichisme et l'homosexualité — ne peut en effet jamais être totale, puisque seul un des principes d'analyse n'est pas, en cas de trouble, contredit performantiellement. Dès lors, on observe toujours cliniquement des signes d'adaptation aux exigences naturelles de la "réalité sociale" simultanément à cette réification, constitutive du trouble autolytique. Rien d'étonnant donc à ce que Freud, tenaillé par des scrupules de clinicien qui le contraignent à reconstruire perpétuellement le phénomène psychopathologique qu'il vient d'analyser, en vienne à écrire que la perte de la réalité n'est jamais totale et que, «dans toute psychose [il] existe un *clivage du moi* [de même que] dans d'autres états plus proches des névroses et finalement dans ces dernières aussi»[49]. A ce propos, on se souviendra de la version obsessionnelle du "clivage du moi", reprise dans l'étude sur le fétichisme, mais décrite treize ans plus tôt dans le cas célèbre de l'homme aux loups, où il est question de la subsistance «côte à côte [de] deux courants opposés»[50], sans oublier l'hystérie, à propos de laquelle Breuer, dans son unique mais inestimable contribution à la psychanalyse, décrivait déjà chez sa patiente l'alternance, durant la journée, de deux états de conscience contradictoires — nous dirions plutôt: deux projets — l'un tenant compte de la réalité de la mort du père bien-aimé tandis que l'autre, onirique et morbide, consistait en la réminiscence des événements datant d'une époque où il était encore en vie[51].

On peut raisonnablement douter qu'une notion aussi englobante que celle de clivage du moi, susceptible de s'adapter à la description de *tout* le donné psychopathologique, soit véritablement un concept scientifique. Elle doit donc être impitoyablement rayée de toute relecture anthropologique de la psychanalyse, au profit des distinctions freudiennes entre refoulement et déni, ou affect et représentation. Ces dissociations conceptuelles recoupent d'ailleurs d'assez près celles opérées par la théorie de la médiation entre société et droit — ce qui, à mon sens, est le signe que l'anthropologie clinique est seule apte à régénérer une théorie psychanalytique, aujourd'hui sclérosée, dont les apports se limitent bien souvent de nos jours à des bavardages de salon et/ou à un bricolage mathématique vaguement inspiré de la topologie différentielle, auxquels auraient accès quelques trop rares initiés[52].

---

49. Freud [1938, p. 78], c'est l'auteur qui souligne.
50. Id. [1914, p. 82].
51. Breuer [1895]. On retrouve ici la notion de clivage de conscience reprise par Breuer et Freud à Janet, et qui n'est au fond pas très éloignée de celle de *Ichspaltung* .
52. Ce retour critique à Freud a déjà été amorcé par Pirard [1991, pp. 127-134] dans sa déconstruction de la notion trop monolithique de pulsion, qu'il a été amené à scinder en deux dimensions indépendantes, contenu et fonctionnement, régis respectivement par les dialectiques ethnico-politique et éthico-morale.

Freud, pourtant, n'était pas bien loin de réparer lui-même l'oubli nosographique qu'aucun de ses successeurs n'a pu rectifier. Paradoxalement, c'est en 1924 qu'il évoque la possibilité d'une véritable déformation *du* moi — et non plus un clivage dans le moi — qui permet, comme l'avait pressenti Bergeret, de réhabiliter en psychanalyse les perversions et les psychopathies.

Revenons une dernière fois à ce texte pour mettre en évidence les troubles intéressés par ce clivage ou déformation: «de la sorte, écrit Freud on mettrait les inconséquences, les extravagances et les folies des hommes sous le même jour que leurs perversions, dont l'adoption nous épargne bien des refoulements»[53]. Contrairement à ce qu'a pu laisser penser le texte de 1927 sur le fétichisme, il est évident que Freud conçoit toujours les perversions comme les névroses positives qu'elles étaient dans les *Trois essais*, en tant qu'elles épargnent le détour par la négativité du refoulement[54]. La question qu'il pose est donc la suivante: quels pourraient être les troubles qui dispenseraient d'une négation de la réalité semblable à celle qui consiste, dans le cas de l'affect, en un refoulement? Avant de poursuivre, visualisons son raisonnement sous forme de schéma.

CONFLIT D'INSTANCES	Névroses de transfert	schizophrénie, fétichisme et homosexualité
CLIVAGE DANS LE MOI	perversions	?
	REFOULEMENT	DENI DE LA REALITE

Mais Freud est bien en peine d'identifier avec précision ces psychoses positives, puisqu'il a déjà de longue date assigné aux autres troubles de la personne que sont les perversions le statut de névroses positives!

On se souviendra pourtant qu'avant la théorie de la sexualité infantile des *Trois essais*, c'étaient les névroses actuelles qui étaient considérées comme les névroses positives et que Freud alla même jusqu'à les opposer de manière systématique aux névroses de transfert[55]. S'il les a par la suite rejetées, estimant qu'elles «n'autorisent pas une explication historique ou symbolique»[56], c'est bien parce que le champ de ses préoccupations s'est progressivement déplacé de la modélisation économique du *fonctionnement* pulsionnel vers l'interprétation des *contenus* manifestes et latents, c'est-à-dire du problème de l'affect vers celui de la représentation. Que les névroses actuelles soient qualifiées par Freud de «toxiques»[57] s'avère sans doute très suggestif dans le cadre d'une approche des

---

53. Freud [1924a, p. 286].
54. Id. [1905, pp. 54-57] et notamment la célèbre affirmation que «la névrose est ... le négatif de la perversion». En note, Freud ajoute que les fantasmes clairement conscients des pervers, ... les fantasmes inconscients des hystériques, ... toutes ces formations coïncident par leur *contenu* jusqu'aux moindres détails [p. 168], c'est moi qui souligne.
55. Cf. Freud notamment [1894b, p. 38, 1896a, p. 111, 1896b, p. 128 & 1898, p. 221]. Mais c'est J. Schotte [1988, p. 1] qui synthétise le mieux ce qu'il appelle la première nosographie freudienne, sous la forme de l'analogie suivante: l'hystérie est à la neurasthénie ce que la névrose obsessionnelle est à la névrose d'angoisse.
56. Freud [1912, p. 181]. Cette affirmation est plus d'une fois répétée, et notamment en 1917: «les symptômes des névroses actuelles ... n'ont aucun "sens", aucune signification psychique» [p. 365].
57. Cf. Freud, p. ex. [1896c, p. 141; 1908, p. 32]. Pour de plus amples développements sur la mise en rapport des névroses actuelles avec la toxicomanie, cf. l'excellente étude de Lekeuche [1987].

toxicomanies, mais ne me paraît pas — et de loin — l'essentiel à prélever de sa réflexion. Il est plus important de retenir qu'elles sont souvent décrites comme des troubles dont «le facteur occasionnant ... se trouve dans le domaine somatique, au lieu de se trouver, comme dans l'hystérie et dans la névrose de contrainte, dans le domaine psychique»[58], c'est-à-dire qu'elles sont caractérisées, pour reprendre la terminologie freudienne, par une absence d'élaboration dans un conflit psychique, une sorte d'«acting-out psychopathique»[59]. Les névroses actuelles constituent donc la seule voie d'entrée dans la nosographie freudienne pour des psychopathies telles que les définit la théorie de la médiation[60].

Il ne faut pas s'arrêter en si bonne voie dans les réaménagements nosographiques. Les quelques textes jusqu'ici parcourus nous ont enseigné qu'il est bien plus fructueux de contester les découpages classiques de la psychopathologie que de dénoncer l'apparente confusion freudienne consistant à attribuer un même mécanisme de défense à des maladies appartenant à des catégories psychiatriques différentes. Il serait donc opportun de considérer les troubles autolytiques du plan de la société (fétichisme, homosexualité, schizophrénies) comme définissant en extension le champ des psychoses, étant donné qu'ils semblent soumis à un seul et même déterminisme: le déni opposé à la réalité biologique de la condition humaine — soit, d'une part, la différence entre les sexes et, d'autre part, la filiation naturelle ou la mort . Dans le même ordre d'idées, il est tout aussi éclairant de regrouper dans le registre des perversions les troubles fusionnels de ce même plan — les "autres" perversions (scoptophilie, don juanisme, sado-masochisme) et la paranoïa — dans la mesure où tous sont caractérisés par la même absence de contestation de la situation sociale dans sa naturalité, qu'il s'agisse d'alliance ou de communication.

C. Vers une nosographie structurale

Il est clair, à la lecture de Freud, qu'une nosographie binaire, privilégiant de surcroît les seuls troubles autolytiques, s'avère inutilisable en psychopathologie, même lorsque l'on y adjoint une rubrique baptisée "états-limites", destinée à réintégrer les nombreux troubles exclus de cette bipartition. Un seul modèle, exception faite de la théorie de la médiation avec laquelle il présente de nombreux point communs, propose une nosographie psychiatrique apte à nous éclairer valablement sur la question des psychopathies et des perversions: c'est le système pulsionnel de Szondi. L'approche y est pathoanalytique, c'est-à-dire que,

---

58. Freud [1894b, p. 57].
59. Pour reprendre l'expression de Lekeuche [1987, p. 52].
60. Remarquons également que les névroses actuelles permettent d'envisager, dans la mesure où la déconstruction freudienne n'est pas aussi aboutie que celle de l'anthropologie clinique, une approche psychanalytique des troubles psychosomatiques (cf. à ce sujet les travaux de l'école psychosomatique de Paris) ou encore de la dépression essentielle (cf. p. ex. Lescalier [1990]).

comme en anthropologie clinique, seul le découpage accidentel qu'opère la maladie autorise à pratiquer des dissociations conceptuelles à l'intérieur du modèle. Mais les deux théories sont pourtant loin d'être superposables, et il serait imprudent, dans l'espoir de réduire plus facilement l'une à l'autre, de passer sous silence les divergences nombreuses qui existent entre elles: en effet, contrairement à la théorie de la médiation, le modèle szondien est limité aux troubles psychiatriques et, de plus, n'exclut pas aussi fermement une explication historique ou génétique, et ce malgré les réaménagements structuraux importants que lui ont apportés J. Schotte, et, sous son impulsion, ce qu'il est convenu d'appeler l'Ecole de Louvain.

Pour mieux en comprendre l'importance, traçons rapidement les grandes lignes du schéma szondien[61]. L'objectif est de comptabiliser les troubles-racines de la psychiatrie pour ensuite les intégrer dans un système nosographique d'ensemble. Ainsi structurés, ces radicaux, que Szondi estime être de nature pulsionnelle, ne renvoient plus directement à un syndrome clinique bien précis mais, au contraire, permettent de reconstruire le champ psychiatrique dans sa totalité par des lois de combinaison et de sélection internes et partout définies[62]. Quatre vecteurs, chacun bifactoriel, suffisent à donner les coordonnées précises de n'importe quelle constellation "pulsionnelle", normale ou pathologique[63]:

VECTEUR	REGISTRE	TROUBLES PARADIGMATIQUES
Contact	thymopsychopathies	manie et dépression essentielles
Sexuel	inversions et perversions	homosexualité et sadisme
Paroxysmal	névroses	épilepsie et hystérie
Schizophrénique (du Moi)	psychoses	schizophrénies paranoïde et catatonique

Etudions maintenant la succession génétique de ces vecteurs, c'est-à-dire l'ordre d'acquisition supposé, au cours du développement infantile, des capacités auxquelles ils permettent d'émerger.

Le vecteur *Contact* est le moment chronologiquement premier où la pulsion est encore gérée par "bribes et morceaux"[64], sans que ne se soit déjà constitué un corps. C'est donc un "niveau d'élaboration" «plus primitif que le problème sexuel-social»[65], dans lequel le «pré-moi» ou «pré-sujet»[66] participe «rythmiquement au va-et-vient global ambiant de la nature, ... au crescendo/decrescendo d'une vie encore végétative»[67]. Cette végétalité doit être

61. Le lecteur qui ne serait pas familiarisé avec ce système en trouvera une présentation très claire notamment chez Déri [1949], Mélon [1975], Legrand [1979], Poellaer [1984], Mélon & Lekeuche [1989].

62. J. Schotte [1963, pp. 30-31].

63. Ainsi, p. ex., la névrose obsessionnelle est définie comme une névrose dans le moi et son existence clinique n'implique dès lors pas la construction théorique d'un nouveau vecteur.

64. L'expression est de J. Schotte.

65. Poellaer [1984].

66. J. Schotte [1982, pp. 209 & 210].

67. Id., ibid., p. 207. Autre formulation particulièrement suggestive: «on a affaire ici à un "corps qui prend" — comme on dit d'une sauce en cuisine — qui prend corps, qui prend consistance dans un fonctionnement par bribes et morceaux, où chaque morceau forme à lui seul un monde ... Il s'agit là d'un fonctionnement ... en foyers corporels multiples et indépendants qui ne renvoient encore à aucune totalité. C'est pourquoi il est plus

entendue au sens que lui confère Gagnepain[68], bien que les références, en l'occurrence tout à fait synonymes, soient ici plutôt phénoménologiques[69]. Le vecteur *Sexuel*, quant à lui, est à référer à la «problématique de la *constitution de soi comme corps de l'espèce*, qui entre dans le circuit des échanges érotiques-sexuels»[70]. Dans la terminologie szondienne, on parlerait de la capacité d'un sujet autonome à poser un objet et entrer en relation (de congénère) avec lui. Au niveau *paroxysmal* se pose la question suivante: «comment limiter, régler, réguler, ordonner le fonctionnement des pulsions sexuelles? Comment leur faire accepter une satisfaction qui soit cependant limitée et codifiée? Autrement dit, comment accorder les exigences des pulsions sexuelles à celles de la loi (qui exige quant à elle un renoncement au désir de jouissance effrénée et anarchique), c'est-à-dire aux nécessités de la vie sociale et familiale?». La thématique semble donc tourner autour du complexe d'Oedipe, de la Loi, dont les interdits fondamentaux sont ceux de l'inceste et le meurtre: «le sujet est confronté à la place qu'il a à prendre dans le triangle oedipien». La position terminale du circuit paroxysmal défini par J. Schotte — chronologiquement dernière mais logiquement première, puisqu'elle seule garantit l'apparition des précédentes — «serait [celle] d'un sujet qui prend la place qu'on lui désigne dans l'ordre des générations ... "je ne bouge pas de la place qui m'est assignée", "je garde la ligne de conduite qui m'est tracée", "je marche à la suite de mon père". Il y a comme un souci, une obsession de marcher droit, de rectitude, de parfaite "correction"». Quant à la tâche spécifique prise en charge par le vecteur *du Moi*, elle consiste à résoudre «la question d'une loi personnelle, élaborée à la première personne, qui puisse construire une ligne de conduite singulière ne valant que "pour moi" et cependant ayant une valeur universelle parce que incluant la reconnaissance d'autrui: être à la fois le père et le fils de soi-mêmes, sa propre origine ...; être soi-même à l'origine d'une loi qui fonde le soi en tant que lui-même»[71].

On pourrait contester le vocabulaire et le point de vue szondiens, se borner à en pointer les contradictions flagrantes avec la théorie de la médiation. De telles critiques seraient d'autant plus injustes qu'elles passeraient sous silence l'effort de cohérence interne déployé lors de la construction du système pulsionnel. Il est bien plus intéressant d'insister, dans un premier temps, sur les convergences que

---

exact de parler ici d'un fonctionnement "par bribes et morceaux" ... plutôt que de parler d'un "corps morcelé". Nous avons affaire ici à "du corporel" qui ne fait pas corps à proprement parler» [Lekeuche in Mélon & Lekeuche, 1989, p. 120].

68. Gagnepain [1991, p. 24].

69. Cf. p. ex. la manière dont Buytendijk [1952, pp. 20-21] caractérise les notions d'animalité et de végétalité: «l'animal manifeste une existence individuelle, close ... sur elle-même, et une croissance restreinte, qui s'accomplit dans une période limitée. Cette évolution consiste en une série de *Gestalten*, de formes *globales* ... et non dans un simple agencement rassemblant des parties. Par contre, le végétal est une *Gewächs*, une "pousse", dont l'activité foncière consiste à s'épanouir. La plante [se caractérise] par une forme "ouverte"» (c'est l'auteur qui souligne).

70. Poellaer [1984], c'est l'auteur qui souligne.

71. Lekeuche in Mélon & Lekeuche [1989, pp. 171-175].

présente la succession génétique proposée avec les différentes modalités de traitement des plans de la société et du droit.

Le vecteur Contact décrit un fonctionnement boulique sans somasie, c'est-à-dire du pulsionnel sans corps. Cette description recoupe les observations des psychologues généticiens, puisqu'il semble que l'acquisition du soma soit chronologiquement postérieure à la capacité naturelle de valorisation. La thèse d'un délai d'accession au traitement somasique par rapport aux autres modalités que nous partageons avec l'animal[72], si elle n'intéresse pas directement la théorie de la médiation, n'est pas forcément une question futile, dans la mesure où elle permet de réinterpréter anthropologiquement le contenu précieux de ces nombreuses théories d'inspiration psychogénétique. Le vecteur Sexuel, quant à lui, évoque une gestion pulsionnelle dans une totalité corporelle auto-organisée, où trouvent à se résoudre les problèmes de la reconnaissance du congénère et de la maintenance corporelle. Nous nous situons donc à un "niveau de développement" où sont possibles à la fois spéciation et valorisation. Le vecteur Paroxysmal rend compte de l'inhibition des comportements et du renoncement à la satisfaction pulsionnelle, ce qui est inconcevable, du point de vue de la théorie de la médiation, sans l'émergence à l'analyse du vouloir qu'est la norme. Cependant, la loi qui interdit ou limite la satisfaction est comprise par Szondi comme dérivant du consensus social inhérent à tout groupe. Ce qui est donc ici décrit est semblable à la situation de l'enfant avant la puberté, pris en charge par la personne de l'autre parce qu'incapable encore de relativiser sa position sociale. Quant au vecteur Sch, il coïncide très exactement avec ce que Gagnepain a défini comme l'émergence à la personne et l'arbitrarité de l'Ego. Récapitulons en un petit tableau ces "coïncidences génétiques" constatées entre la théorie de la médiation et le système szondien:

NIVEAU DE DEVELOPPEMENT	SYSTEME SZONDIEN	THEORIE DE LA MEDIATION
nourrisson	vecteur Contact	boulie — valorisation
enfant — "stade du miroir"	vecteur Sexuel	somasie — spéciation
— "complexe d'Oedipe"	vecteur Paroxysmal	norme — auto-castration
adolescent	vecteur du Moi	personne — arbitrarité

L'absence de dissociation, chez Szondi, des plans de la société et du droit a cependant des conséquences nosographiques désastreuses dans cette coupe génético-structurale très cohérente. Pour nous en convaincre, voyons quelle définition il propose de la toxicomanie. Plutôt que d'en pointer immédiatement le caractère développemental, souvenons-nous qu'elle est sans doute la première description psychopathologique cohérente du syndrome, et donc la seule à laquelle il nous sera possible de nous référer par la suite:

---

72. De nombreux indices permettent de détecter, dans ces théories, l'apparition d'un soma qui ne coïncide pas avec le moment de la naissance. Cf. à ce sujet le remarques de Pirard [1988] sur la reconnaissance spéculaire chez le petit enfant, ou encore Brackelaire [1990, p. 150] qui interprète la peur de l'étranger observée par Spitz chez le nourrisson de huit mois comme un indicateur de l'acquisition du soma.

«Le destin "maniaque"[73], écrit-il, est ce qui sert de prothèse permanente à ceux qui ne peuvent se consoler de la rupture de l'union duelle avec la mère». La réaction au «trouble participatif», dit également «abandon», spécifique du "maniaque", consiste «en l'élection d'un objet de contact erroné»: «il cherche dans l'alcool un substitut de la mère perdue … [et] tombe malade avant tout à cause de son besoin exacerbé de s'aggripper, d'être accepté, d'être soutenu».
«Le malheureux rétrograde alors jusqu'au stade prégénital oral … et l'ivresse lui fait oublier sa solitude en lui procurant l'illusion d'un monde où il n'est plus seul». «L'objet "maniaque", qu'il s'agisse [de drogue], d'objet sexuel ou d'objet de valeur …, de pouvoir …, tout cela n'est que … solution de fortune destinée à remplacer la partenaire duelle perdue, la mère».
«C'est le besoin d'être perpétuellement en contact avec l'objet-substitut qui constitue l'essence du trouble "maniaque"». «Le sujet "maniaque" transfère sur l'activité "maniaque" son incapacité de mettre un arrêt à la relation duelle. D'où l'impossibilité de s'arrêter» … [Il] traite son objet comme un fétiche, auquel il reste indissolublement lié … Car lui seul prolonge l'illusion de l'union duelle perdue, de l'étreinte refusée, d'une félicité sans fin». «Le facteur déclenchant est d'après notre expérience toujours le même: il réside dans le fait de "ne-pas-être-accepté"»[74].

Remarquons tout d'abord que la toxicomanie est abordée sans référence directe à un quelconque toxique. La notion révolutionnaire qu'est le *Haltobjekt* contactuel permet en effet de penser l'intoxication comme indépendante du moyen utilisé pour y parvenir. Cependant, *Halt*, qui se traduit notamment par arrêt, appui, soutien, tenue, contenance, consistance ou conservation[75], renvoie à la fois au problème de la limitation dans la satisfaction (au sens de retenue ou rétention) mais encore au maintien somasique (à la tenue ou au se tenir) aussi bien qu'à la décence (la bonne tenue, signe du respect des convenances sociales).

Dès lors, le trouble, s'il est clairement identifié comme une impossibilité de limiter le vouloir dans la consommation, ne peut être, dans cette perspective génétique, qu'historiquement identifié comme la conséquence — au sens chronologique du terme — du deuil impossible de la relation fusionnelle avec la mère. Ce premier moteur maternel, on l'a dit, sert de point de départ à de trop nombreux troubles pour conférer à la toxicomanie un degré suffisant d'autonomie nosographique.

En effet, tant qu'on la considère comme une incapacité de supporter la séparation, elle se confond notamment avec l'abandonnisme et, de plus, le trop grand nombre de syndromes rattachés, directement ou indirectement, à la sphère contactuelle autorise des confusions semblables, par exemple, à celle qui consiste à affirmer que «les traits caractéristiques du psychopathe le rapprochent du psychosomatique: … recourir à l'agression du corps propre, pour les uns, du corps social, pour les autres»[76]. A l'extrême, on pourrait aller jusqu'à comparer l'"objet" du toxicomane au fétiche du pervers.

---

73. *Maniaque*, lorsqu'il est signalé ici entre guillemets, est synonyme, dans le chef de Szondi, de *toxicomaniaque*.
74. Szondi [1963, p. 177-183].
75. Mélon [1975, p. 43].
76. Id., ibid., p. 249.

III. LE TROUBLE FONDAMENTAL DES TOXICOMANIES

Malgré ces limitations épistémologiques, le système szondien reste seul apte à éclairer cliniquement, dans le domaine des toxicomanies, une théorie de la médiation dont le modèle des psychopathies ne consiste à ce jour qu'en la transposition analogique du modèle de la rationalité langagière, quant à lui expérimentalement corroboré. Nous allons maintenant procéder, en trois étapes, à une transposition du schéma de Szondi vers l'axiologie proposée par Gagnepain, et encore cliniquement en appel de sens. La tâche la plus urgente consiste à vérifier si les hypothèses que permet de formuler la théorie de la médiation sur les toxicomanies désignent bien le déterminisme fondamental du trouble, et non de simples distorsions comportementales tout à fait secondaires. Nous devrons ensuite nous assurer — au cas où, bien entendu, ces hypothèses opérées par déconstructions successives s'avéreraient cohérentes — que nous sommes à même de restituer le phénomène toxicomaniaque dans sa globalité et dans sa diversité, en faisant appel cette fois aux ressources de l'ensemble du modèle. Enfin, nous tenterons de mieux comprendre, en nous référant à la glossologie, comment articuler à un modèle purement structural, donné a priori, un champ nosographique qui lui est originellement étranger. Ces précisions devraient nous permettre de tracer les grandes lignes d'une approche des toxicomanies analogue au plan du langage à celle des aphasies et sur laquelle on peut espérer construire un jour une clinique expérimentale.

A. L'incapacité de s'arrêter

Parmi les travaux de l'Ecole de Louvain, ce sont incontestablement les résultats des recherches de Lekeuche qui présentent les convergences les plus étroites avec les hypothèses de la théorie de la médiation. Le travail qu'il a entrepris consiste à épurer le discours szondien dans le but de parvenir à une modélisation purement structurale, ou, pour reprendre ses propres termes, une métapsychologie du phénomène toxicomaniaque.

A la suite de Szondi, Lekeuche affirme que la toxicomanie peut être essentielle, c'est-à-dire qu'elle est un trouble psychiatrique à part entière, et non pas un simple comportement symptomatique survenant sur le fond d'une structure psychotique, névrotique, ou encore perverse[77]. De longues observations cliniques lui permettent ensuite d'extraire du discours szondien sur la toxicomanie trois signes qu'il considère comme pathognomoniques du trouble: «le fait que la personne se trouve dans la condition de "ne pas pouvoir cesser"... de produire de la prise..., la présence d'un trouble du moi, ... [ou] "désintégration" du moi ... et l'accrochage à une prothèse auto-dégradante ... qui, à la longue, ne peut

---

77. Lekeuche [1991], dans ce même numéro

soutenir sa fonction de support et finit par engloutir le moi»[78]. Ajoutons que ces signes ne sont pas indépendants mais semblent ainsi logiquement liés: l'incapacité de s'arrêter est le caractère essentiel de la toxicomanie[79] — là où Szondi n'y voyait qu'un symptôme, conséquence d'une perte originelle. Cette incapacité impose le recours à une prothèse servant de support contactuel au moi. Ce support ne remplit pas très longtemps sa fonction et finit par engloutir le moi, dont l'effondrement n'apparaît que comme logiquement secondaire à l'incapacité de s'arrêter[80].

La notion de *Haltobjekt* est également reprécisée par Lekeuche, s'appuyant ici surtout sur l'enseignement de J. Schotte: si Szondi, rappelons-nous, avait mis en évidence que l'on peut s'intoxiquer avec n'importe quel objet, et montré que le moyen lui-même est de peu d'importance, l'affirmation est ici radicalisée, puisqu'il est dit que «l'accent porte moins sur l'objet que sur la tenue»[81]. En d'autres termes, l'approche szondienne de la toxicomanie est la seule, avec la théorie de la médiation, à évacuer totalement le produit de la définition du trouble, pour considérer que c'est vers la gestion même du pulsionnel qu'il convient de se tourner.

On s'en sera aperçu, cette conception des toxicomanies est très proche de celle de Gagnepain: il s'agit en effet pour lui d'un trouble dont le dysfonctionnement consiste en l'incapacité d'analyser générativement le titre. Le toxicomane est donc analogiquement comparé à l'aphasique sémiologique de Broca, et la stéréo-typie verbale de ce dernier, mise en rapport avec la focalisation du premier sur un produit d'élection. Plus précisément, le trouble de l'analyse générative est compensé par un recours extrême et contraint à l'axe taxinomique d'analyse encore fonctionnel: le toxicomane tente ainsi de focaliser son impuissance à se résister sur un projet de consommation bien précis[82]. Ajoutons que ce n'est pas, bien entendu, le type de toxique qui définit la toxicomanie, puisque le trouble consiste en la détérioration d'un principe de rationnement, et cela quel que soit l'"objet" visé. On ne peut, en effet, «définir le désir par son projet car [ce serait] comme définir le langage par les choses dites»[83]. Enfin, l'anthropologie clinique s'inscrit en faux contre une définition "sociopathique" des psychopathies puisqu'elle conduit à penser, tout au contraire, que les psychopathes sont bien plus enclins à la socialité que les normaux, tentés qu'ils sont «d'esquiver la délin-quance en recherchant — fût-il gang — la caution rassurante du groupe»[84].

---

78. Id., ibid.
79. Cf. Mélon & Lekeuche [1989, pp. 75 & 127] .
80. Comme le souligne en effet Mélon [1975, p. 251], «les troubles psychopathiques intéressent directement la sphère du contact et retentissent secondairement sur l'organisation du moi».
81. Lekeuche in Mélon & Lekeuche [1989, p. 118], qui précise encore que «le concept d'objet obstrue ... plus qu'il ne l'éclaire la problématique en cause».
82. Gagnepain [1984, VI & 1991, p. 221].
83. Id. [1984, VI, p. 6].
84. Id. [1991, p. 57].

Ces deux approches pathoanalytiques, bien qu'elles s'appuient sur des a priori différents, me paraissent converger suffisamment dans leurs conceptions respectives des toxicomanies pour que l'on soit autorisé à y voir une attestation provisoire de la pertinence des hypothèses formulées dans le cadre de la théorie de la médiation.

B. Psychopathies et socialité

Il faut maintenant montrer que les autres manifestations cliniques de la toxicomanie sont explicables de façon convaincante par l'ensemble du modèle proposé par Gagnepain. Toutefois, dans la mesure où l'on a choisi de se limiter à une reprise critique des discours sur la toxicomanie, on n'abordera ici que le seul plan de la société, ce qui ne signifie pas que les autres modalités rationnelles que sont le langage et l'art ne doivent pas être prises en compte si l'on souhaite véritablement restituer le phénomène dans sa globalité. En raison de la focalisation sur l'impact social des toxicomanies, on oublie en effet trop souvent que le toxicomane se forge grammatico-rhétoriquement de son trouble une théorie dont le contenu n'est pas étranger à l'incapacité qui le fait souffrir. De même, on aborde rarement le problème de la technicisation de la satisfaction, pourtant manifeste dans l'intoxication, et qui, sans être en soi "symbolique", ni révélatrice d'un quelconque sens caché ou de la faillite d'une société post-moderne trop technologique, vise très certainement à amplifier le plaisir escompté tout en diminuant la douleur qui l'accompagne inévitablement. Ces dimensions sont, au même titre que celles qui impliquent la personne, des compensations destinées à rendre supportable l'incapacité de s'arrêter, définitoire du trouble.

1. Un moi sans soi

Tentons tout d'abord de mieux comprendre la nature de ce «trouble du moi» évoqué dans le cadre des recherches szondiennes, où l'absence de distinction entre norme et personne ouvre tout naturellement deux pistes de réflexion différentes.

Une première voie de recherche consiste à approfondir la question de l'appropriation spécifique du trouble dans les psychopathies en général: du côté szondien, on constate très justement que «le sujet ne se préoccupe pas de lui-même, de ce qui le concerne en propre, au plus personnel, de ce qui le constitue et l'institue sujet». Le moi est donc «déchargé de soi», «non problématisé ni problématisant», laissant la place «à des phénomènes qui se passent en lui-même mais sans lui». On ne peut cependant, à mon sens, parler ici d'un trouble *du* moi, mais seulement d'un trouble *dans le moi*, puisque celui-ci, bien que mis «hors jeu», échappe aux conditions du rapport à soi tout en restant «maître du jeu»[85].

---

85. Kinable [1984, p. 75-85].

Ces quelques affirmations coïncident très bien avec la tendance, typique de la psychopathie, à légaliser l'infraction par le nombre, ou encore à la répéter pour qu'à la longue, l'exception, aux yeux du contrevenant, devienne la règle. Le psychopathe adhère donc au réinvestissement politique sans pour autant que l'on puisse parler dans son cas de fonctionnement paranoïaque, étant donné qu'il ne fait qu'amplifier, plus fréquemment et massivement sans doute que le normal, une visée politique au détriment des autres. En cela, il ne procède pas autrement que l'aphasique qui se conforme à l'usage socio-linguistique en vigueur dans son groupe pour compenser l'incapacité partielle d'analyse langagière dont il est victime. La différence, ici, réside en ceci que c'est non pas de langue — le "bon usage" des grammaires scolaires — mais de code qu'il s'agit, c'est-à-dire d'usage des plaisirs: «le moi est traversé, dirait-on d'un point de vue szondien, emporté par du pulsionnel»[86] et il est incontestable que les délinquants sont bien plus respectueux de la loi du milieu que le citoyen modèle, de la constitution, capable à l'occasion de diverger de la majorité pour satisfaire son intérêt. Ceci montre, si cela s'avère encore nécessaire, que le désordre social engendré par le psychopathe ne se mesure qu'à l'impossibilité qu'il a de réfréner son désir, et qu'aucun trouble de l'introjection de la loi, aucun défaut de surmoi — il existerait, bien plutôt, en excès — n'est ici en cause. Aucun trouble, non plus, de la responsabilité, si ce n'est qu'il s'agit d'une responsabilité flottante, liée à la situation, qui se donne à voir dans cette tendance à la projection, notoire chez le psychopathe, et due à l'interprétation de la résistance à ses exigences de satisfaction immédiate comme émanant d'une instance extérieure contrôlante, et donc nécessairement malveillante[87].

2. Consommation et intoxication

Il est également possible de comprendre le "trouage du moi" comme la description d'un défaut dans la gestion même de la satisfaction. En effet, Lekeuche signale avoir presque toujours observé testologiquement ce phénomène chez les toxicomanes «en début de cure, alors qu'ils sont encore plus ou moins immergés "psychiquement" dans leur toxicomanie» ainsi que «dans l'espace de temps précédant ou suivant immédiatement une rechute», ce qu'il interprète comme «un état psychique analogue à celui de la rupture du pare-excitation tel qu'il se produit dans les névroses traumatiques», provoqué par «l'intensité indescriptible du flash». Dès lors, la traumatophilie, fréquente chez le toxicomane, consisterait selon lui en une tentative de «maîtriser la quantité traumatique d'excitation à travers sa répétition» mais, «une fois les frayages ouverts par le toxique, leur "colmatage" demeurerait toujours fragile»[88].

---

86. Lekeuche [1991].
87. Gagnepain [1984, VI].
88. Lekeuche [1991].

Comment interpréter cette explication, résolument freudienne, dans le cadre de la théorie de la médiation? Il est évident que la dissociation des plans de la société et du droit nous fait apercevoir que ce n'est pas de consommation qu'il est ici question, mais d'intoxication. Il est indispensable de séparer clairement ces deux données cliniques, étant donné que la toxicomanie, on l'a vu, ne concerne pas que le toxique et qu'à l'inverse, il existe des intoxications sans toxicomanie.

Il n'y a donc peut-être aucun "désir du trauma" chez le toxicomane et le phénomène, pour être correctement expliqué, exige d'être déconstruit. D'une part, l'intoxication et le moment confusionnel qu'elle entraîne sont à considérer comme une asomasie réversible, ce qui explique non seulement que la désorganisation "somato-psychique" souvent constatée chez le toxicomane amène le clinicien à y déceler les effets de la pulsion de mort, mais aussi pourquoi l'abus de substances toxiques engendre à long terme des lésions irrémédiables, semblables à celles de certaines démences. D'autre part, il semble que le toxique ait également pour fonction de court-circuiter momentanément les facultés inhibitrices encore intactes du vouloir, dont le trop bon fonctionnement fait souffrir le toxicomane de n'être, au fond, que trop imparfaitement psychopathe, et de ne pouvoir qu'anticiper sur une satisfaction dont il pres-sent déjà douloureusement le bien avant même d'en avoir payé le prix. D'autres voies que l'intoxication, lorsque l'abstinence est imposée par un tiers[89], sont d'ailleurs utilisées par le malade pour adhérer le plus totalement possible à la satisfaction: pendant la cure, outre ses fugues répétées, n'objecte-t-il pas perpétuellement au cadre institutionnel qui lui est proposé en réfutant notamment la *valeur* de la parole comme moyen de traitement[90] et, d'une manière générale, de tout ce qui est susceptible de mettre un frein à la satisfaction immédiate espérée?

Les quelques considérations qui précèdent me semblent cependant trop réductrices et l'hypothèse, émise par Lekeuche, d'une maîtrise du trouble par la répétition de l'intoxication m'incite à approfondir le rapport suggéré plus haut entre toxicomanies et névroses actuelles, pensées par Freud comme les «effets *immédiats* des noxæ sexuelles elles-mêmes» tandis que «les névro[psycho]ses de défense sont les conséquences *médiates* de nuisances sexuelles qui ont exercé leur action avant l'arrivée de la maturité sexuelle»[91]. Ne nous attardons pas aux références à la sexualité, reflet d'une époque marquée par des préoccupations hygiénistes excessives — mais peut-on reprocher à Freud d'avoir vécu avec son temps? — et constatons surtout que l'im-médiateté dont il est question peut être entendue dans deux sens différents: on peut soit pencher en faveur de l'hypothèse d'une psychopathisation des névroses actuelles, c'est-à-dire d'une absence de médiation par le règlement, entendu comme auto-censure — soit le scénario

---

89. Ce tiers peut d'ailleurs très bien être le sujet lui-même, puisqu'il ne souffre, rappelons-le, d'aucun trouble de la responsabilité.

90. Sur le discours du toxicomane pendant la cure, cf. le remarquable article de Snoy [1990], malheureusement inédit.

91. Freud [1896b, p. 128], c'est moi qui souligne. Rappelons que, pour Freud, toute toxicomanie se réduit à la toxicomanie originaire qu'est la masturbation [1897b, pp. 211-212].

précédemment retenu — ou bien encore interpréter la répétition monotone ou le caractère purement somatique et cumulatif du symptôme comme résultant de la non-reprise de l'événement par une dialectique historique pourtant intacte. Ne dit-on pas fréquemment que le psychopathe n'a pas d'histoire, mais *des* histoires?

Du même coup, on comprend mieux ce qu'entreprend de remobiliser le thérapeute chez un toxicomane qui, bien que souffrant irrémédiablement d'une incapacité de mettre un frein à son vouloir, est malgré tout socialement considéré comme guéri lorsque a pu s'opérer une «réappropriation du sujet par lui-même via sa ré-historisation structurante»[92]. On a déjà pu mentionner le danger de confondre intoxication et consommation, incapacité de s'arrêter et dépendance; on s'aperçoit ici de la non-coïncidence entre patho-nomie et patho-logie, socialisation du trouble et détérioration.

Avant de nous interroger, pour conclure cette brève investigation des conséquences au plan social de la toxicomanie, sur l'«impossible liquidation du stade fusionnel»[93] qui, pour de nombreux auteurs, en constituerait l'essence même, synthétisons en un petit tableau ce que l'on pourrait appeler les trois seules issues possibles du trouble qu'autorise le recours à l'analyse ethnico-politique intacte:

asomasie transitoire ou irréversible (**névroses traumatiques**)	intoxication; démence ou trouble équivalent engendrée par l'abus répété de substances toxiques (p. ex. syndrome de Korsakoff)
accumulation somasique, absence d'historisation ou "infantilisation" du trouble (**névroses actuelles**)	répétition, "régression" et "dépendance"; impersonnalité et superficialité du "discours" toxicomaniaque; tendance à se fondre dans le groupe, qu'il s'agisse aussi bien du "milieu" que, p. ex., d'une association d'alcooliques anonymes
appropriation (**historique**) **du trouble**	ce que le thérapeute nomme guérison; investissement des potentialités créatrices pour lutter contre le trouble, rédaction d'une autobiographie, etc.

3. Inceste et fusion

Qu'une frustration précoce mal tolérée soit chronologiquement antérieure à l'apparition de la toxicomanie, on ne peut — nous l'avons dit — ni le vérifier, ni le falsifier. La prise en compte de telles considérations psychogénétiques conduit à réduire le trouble à une forclusion de la norme et de la personne confondues, voire même à une sorte d'aboulie-asomasie, raisonnements dont on a déjà pu contester le caractère purement évolutionniste et idéologique.

On peut cependant expliquer la tendance à la fusion duelle, non pas comme la perte chronologiquement antérieure d'un "objet" archaïque, mais comme la compensation logiquement conséquente d'un trouble de la norme quant à lui essentiel à la compréhension de la toxicomanie.

En effet, on a déjà eu l'occasion de signaler que Gagnepain inteprétait l'excès de socialité chez le psychopathe comme un simple moyen d'esquiver la

---

92. Lekeuche [1987, p. 45].
93. Je cite ici Olievenstein [1977, p. 12], mais il serait possible de mentionner de nombreux autres auteurs qui s'expriment en des termes semblables.

délinquance. Cette thèse, si elle n'a, jusqu'à présent, été développée par lui que dans le seul domaine "civique" du rapport à la loi, est susceptible d'être analogiquement étendue à celui de la sexualité et des rapports sociaux de parité. Ainsi comprise, la fusion consisterait en une tentative d'évacuer toute divergence pour faire couple avec un semblable — et non plus alliance, qui implique la reconnaissance et l'acceptation d'une certaine différence chez autrui. De nombreux toxicomanes sont en effet friands de ces relations où l'on peut se comprendre sans avoir à négocier, où aucune frontière ne vient séparer les partenaires dans une proximité parfois si totale qu'elle peut aller jusqu'à la promiscuité. Cette tendance à réduire le couple à une situation perpétuelle de copulation, dans laquelle on ne cesse de consommer l'autre, vise à créer un espace social aussi restreint que possible, une sorte de micro-économie des plaisirs qui permettrait idéalement d'évacuer la perte et le deuil inhérents à toute satisfaction. Les relations spéculaires qui s'y nouent ne sont d'ailleurs pas uniquement d'ordre amoureux et sont susceptibles tout aussi bien de dégénérer en affrontement violent, dès lors que la liaison se fragilise et échoue dans sa fonction d'évitement du déplaisir.

C. Les troubles du vouloir

Cette épuration sociologique effectuée, il nous reste à trouver comment faire correspondre au plan du droit la classification des psychopathies proposée par Szondi, seule utilisable dans le cadre d'une anthropologie clinique. Pour y parvenir, nous allons opérer un bref détour par la glossologie et chercher à comprendre comment une classification des aphasies, à l'origine purement neurologique, a trouvé à s'intégrer dans un modèle fondé sur des concepts en provenance d'une linguistique structurale pour l'essentiel étrangère à toute clinique des troubles du langage.

1. Wernicke, Saussure, Jakobson

En 1861, Broca décrit un syndrome consistant en «une perte totale ou une réduction majeure du langage articulé, l'intelligence et les autres fonctions du langage restant par ailleurs intactes». Treize ans plus tard, Wernicke, à son tour, isole cliniquement un second trouble qui lui apparaît comme «le pendant de l'aphasie de Broca», et qui se caractérise par «une perte de la compréhension du langage avec maintien de la capacité de se servir du langage articulé»[94]. Il propose, dans la foulée, un schéma explicatif du fonctionnement langagier construit sur base de ces deux formes d'aphasies. Son interprétation, typiquement associationniste, est celle d'un «réflexe cérébral»[95]; on pourrait, sans trop la simplifier, la schématiser ainsi:

---

94. Freud [1891, p. 52].
95. Comme le souligne Freud [ibid., p. 53].

FONCTION	sens compréhension	→	son expression
PATHOLOGIE CORRESPONDANTE	aphasie sensorielle de Wernicke		aphasie motrice de Broca

Cette conception du langage est très proche de celle qui a présidé à l'élaboration des grammaires générales, à l'époque où l'on considérait les langues comme de simples miroirs d'une même logique universelle de pensée, préalablement sensée et structurée[96]. Peu importe que les théories linguistiques du XVIIIè siècle aient réellement influencé le neurologue allemand ou non. Il nous suffit de constater que le modèle du langage qu'il se forge à travers l'étude des aphasies ne peut qu'entrer en conflit avec ceux développés depuis l'avènement de la linguistique structurale.

On pourrait dire, en effet, que la révolution saussurienne a notamment consisté à privilégier en linguistique la fonction de communication dans le but de réfuter tout primat de la pensée sur le langage[97]. Pour bien comprendre la différence fondamentale qui existe entre le modèle linguistique et celui de neurologues comme Wernicke, voyons comment Saussure, en référence à la parole, et non plus à la langue, conçoit les rapports entre expression et compréhension, dichotomie sur laquelle est fondée la description clinique des aphasies de Broca et de Wernicke. Le linguiste, à insister ainsi sur la fonction de communication, est inévitablement conduit à affirmer que «l'acte de parole suppose au moins deux individus ... qui s'entretiennent»; «c'est le minimum exigible pour que le circuit soit complet». Etudions en détail ce circuit, dit encore, selon les théories, d'émission-réception ou de codage-décodage, repris par de nombreux linguistes, notamment Jakobson[98] et, à leur suite, par les théoriciens de l'information et de la communication:

«le point de départ du circuit, dit Saussure, est dans le cerveau de l'un, par exemple A, où les faits de conscience, que nous appellerons concepts, se trouvent associés aux représentations des signes linguistiques ou images acoustiques servant à leur expression. Un concept donné déclenche dans le cerveau une image acoustique correspondante: c'est un phénomène entièrement *psychique*, suivi à son tour d'un procès *physiologique:* le cerveau transmet aux organes de la phonation une impulsion corrélative à l'image; puis les ondes sonores se propagent de la bouche de A à l'oreille de B: procès purement *physique*. Ensuite, le circuit se prolonge en B dans un ordre inverse: de l'oreille au cerveau, transmission physiologique de l'image acoustique; dans le cerveau, association psychique de cette image avec le concept correspondant. Si B parle à son tour, ce nouvel acte suivra exactement la même marche que le premier»[99].

---

96. Sur les grammaires générales, cf. p. ex. Ducrot & Todorov [1972, pp. 15-16].

97. «Il n'y a pas d'idées préétablies, et rien n'est distinct avant l'apparition de la langue» [Saussure, 1916, p. 155]. Je n'effectuerai pas ici une discussion approfondie des différences entre la linguistique saussurienne et la glossologie proposée par Gagnepain. On en trouvera une excellente introduction chez Giot [1988].

98. «Le processus d'encodage va du sens au son, et du niveau lexico-grammatical au niveau phonologique, tandis que le processus de décodage présente la direction inverse» [Jakobson,1961, pp. 93-94]. Lorsqu'il raisonne en termes de combinaison et de sélection, il propose une explication analogue: «l'encodage commence par la sélection des constituants qui, ensuite, seront combinés et intégrés dans un contexte ... Pour le décodeur l'ordre est inversé» [Id., 1963b, p. 142; cf. également 1963a, p. 165].

99. Saussure [1916, pp. 27-28], c'est l'auteur qui souligne.

Le modèle ici proposé, non plus "individuel" et cortical comme celui des neuro-logues, mais interlocutif, sépare, pour mieux les rapprocher dans un second temps, les processus d'expression et de compréhension. On pourrait représenter le raisonnement saussurien de la manière suivante:

EXPRESSION			CANAL	COMPREHENSION			
sens →	son →	phonation	→	audition →	son →	sens
procès psychique	*procès physico-physiologique*			*procès psychique*		

Remarquons que Saussure, comme Wernicke, distingue clairement entre mise en son et en sens et phonation et audition. Précisons également, avant de poursuivre, que le concept et l'image acoustique — que je traduis ici respective-ment par "sens" et "son" et auxquels j'accorde le même statut que celui que je leur ai donné dans la représentation du modèle de Wernicke — ne font que préfigurer les notions de signifiant et de signifié introduites plus tard dans le cours[100]. Je ne conteste donc nullement l'importance du saut épistémologique opéré par la démarche révolutionnaire de Saussure, sans lequel aucun structuralisme n'aurait probablement jamais pu voir le jour. Mais il faut bien reconnaître qu'il décrit ici son "circuit de parole" comme une simple liaison symbolique entre un son et un sens, dont l'ordre d'indiçage varie suivant qu'il s'agit de rendre compte du processus d'expression ou de compréhension: dans le premier, il reste dépendant d'une conception classique [sens → son], tandis que la réception du message est expliquée «sous une forme inversée» [son → sens].

Or, dans la perspective structurale inaugurée par Saussure — et la théorie de la médiation en est à ce jour l'aboutissement de loin le plus cohérent — nous savons qu'il nous faut réfuter toute prédominance, logique ou chronologique, d'une face du signe sur l'autre, puisque c'est leur immanence, et elle seule, qui leur permet de co-engendrer de la signification. Par contre, certaines questions restent ouvertes en ce qui concerne le processus naturel de symbolisation qui sous-tend l'analyse structurale, spécifiquement humaine, qu'est la signification. Rappelons-nous que le moment naturel sur lequel s'enlève dialectiquement l'opération langagière consiste en une «sériation progressive et de soi indéfinie [d'objets dont] l'un se fait tour à tour *indice* d'un autre qui devient *sens* , sans que le contenu d'aucun d'eux soit en cause, mais seulement la position dans la suite»[101]. La bifacialité du signe nous interdit de faire découler cette supériorité logique du sens sur le son naturels d'une quelconque prédominance du signifié sur le signifiant. Comme nous ne disposons, pour attester l'existence de troubles de la représentation, que d'une et une seule forme d'agnosie, même si différentes modalités sensorielles sont susceptibles d'être isolément affectées, il n'existe aucun syndrome clinique nous autorisant à user de concepts tels qu'indice, son et sens, ni à décrire l'élaboration symbolique comme une sériation indéfinie

---

100. Id., ibid., p. ex. p. 99.
101. Gagnepain [1982, p. 25], c'est l'auteur qui souligne.

d'objets. Le choix, par Gagnepain, d'une liaison [son → sens] n'est donc motivé que par des considérations théoriques.

L'anthropologie clinique, en effet, réfute, à la suite de Saussure, la thèse d'une pensée qui précèderait le langage et ne peut donc que retenir l'hypothèse inverse pour décrire la représentation naturelle. La dissociation des plans du langage et de la société contraint également à refuser au langage toute visée communicatrice intrinsèque. En évacuant ainsi, pour mieux l'épurer, la dimension interlocutive du phénomène langagier, on n'est plus autorisé à distinguer glossologiquement entre les sons perçu et émis. Il n'existe donc pas en anthropologie clinique, contrairement aux autres modèles du langage, de béance inexplicable entre perception et expression, puisque, déjà naturellement, nous sommes contraints à proférer du son pour percevoir le sens de ce que nous disons.

La classification héritée des aphasiologues du siècle dernier a donc subi deux modifications essentielles dans sa reprise par la linguistique: d'une part, la coupure entre symbole et signe, inaugurée par Saussure et achevée par Gagnepain, interdit de rendre compte de l'aphasie comme d'un trouble naturel; d'autre part, l'inversion de l'ordre de succession entre les deux phases de l'élaboration symbolique s'impose par la nécessité d'autonomiser la linguistique de la logique en lui donnant un objet d'étude qui ne serait pas seulement un symptôme de la pensée. A ce stade, on obtiendrait donc le schéma suivant, sans doute cohérent avec les descriptions classiques et superficielles des troubles du langage, mais encore trop peu déconstruit:

TRAITEMENT NATUREL	son → sens sériation indéfinie		
Troubles	*agnosie*		
TRAITEMENT CULTUREL	PHONOLOGIE signifiant	signe ⇄ immanence et réci-	SEMIOLOGIE signifié
Troubles	*Aphasie de Broca* mutisme, stéréotypie, agrammatisme	procité des faces	*Aphasie de Wernicke* jargon

Le modèle glossologique recevra sa forme définitive suite à la reprise critique par Gagnepain des travaux de Jakobson, qui distingue entre des troubles de la sélection, qu'il identifie à l'aphasie de Wernicke, et des troubles de la combinaison, dans lesquels il inclut l'aphasie de Broca[102]. On se tromperait en estimant que la typologie de Jakobson ne consiste qu'en une traduction, plus proche de la terminologie linguistique courante, des observations cliniques des neurologues. L'originalité de la démarche réside dans la constatation que les troubles de la similarité et de la contiguïté sont chacun susceptible de se manifester tant du côté phonologique que sémiologique, ce qui a pour effet de déplacer la distinction Broca-Wernicke de la dichotomie phonologique-sémiologique, trop descriptive, à une autre, encore plus fine — bien que Jakobson ait lui-même assez peu

---

102. Cf. à ce sujet Jakobson [1956, pp. 45-61 & 1963a & b].

exploité cette possibilité. En d'autres termes, il convient de différencier, chez le Wernicke et le Broca "classiques", des "composantes" Wernicke ou Broca, exclusives l'une de l'autre, et que la théorie de la médiation décrit respective-ment comme des troubles de l'analyse taxinomique ou générative[103], lesquelles constituent, dans l'état actuel d'avancement du modèle, les deux principes nécessaires et suffisants aux élaborations phonologique et sémiologique.

Ce détour par les modèles linguistiques et neurologiques des aphasies, s'il a pu paraître inutile au glossologue, était cependant indispensable pour nous éclairer sur les adaptations possibles au plan du droit de la classification szondienne des psychopathies dites de contact. En effet, nous allons nous apercevoir que cette traduction exige les mêmes transformations que celles qu'il a fallu opérer au plan du langage dans le cas du modèle de Wernicke. Avant donc de retourner aux psychopathies, et pour mieux les y réinvestir, résumons brièvement les étapes de la reprise, par la théorie de la médiation, de l'enseignement tiré de la clinique des aphasies.

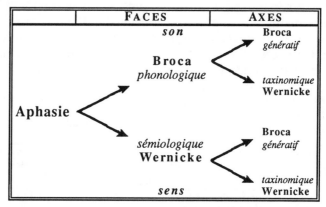

2. Thymopathies et psychopathies

La mise en rapport de la classification szondienne des psychopathies avec la théorie de la médiation se heurte principalement à la difficulté que les psycho-pathies sont abordées par l'analyse du destin comme une variante des troubles de l'humeur. S'appuyant notamment sur Binder, J. Schotte promeut en effet l'idée que les affections psychopathiques sont toujours déterminées par un arrière-fond thymique[104]. Les troubles fusionnels du plan du droit ne sont donc pas mieux différenciés du processus de sériation naturelle que ne l'étaient, pour des raisons différentes, les aphasies par les neurologues. Si, dans le cas des secondes, une telle réduction était due à la transposition illégale à un trouble culturel d'un

---

103. Pour plus de détails, cf. p. ex. Le Bot [1985].
104. J. Schotte [1982, p. 208].

modèle associationniste élaboré à partir de pathologies naturelles, on va voir, pour ce qui est des premières, que leur "naturalisation" est due à un excès de génétisme dans la théorie szondienne.

Il est indispensable, dans un premier temps, de préciser en quoi consiste ce fond thymopathique qui serait commun à tous les troubles du contact. C'est toujours J. Schotte qui, le premier, a clairement identifié les signes pathogno-moniques de la dépression essentielle que sont *l'anhédonie*, soit la difficulté à éprouver du plaisir et à bouger, *l'anhormie* ou le manque d'élan (matinal) et la *dysrythmie*, c'est-à-dire le fait de se sentir mieux le soir que le matin[105]. Sa définition des dépressions ne coïncide donc que partiellement avec celle de Gagnepain — qui les considère plus restrictivement comme un simple trouble de la mise en branle[106] — et fait appel simultanément aux traitements naturels boulique et du somasique. Il n'est pas dans mon intention de confronter plus avant ces deux conceptions de la dépression et je me limiterai ici à citer une autre définition d'inspiration szondienne qui décrit très clairement le trouble comme une aboulie: le déprimé serait celui pour qui «tout est arrêté ... [et qui], quand il fait ses comptes, ... obtient toujours un bilan négatif»[107]. Voici qui est bien le symétrique de la valorisation qui, pour Gagnepain, «s'établit toujours dans le sens exprès d'un bénéfice»[108].

Et comme le paradigme de la crise contactuelle est le deuil ou la déception, la quête, la mise de fonds nécessaire à l'obtention d'un nouveau bien ne peut se comprendre que motivée par la réaction à la perte d'un bien primordial. Ecoutons à ce sujet De Waelhens:

A l'arrière de tous nos rapports à l'objet «se profile la relation originelle au tout premier objet». Tous nos contacts «portent le sceau de la déception originelle toujours ... recommencée. A chaque fois ressuscitent les plus anciennes options. Refuser l'objet et s'en détourner puisque de toute manière, il nous trahira. Feindre de le tenir pour ce qui va enfin me combler absolument. N'accepter et ne voir en lui que le représentant et le substitut d'un certain autre auquel nous lie l'espoir aussi bien que le ressentiment ... Transformer toute rencontre en une quête sans trêve ni repos où le désir ne se donne jamais que pour l'amorce d'un autre désir, qui sera enfin heureux»[109].

Dans ce texte, qui condense en quelques lignes tous les destins possibles du contact, il est clair que le processus de satisfaction est compris comme une séria-tion indéfinie de projets, mais dans un ordre de succession [bien → prix] inverse à celui postulé par la théorie de la médiation: l'absence de distinction, d'une part entre la perte, qui instaure le vouloir comme humain, et, d'autre part, l'originaire et la dette, qui concernent exclusivement l'histoire, conduit en effet à surestimer l'"objet" premier, et la valorisation ne peut dès lors jamais être

---

105. Cf. J. Schotte [ibid.] ou Lekeuche in Mélon & Lekeuche [1989, pp. 123-127].
106. Gagnepain [1991, p. 178].
107. Mélon in Mélon & Lekeuche [1989, p. 68].
108. Id., ibid., p. 184.
109. De Waelhens [1971, pp. 309 & 307] cité par Legrand [1979, p. 62].

comprise comme un bénéfice [prix → bien] mais comme un déficit perpétuel qui se mue, au mieux, en une quête désespérée «sans trêve ni repos».

Que l'on cherche à comprendre la perte comme originaire, toujours-déjà-là — et non plus originelle — n'y change rien: le remplacement d'un modèle chronologique-génétique par celui, logique, d'une perte originaire «instauratrice de la béance qui dynamise les besoins ..., leur interdisant d'être jamais tout à fait comblés»[110] ne suffit pas à distinguer suffisamment entre troubles de l'humeur et psychopathies. Ainsi conçues, celles-ci, au fond, ne sont que les avatars, les modes de défense contre une aboulie-dépression, non pas essentielle, mais primordiale: c'est le cas notamment du toxicomane, qui «a triomphé de la détresse[111], et n'a plus besoin de rien ni de personne pour soulager sa tension»[112]. Il est donc capital de distinguer entre la capacité naturelle de valorisation, toujours bénéficiaire, et la faculté, proprement humaine, marquée du sceau de la perte et de la déception, qui ne concerne nullement la dépression, et succède logiquement à la satisfaction naturelle dont elle s'abstient pour instaurer le vouloir comme humain.

Ces mises au point effectuées, nous sommes en mesure d'adapter au plan du droit la classification szondienne des psychopathies "de contact" qui sont, à mon sens, les seules psychopathies vraies, les autres formes — sexuelles et criminelles — n'étant que leurs reprises déjà compensatoires sur les faces instituante et instituée de la personne. Szondi mentionne deux formes de psychopathies de contact: *Sucht* et *Haltlosigkeit*, passion maladive, d'une part, et perte de la (re)tenue, d'autre part. Précisons. La première, qui a pour paradigme la toxicomanie, consiste — on l'a déjà dit — «à ne pas pouvoir se passer d'une prise, au fond toujours consommatoire, d'un quelque chose qui en lui-même importe peu, ne pas pouvoir cesser mais toujours devoir recommencer le même acte d'auto-intoxication»[113]. Quant à la *Haltlosigkeit*, elle pourrait se définir par une «tendance à la quête, au changement, à l'innovation»[114]. *Sucht* et *Haltlosigkeit* renvoient donc au bien et au prix et désignent la tendance à adhérer pathologiquement au projet. On remarquera cependant qu'est inacceptable le postulat szondien selon lequel la *Sucht* serait préalable à la *Haltlosigkeit*[115]. Cette préséance n'est pas davantage recevable que le point de vue sociolinguistique, déjà contesté, qui permettait, soit de considérer la pensée comme un préalable au

---

110. Legrand, ibid., p. 63.
111. Au sens de la *Hilflosigkeit* freudienne.
112. Mélon in Mélon & Lekeuche [1989, p. 67].
113. Kinable [1984, p. 219].
114. Id. [ibid., p. 221].
115. Cf. à ce sujet Kinable [ibid., pp. 216-217]. Le fait qu'ontologiquement, et non plus d'un point de vue ontique-génétique, l'ordre de succession entre *Sucht* et *Haltlosigkeit* s'inverse, au sens où l'accrochage toxicomaniaque consisterait en une défense contre la coupure du contact, ne me paraît pas un rectificatif suffisant, tout d'abord parce que, dans le discours szondien, le recours à l'explication chronologique reste massif par rapport à une conception ontologique du contact, ensuite parce qu'une perte originaire, et non plus originelle, ne permet pas davantage de marquer une différence entre traitements naturel et culturel du projet, ce qui, par conséquent, ne dissipe nullement la confusion nosographique qui existe entre thymopathies et psychopathies.

langage, soit d'affirmer l'antécédence chronologique de l'émission sur la réception du message. Il faut au contraire concevoir, analogiquement au traitement naturel gnosique, que tout bien s'obtient d'un certain prix, en d'autres termes que «rien ne vaut ... qu'en fonction de la peine prise pour l'obtenir»[116], ce qui n'interdit pas, d'un point de vue historique, que toute quête soit profondément nostalgique.

La passion maladive du toxicomane, qui «incarne l'idéal du plaisir absolu obtenu dans la décharge à jet continu» et «atteint, de manière im-médiate à la plénitude du plaisir»[117], correspond donc assez bien à cette absence de médiation par le titre, entendue comme «jouissance autorisée» ou «consommation réglementée», tant il est vrai qu'«il n'est pas, chez le normal, ... de plaisirs purs ou encore ... exempts de souffrance»[118]. Par contre, la mise en rapport du prix et de la *Haltlosigkeit* nécessite quelques déconstructions: conçue comme une passion nomade, elle évoque encore trop, du point de vue de la théorie de la médiation, un trouble de la personne et doit être plus simplement réinterprétée comme l'incapacité de se soumettre à un règlement de la «circulation», fait de sens «uniques» ou «interdits»[119]. La restriction que nous imposons ici à sa définition ne remet d'ailleurs pas en question le statut que lui confère le système szondien, puisqu'elle s'y caractérise également par le fait d'ergoter, d'emmerder, et n'est pas étrangère aux comportements de sabotage, de révolte, de subversion[120], ou bien encore d'errance et de découverte[121], ce qui ne peut manquer d'évoquer pour nous respectivement l'objection et la fugue pathologiques.

Ces mises au point effectuées, nous sommes en mesure dès à présent d'intégrer au plan du droit la classification szondienne des psychopathies de contact, construite autour des concepts de *Sucht* et *Haltlosigkeit*.

TRAITEMENT NATUREL	prix $\rightarrow$ bien sériation indéfinie		
Troubles	*dépression*		
TRAITEMENT CULTUREL	TIMOLOGIE réglementant	règlement $\rightleftarrows$ immanence et réciprocité des faces	CHREMATOLOGIE réglementé
Troubles	*Haltlosigkeit*		*Sucht*

3. Libertinage et toxicomanie

La transposition analogique du plan du langage à celui du droit, à laquelle nous nous sommes strictement conformé jusqu'ici, nous impose cependant de poursuivre cette déconstruction conceptuelle au-delà de la distinction des faces

116. Gagnepain [1991, p. 183].
117. Mélon in Mélon & Lekeuche [1989, pp. 65 & 68].
118. Gagnepain [1991, pp. 209 & 206].
119. Les termes sont de Gagnepain [ibid., p. 193].
120. Mélon in Mélon & Lekeuche [1989, p. 69].
121. Kinable [1984, p. 157]

du règlement, analogue axiologique du signe langagier. Remémorons-nous tout d'abord la classification définitive proposée à titre d'hypothèse par Gagnepain[122]:

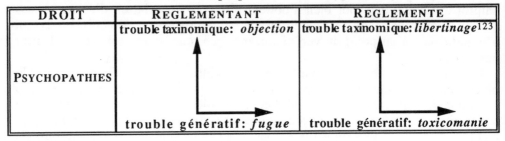

DROIT	REGLEMENTANT	REGLEMENTE
PSYCHOPATHIES	trouble taxinomique: *objection* trouble génératif: *fugue*	trouble taxinomique: *libertinage*[123] trouble génératif: *toxicomanie*

La tâche à laquelle nous devons maintenant nous consacrer est la suivante: est-il possible de rapporter aux axes taxinomique et génératif, plutôt qu'aux faces timologique et chrématologique, les distinctions szondiennes entre passion maladive et perte de la (re)tenue, de la même manière qu'il a fallu redistribuer sur ceux-ci les aphasies décrites depuis Broca et Wernicke respectivement comme des troubles phonologiques et sémiologiques? Je me bornerai à effectuer cette dissociation supplémentaire dans le seul cas des troubles de la consommation, les psychopathologies timologiques ne nous intéressant ici qu'indirectement

Outre la distinction fondamentale entre *Sucht* et *Haltlosigkeit*, il existe en effet une forme "moins pure" de passion maladive et élective, puisque, tout en étant déterminée par la tendance principale à l'accrochage, elle l'est tout autant par le facteur le plus actif dans la perte de la tenue[124]. Cette "forme" de psychopathie, dite très judicieusement «abus ou fête de plaisir»[125], n'est autre que le libertinage, trouble axialement complémentaire de la toxicomanie dans le modèle proposé par Gagnepain et est décrite, du côté szondien, comme «marqué[e] par le sceau d'une avidité [qui] ... met les bouchées doubles et mange à tous les rateliers ... selon le postulat qu'il n'existe rien qui puisse échapper, se dérober à l'entreprise consommatoire ... Tout est disponible et tout le disponible peut s'obtenir, n'importe quoi peut convenir à ma satisfaction»[126]. On parle également de «l'entretien d'un état de fête perpétuelle», d'un «mode de contact ... sans renoncement , qui tend à ce que tout puisse se consommer indifféremment. Il s'agit, en somme, de «faire varier à l'infini les versions possibles d'une expérience sensible/sensuelle, d'en parcourir toutes les variétés»[127].

---

122. Cf. Gagnepain [1984, VI]
123. Contrairement à son usage traditionnel, le terme ne désigne ici nullement un trouble spécifique de l'analyse de la sexualité mais bien plutôt de la liberté, entendue comme cette prise de distance par rapport à la satisfaction qui caractérise le vouloir humain.
124. Il s'agit du clivage C++. La *Sucht* est caractérisée testologiquement par le clivage C- +, la *Haltlosigkeit* par C+-.
125. Kinable [1984, p. 222].
126. Id., ibid., p. 223.
127. Id., ibid., pp. 224, 229 & 230.

Nous pouvons maintenant résumer le chemin jusqu'ici parcouru dans la remise en question de la classification szondienne des psychopathies et constater que nous avons bien opéré, dans le cas des troubles chrématologiques, des transformations analogues à celles qui ont été imposées au plan du langage à la classification des aphasies.

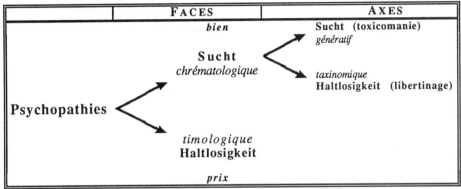

CONCLUSION: COCKTAIL OU OVERDOSE ...

Nous voilà parvenus au terme d'un long parcours qui nous aura notamment permis de montrer la pertinence de la théorie de la médiation en psychopathologie, puisque les hypothèses formulées par Gagnepain dans ce domaine s'avèrent recouper largement les conceptions nosographiques de Freud et de Szondi, et contribuent parfois même à en éclairer certains points restés flous. Cependant, une telle validation par comparaison de modèles reste épistémologiquement fragile et ne représente en aucune façon une preuve éclatante comme serait seule en mesure d'en apporter l'expérimentation clinique, à laquelle il convient désormais de se consacrer.

En ce qui concerne les toxicomanies qui, dans ce texte, ont particulièrement retenu notre attention, le retour à la clinique impose d'abandonner l'effort d'abstraction et de généralisation jusqu'ici fourni — travail préliminaire loin d'être inutile puisqu'il nous aura donné l'occasion de jeter les bases d'une possible expérimentation — pour réintroduire les notions d'objet- et de problème-drogue dont nous avions pourtant dû contester la pertinence théorique: c'est en effet le toxicomane tel qu'il est socialement défini que l'on cherchera de préférence à utiliser comme résistance clinique à la théorie, c'est-à-dire l'individu qui s'intoxique au moyen de substances illicites ou qui abuse de produits dont la consommation est socialement réglementée. Certes, puisque la nature du projet ne détermine en rien l'analyse du vouloir et ses dysfonctionnements, l'adolescent boulimique, le joueur impénitent ou le travailleur forcené sont incontestablement des sujets d'expérimentation tout aussi valables en clinique chrématologique que l'alcoolique ou l'héroïnomane. Mais ce serait oublier que l'éclatement nosographique précédemment mentionné des psychopathies se traduit socialement par la multiplication des institutions de traitement pour toxicomanes: l'appareil judiciaire — maison d'arrêt ou de redressement — en absorbe un bon nombre, mais aussi l'hôpital et les services psycho-, médico-et/ou sociaux, sans oublier les débits de boisson et autres lieux de tolérance qui contribuent, chacun à leur manière, au marquage social et à la prise en charge de ces malades.

S'il est plus prudent de limiter une expérimentation clinique aux établissements spécialement aménagés à leur intention, c'est-à-dire aux centres de cure ou de post-cure, c'est parce que la probabilité de rencontrer un nombre important de toxicomanes "vrais" y est la plus grande.

Dans de tels centres, la population hébergée devrait se répartir comme suit: après avoir exclu les patients qui présentent des comportements toxicomaniaques secondaires, compensatoires d'un autre trouble psychiatrique, les psychopathes chrématologiques tendraient à se différencier en deux groupes exclusifs l'un de l'autre: d'une part, les *toxicomanes essentiels*[128] qui souffrent d'une incapacité de s'arrêter mais pas de choisir un projet et, d'autre part, les *polytoxicomanes* ou libertins, incapables de choisir mais pas de s'arrêter de consommer, ces deux catégories, toxicomanie essentielle et libertinage, étant les analogues au plan du droit des aphasies sémiologiques de Broca et de Wernicke.

Le concept de toxicomanies se trouve de la sorte aussi rigoureusement délimité et déconstruit que celui d'aphasies sémiologiques. Il reste à concevoir et à soumettre à l'épreuve de la clinique des *éthiques élémentaires induites,* aptes à mettre en évidence le fonctionnement perturbé de la consommation chez les toxicomanes et corroborer ainsi partiellement le modèle axiologique.

OUVRAGES CITES

BERCHERIE (P.) [1983] **Les fondements de la clinique**, t. II, **Genèse des concepts freudiens,** Navarin, coll. «Bibl. des Analytica», Paris
BERGERET (J.) [1975] **La dépression et les états-limites,** Payot, Paris
— [1976²] (sous la dir. de) **Abrégé de psychologie pathologique théorique et clinique,** Masson, Paris
— [1980] (sous la dir. de) **Le toxicomane et ses environnements,** PUF, Paris
— [1986²] **Toxicomanie et personnalité,** PUF, coll. «Que sais-je?», Paris (1è éd. 1982)
BRACKELAIRE (J.-L.) [1990] **Le corps en personne. A la frontière naturelle de la sociologie** in **Anthropo-logiques 3, En corps le langage,** 1991, pp. 141-204

---

128. Au sens que Lekeuche donne à ce terme.

BREUER (J.) [1895] **Mademoiselle Anna O.**, in BREUER (J.) & FREUD (S.), **Etudes sur l'hystérie**, pp. 14-35, trad. BERMAN (A.), PUF, coll. «Bibl. de psychanalyse», 1989[9]
BUYTENDIJK (F. J. J.) [1952] **Traité de psychologie animale**, trad. FRANK-DUQUESNE (A.), PUF, coll. «Logos», Paris
COOPER (D.) [1967] **Psychiatrie et anti-psychiatrie**, trad. BRAUDEAU (M.), Seuil, coll. «Points», Paris, 1970
CORNET (J.) [1971] *Doctrine szondienne des clivages du moi* in **Rev. de Psychol. et des Sc. de l'Educ.**, 1971, VI, 4, pp. 456-464
DAYAN (M.) [1985] **Les relations au réel dans la psychose**, PUF, coll. «Bibl. de psychanalyse», Paris
DERI (S.) [1948] **Introduction to the Szondi Test. Theory and Practice**, Grune & Stratton, New York
DUCROT (O.) & TODOROV (T.) [1972] **Dictionnaire encyclopédique des sciences du langage**, Seuil, coll. «Points», Paris
EY (H.) [1968] *Mouvements doctrinaux de la psychiatrie contemporaine* in **Encycl. Méd.-Chir.**, 37005 A[30], pp. 1-7
—, BERNARD (P.) & BRISSET (C.) [1967[3]] **Manuel de psychiatrie**, Paris, Masson
FOUCAULT (M.) [1976] **Histoire de la sexualité**, t. I, **La volonté de savoir**, Gallimard, coll. «Bibl. des Histoires», Paris
FREUD (S.) **Gesammelte Werke**, Imago Publishing, Londres, 1940. *Traductions françaises citées:*
— [1890] **Traitement psychique (traitement d'âme)** in **Résultats, idées, problèmes**, t. I, pp. 1-23, trad. BORCH-JACOBSEN (P.), KOEPPEL (P.) & SCHERRER (F.), PUF, coll. «Bibl. de psychanalyse», Paris, 1988[3]
— [1891] **Contribution à la conception des aphasies. Une étude critique**, trad. VAN REETH (C.), PUF, coll. «Bibl. de psychanalyse», Paris, 1988
— [1893a] **Quelques considérations pour une étude comparative des paralysies motrices organiques et hystériques** in **Résultats, idées, problèmes**, t. I, pp. 45-59, PUF, coll. «Bibl. de psychanalyse», Paris, 1988[3]
— [1893b] **Charcot** in **Résultats, idées, problèmes**, t. I, pp. 61-73, trad. ALTOUNIAN (J.), BOURGUIGNON (A & O.), GORAN (G.), LAPLANCHE (J.) & RAUZY (A.), PUF, coll. «Bibl. de psychanalyse», Paris, 1988[3]
— [1894a] **Les névropsychoses de défense** in OCF.P, t. III, pp. 1-18, trad. ALTOUNIAN (J.) & BOURGUIGNON (A), PUF, Paris, 1989
— [1894b] **Qu'il est justifié de séparer de la neurasthénie un complexe de symptômes déterminé en tant que «névrose d'angoisse»** in OCF.P, t. III, pp. 28-58, trad. STUDE-CADIOT (J.) & GANTHELIER (F.-M.), PUF, Paris, 1989
— [1895] **La mélancolie** in **La naissance de la psychanalyse. Lettres à Wilhelm Fließ, notes et plans**, manuscrit G, 07.01.1895, pp. 91-97, trad. BERMAN (A.), PUF, coll. «Bibl. de psychanalyse», Paris, 1991[6]
— [1896a] **L'hérédité et l'étiologie des névroses**, in OCF.P, t. III, pp. 105-120, PUF, Paris, 1989
— [1896b] **Nouvelles remarques sur les névropsychoses de défense** in OCF.P, t. III, pp. 121-146, trad. ALTOUNIAN (J.), BOURGUIGNON (A.), COTET (P.) & LAPLANCHE (J.), PUF, Paris, 1989
— [1896c] **Lettre à Fließ du 01.03.1896** in **La naissance de la psychanalyse. Lettres à Wilhelm Fließ, notes et plans**, pp. 140-142, trad. BERMAN (A.), PUF, coll. «Bibl. de psychanalyse», Paris, 1991[6]
— [1897a] **Résumés des travaux scientifiques du Dr Sigm. Freud, Privatdocent. 1877-1897** in OCF.P, t. III, pp. 181-213, trad. DORON (J. & R.), PUF, Paris, 1989
— [1897b] **Lettre à Fließ du 22.12.1897** in **La naissance de la psychanalyse. Lettres à Wilhelm Fließ, notes et plans**, pp. 211-213, trad. BERMAN (A.), PUF, coll. «Bibl. de psychanalyse», Paris, 1991[6]
— [1898] **La sexualité dans l'étiologie des névroses**, in OCF.P, t. III, , pp. 215-240, trad. ALTOUNIAN (J.), BOURGUIGNON (A.), COTET (P.) & RAUZY (A.), PUF, Paris, 1989

— [1905] **Trois essais sur la théorie de la sexualité**, trad. REVERCHON-JOUVE (B.) rev. par LAPLANCHE (J.) & PONTALIS (J.-B.), Gallimard, coll. «Folio/Essais», Paris, 1985

— [1908] **La morale sexuelle civilisée et la maladie nerveuse des temps modernes** in **La vie sexuelle**, pp. 28-46, trad. BERGER (D.), PUF, coll. «Bibl. de psychanalyse», Paris, 1977³

— [1912] **Pour introduire la discussion sur l'onanisme** in **Résultats, idées, problèmes**, t. I, pp. 175-186, trad. ALTOUNIAN (J.), BOURGUIGNON (A.), COTET (S.) & RAUZY (A.), PUF, coll. «Bibl. de psychanalyse», Paris, 1988³

— [1914] **A propos de l'histoire d'une névrose infantile** in **OCF.P**, t. XIII, pp. 1-118, trad. ALTOUNIAN (J.) & COTET (P.), PUF, Paris, 1988 (1ère éd. orig. 1918)

— [1915a] **Le refoulement** in **OCF.P**, t. XIII, pp. 187-202, trad. ALTOUNIAN (J.), BOURGUIGNON (A.), COTET (P.) & RAUZY (A.), PUF, Paris, 1988

— [1915b] **L'inconscient** in OCF.P, t. XIII, pp. 203-242, trad. ALTOUNIAN (J.), BOURGUIGNON (A.), COTET (P.) & RAUZY (A.), PUF, Paris, 1988

— [1923] **L'organisation génitale infantile** in **La vie sexuelle**, pp. 113-116, trad. LAPLANCHE (J.), PUF, coll. «Bibl. de psychanalyse», Paris, 1977³

— [1924a] **Névrose et psychose** in **Névrose, psychose et perversion**, pp. 283-286, trad. GUERINAU (D.), PUF, coll. «Bibl. de psychanalyse», Paris, 1990⁷

— [1924b] **Le problème économique du masochisme** in **Névrose, psychose et perversion**, pp. 287-297, trad. LAPLANCHE (J.), PUF, coll. «Bibl. de psychanalyse», Paris, 1990⁷

— [1924c] **La perte de la réalité dans la névrose et dans la psychose** in **Névrose, psychose et perversion**, pp. 299-303, trad. GUERINAU (D.), PUF, coll. «Bibl. de psychanalyse», Paris, 1990⁷

— [1927] **Le fétichisme** in **La vie sexuelle**, pp. 133-138, trad. BERGER (D), PUF, coll. «Bibl. de psychanalyse», Paris, 1977³

— [1931] **Des types libidinaux** in **La vie sexuelle**, pp. 156-159, trad. BERGER (D), PUF, coll. «Bibl. de psychanalyse», Paris, 1977³

— [1932] **Nouvelles conférences d'introduction à la psychanalyse**, trad. BERMAN (A.), Gallimard, Paris, 1936

— [1938] **Abrégé de psychanalyse**, trad. BERMAN (A.) rev. par LAPLANCHE (J.), PUF, coll. «Bibl. de psychanalyse», Paris, 1985¹⁰

GAGNEPAIN (J.) [1982] **Du vouloir dire. Traité d'épistémologie des sciences humaines**, t. I, **Du signe. De l'outil**, Pergamon, Paris

— [1984] **Les conditions de l'expérimentation et autres séminaires 1983-84**, texte dactylographié inédit, Université de Haute-Bretagne (Rennes 2), Rennes

— [1991] **Du vouloir dire. Traité d'épistémologie des sciences humaines**, t. II, **De la personne. De la norme**, Livre & Communication, coll. «Epistémologie», Paris

GIOT (J.) [1988] *De Saussure à Gagnepain* in **Anthropo-logiques** 1, 1988, pp. 73-92

GUYARD (H.) & MASSON (V.) [1990] *Le genre grammatical dans l'aphasie. L'utilisation de l'intelligence artificielle* in NESPOULOS (J.-L.) & LECLERC (M.) (sous la dir. de) **Linguistique et neuropsycholinguistique: tendances actuelles**, Société de Neuropsychologie de Langue Française éd., Paris, 1990

JAKOBSON (R.) [1956] *Deux aspects du langage et deux types d'aphasies* in **Essais de linguistique générale**, pp. 43-67, trad. RUWET (N.), Minuit, coll. «Arguments», Paris, 1963

— [1961] *Linguistique et théorie de la communication* in **Essais de linguistique générale**, pp. 131-154, trad. RUWET (N.), Minuit, coll. «Arguments», Paris, 1963 (1è éd. orig. 1964)

— [1963a] *Vers une typologie linguistique des troubles aphasiques* in **Langage enfantin et aphasie**, pp. 155-173, trad. BOONS (J.-P.) & ZYGOURIS (R.), Flammarion, coll. «Champs», Paris, 1969

— [1963b] *Types linguistiques d'aphasies* in **Langage enfantin et aphasie**, pp. 155-173, trad. BOONS (J.-P.) & ZYGOURIS (R.), Flammarion, coll. «Champs», Paris, 1969

KINABLE (J.) [1984] **Abords de la psychopathie**, Cabay, coll. «Cahiers des Archives Szondi», Louvain-la-Neuve

LALANDE (A.) (sous la dir. de) [1988¹⁶] **Vocabulaire technique et critique de la philosophie**, Paris, PUF (1ère éd. 1926)

LAPLANCHE (J.) & PONTALIS (J.-B.) [1967] **Vocabulaire de la psychanalyse**, PUF, Paris

LE BOT (M.-C.) [1985] *L'aphasie ou le paradoxe du phénomène* in **Tétralogiques 2, Pour une linguistique clinique**, pp. 5-36

—, DUVAL (A.) & GUYARD (H.) [1984] *La syntaxe à l'épreuve de l'aphasie* in **Tétralogiques 1, Problèmes de glossologie**, pp. 33-48

LEGRAND (M.) [1979] **Leopold Szondi, son test, sa doctrine**, Mardaga, coll. «Psychologie et sciences humaines», Bruxelles

LEKEUCHE (P.) [1987] *Le traitement de la toxicomanie comme réactivation des médiateurs pulsionnels. Une contribution szondienne* in **Fortuna 3**, pp. 44-64

— [1991] *Vers une métapsychologie du toxicomaniaque*, communication au **XIIè Congrès international de l'I.F.S.P.**, Liège, 02.10.1991 in **Anthropo-logiques 4**, 1992

LEMPERIERE (T.), FELINE (A.), GUTMANN (A.), ADES (J) & PILATE (C.) [1985²] **Psychiatrie de l'adulte**, Paris, Masson, coll. «Abrégés de médecine» (1ère éd. 1977)

LE POULICHET (S.) [1987] **Toxicomanies et psychanalyse. Les narcoses du désir**, PUF, coll. «Voix nouvelles en psychanalyse», Paris

LESCALIER (I.) [1990] **Névroses actuelles et troubles de l'humeur. Tentative d'articulation patho-analytique**, mémoire dactylographié inédit, Université Catholique de Louvain, Louvain-la-Neuve

MELON (J.) [1975] **Théorie et pratique du Szondi**, Presses Universitaires de Liège, Liège

— & LEKEUCHE (P.) [1989²] **Dialectique des pulsions**, Academia, coll. «Bibl. de pathoanalyse», Louvain-la-Neuve (1è éd. 1982)

OLIEVENSTEIN (C.) [1977] **Il n'y a pas de drogués heureux**, Laffont, Paris

— [1987] *La dépendance: un phénomène psychique actif* in **La clinique du toxicomane**, pp. 13-24, Editions universitaires, Paris

— [1991³] *L'enfance du toxicomane* in **La vie du toxicomane**, pp. 5-33, PUF, coll. «Nodules», Paris (1è éd. 1982)

PIRARD (R.) [1988] *Un pont-aux-ânes égologique: la reconnaissance de l'image spéculaire* in **Anthropies. Prolégomènes à une anthropologie clinique**, pp. 97-120, De Boeck-Université, coll. «Bibl. de pathoanalyse», Bruxelles, 1991

— [1991] *L'insoutenable légèreté de l'être dans l'existence psychotique* in **Anthropies. Prolégomènes à une anthropologie clinique**, pp. 121-134, De Boeck-Université, coll. «Bibl. de pathoanalyse», Bruxelles

POELLAER (J.-M.) **Cours sur Szondi**, texte dactylographié inédit, Université Catholique de Louvain, Louvain-la-Neuve

ROSOLATO (G.) [1967] *Etude des perversions à partir du fétichisme* in **Le désir et la perversion** (ouvrage collectif), pp. 9-40, Seuil, coll. «Points», Paris

SAUSSURE (F. DE) [1916] **Cours de linguistique générale** (éd. T. DE MAURO), Payot, Paris, 1972

SCHOTTE (J.) [1963] *Notice pour introduire le problème structural de la Schicksalsanalyse* in **Szondi avec Freud. Sur la voie d'une psychiatrie pulsionnelle**, pp. 21-75, De Boeck-Université, coll. «Bibl. de pathoanalyse», Bruxelles, 1991

— [1977] **La négativité à l'oeuvre dans l'ensemble des phénomènes humains. Sa coll. «systématisation» à la lumière de l'oeuvre de Jean Gagnepain**, extrait d'un cours, texte dactylographié inédit, Université Catholique de Louvain, Louvain-la-Neuve

— [1979] *Fantasmes originaires, nosographie psychiatrique et positions personnelles* in **Szondi avec Freud. Sur la voie d'une psychiatrie pulsionnelle**, pp. 143-172, De Boeck-Université, coll. «Bibl. de pathoanalyse», Bruxelles, 1991 (1è publ. 1984)

— [1982] *Comme dans le vie en psychiatrie... Les perturbations de l'humeur comme troubles de base de l'existence* in **Szondi avec Freud. Sur la voie d'une psychiatrie pulsionnelle**, pp. 173-213, De Boeck-Université, coll. «Bibl. de pathoanalyse», Bruxelles, 1991

— [1988] **De la névrose obsessionnelle. Innovation nosographique et moteur du développement de la psychanalyse freudienne (des débuts à 1910)**, cours dactylographié inédit, Université Catholique de Louvain, Louvain-la-Neuve

SCHOTTE (J.-C.) [1992] *Concept mythique, concept scientifique en anthropologie clinique. Essai de sémantique glossologique* in **Anthropo-logiques** 4

SNOY (T.) [1990] **La parole ne vaut rien puisqu'on la donne. Approche du discours toxicomaniaque**, texte dactylographié inédit, Bruxelles

SZONDI (L.) [1963] **Introduction à l'analyse du destin**, t. II, **Psychologie spéciale du destin**, trad. MELON (J.), POELLAER (J.-M.) & VAN REETH (C.), Nauwelaerts, coll. «Pathei Mathos», Louvain-Paris, 1984

VALLEUR (M.) [1987] *Hédonisme—ascèse—ordalie* in OLIEVENSTEIN (C.) (éd.) **La clinique du toxicomane**, Editions universitaires, pp. 45-49, Paris

** [1989] **DSM-III-R. Manuel diagnostique et statistique des troubles mentaux**, trad. GUELFI (J. D.) & al., Masson, Paris

Anthropo-logiques 4, 1992, 121-134.

«L'enfant en quête», de Winnicott

Un mode de penser les paradoxes, périls et horreurs de la relation adulte - enfant[*]

Xavier RENDERS [**]

Mon propos est d'aborder la difficulté de penser notre relation à l'enfant.

L'enfant m'apparaît, dans ma réflexion et mon rapport à lui, et peut-être de plus en plus, dérangeant, déconcertant et périlleux. Et cependant quelque chose en lui ne cesse de me mobiliser, me met au travail. Paradoxal enfant.

Je vous propose quelques réflexions personnelles introductives, pour nous tourner ensuite vers Winnicott, goûteur de paradoxes qui en possède plus d'un dans son sac. Nous nous arc-bouterons sur sa notion d'enfant en quête et la modélisation qu'il esquisse de l'espace intermédiaire ou potentiel à l'intérieur duquel il invite l'enfant à se mouvoir.

I. TROIS REFLEXIONS INTRODUCTIVES

A. La première est de Freud. Trois tâches, dit-il dans «L'analyse finie et l'analyse infinie»[1], sont impossibles à l'homme: gouverner, analyser et éduquer. Si Freud les rapproche, c'est qu'il les conçoit comme analogues. A chaque fois, ne s'agirait-il pas pour lui d'ouvrir au citoyen, au patient, à l'enfant un espace de liberté, un espace de désir ou de les élargir?

Mais pour ce faire, quadrature de cercles, il n'est d'autre voie *que de les vouloir d'abord pour l'autre*. Projet du politique, attente des parents, désir de l'analyste: n'en déplaise aux dénonciateurs de doubles liens, il s'agit bien, au

---

[*] Exposé présenté le 18 janvier 1991 lors du séminaire de psychiatrie générale (Service de Psychiatrie, Faculté de Médecine, Université Catholique de Louvain).

[**] Docteur en psychologie, psychothérapeute d'enfants. Professeur à la Faculté de Psychologie et des Sciences de l'Education de l'Université Catholique de Louvain. Directeur du Centre Chapelle aux Champs (Faculté de Médecine).

1. FREUD, Sigmund, L'analyse finie et l'analyse infinie, *Le sac de sel,* s.d., s.e., p. 42 (1ère publ. all. 1937).

départ en tout cas, d'impératifs des plus catégoriques, «exprime-toi», «sois spontané», «sois désirant».

En éducation, il y a là, on le conçoit, de quoi faire reculer les meilleurs[2]. Même effroi de l'analyste devant son acte, redoublé s'il analyse des enfants. On en reparlera. Pour ce qui est du politique, on connaît le mot de Churchill pour qui la démocratie est le pire des régimes, à l'exclusion de tous les autres. Si le politique, ô comble, est ministre des enfants, de l'éducation des enfants, l'attrait du vide est tout proche, on l'a observé voici peu en Belgique francophone.

Impossible gouvernement, impossible éducation, impossible analyse. Impossibles engagements surtout dans leur exercice avec les enfants. Et grands sont les risques d'abandonner la partie pour s'en sortir. Autant savoir.

B. Deuxième réflexion, elle est de Fields, cinéaste américain. «Celui qui déteste les animaux et les enfants ne peut être tout à fait mauvais», nous dit Fields.

Voilà la haine de l'enfant, dirais-je en ne forçant qu'un peu, promue au rang d'éthique. Et pourquoi pas? Fields se méfie de l'amour d'enfant. Il en perçoit les pièges ou plutôt le leurre. Une mythologie de l'amour d'enfants s'est constituée en Occident ces derniers siècles, nous dit Ariès, selon laquelle l'enfant a besoin d'amour plus que de tout autre chose[3]. Il faut l'aimer et l'entourer: mythologie du soin, de l'attention, de l'affection dus à l'enfant.

La tendresse à l'égard de l'enfant, certes, a de tout temps existé, mais elle est aujourd'hui enflée par le discours social, fixée impérativement par lui. L'amour d'enfant est devenu ce qu'on nomme une représentation culturelle, fragment de l'image que notre société cherche à se donner d'elle. Nombreuses en sont les raisons, historiques, qu'Ariès a bien mises en évidence[4], mais aussi économiques, sociales, religieuses.

Fields n'est pas psychanalyste. Il ignore le concept de formation réactionnelle. Il n'en ignore pas la réalité. Il devine ce que cache mais aussi ce que manifeste un tel ordre d'amour, une telle institution. L'autre face de l'amour, si proche d'elle, Fields la lit en filigrane, c'est la haine.

L'amour d'enfant érigé en idéal social fait assurément régresser l'infanticide en Occident. On ne peut s'en plaindre. Il entraîne dans sa foulée une répression du sentiment de haine au niveau social, un refoulement de la pulsion au niveau des individus. Bien entendu, il ne les supprime pas.

Fields ose lever le voile de la haine d'enfant. Elle est là. Plus, dit-il, celui

---

2. SARTRE, dans *l'Etre et le Néant:* «Une éducation sévère traite l'enfant en instrument, puisqu'elle tente de le plier par la force à des valeurs qu'il n'a pas admises; mais une éducation libérale, pour user d'autres procédés, n'en fait pas moins un choix a priori des principes et des valeurs, au nom desquels l'enfant sera traité» (SARTRE, Jean-Paul, *L'Etre et le Néant,* Paris, Gallimard, 1943, p. 480).
3. ARIES, Philippe, *L'enfant et la vie familiale sous l'Ancien Régime,* Paris, Plon, 1960 (réed.: Seuil, coll. UH, 1973).
4. Au rang desquelles le grand nombre d'infanticides secrètement admis, que l'entreprise occidentale de moralisation cherche à interdire avec une netteté accrue au XVIIIème siècle.

qui déteste l'enfant ne peut être tout à fait mauvais. Je réfléchis à cette phrase: elle porte bien plus qu'une reconnaissance de la vérité des sentiments, de quelque chose comme une ambivalence à l'égard de l'enfant (il me pompe, il m'use, il m'agace, mais je l'aime).

Non, il s'agit d'autre chose: à un premier niveau, d'une condition de possibilité de l'amour de l'adulte à l'égard d'un enfant: *l'enfant ne peut se sentir aimé par l'adulte que s'il a réussi à en être haï*. Plus profondément, il s'agit d'une condition de possibilité de la haine de l'enfant à l'égard de l'adulte, repérée d'ailleurs par Winnicott dans le cadre de toute relation analytique[5]: *l'enfant ne peut haïr l'adulte que s'il s'est senti suffisamment haï par lui*.

Permettre cette haine-là à l'enfant n'est pas le moindre don qu'on puisse lui faire car, nous le savons, c'est à son prix que peut se jouer le détachement d'un enfant, sa prise d'écart. Fields a vraiment raison, pas mauvais du tout, cet adulte-là. Mais qui peut penser la haine comme don à l'enfant? Qui l'ose?

C. Troisième réflexion qui, d'une certaine façon, prolonge la précédente. Disons qu'elle est mienne, qu'elle est nôtre, qu'elle pourrait être celle de tout citoyen du monde. Notre société riche, on l'a dit, enjoint aux familles d'aimer l'enfant. Elle va plus loin. Si elle est riche d'argent et de technologie, l'enfant, lui, est un bien rare et précieux, capital à préserver et à protéger. Il devient dès lors prince de soins et d'éducation.

On voit se multiplier autour de lui, spécialement ces vingt dernières années, quantité d'experts qui se bousculent à son service: psychologues, pédiatres, éducateurs spécialisés, thérapeutes. Ces professions neuves sont elles-mêmes en élaboration permanente, allongent et complexifient les études qui y conduisent. Nous sommes ici payés pour le savoir, pour le faire ou pour le subir.

Les défauts de développement de l'enfant, nous les épions; ses retards, nous les dépistons; ses compétences, nous les évaluons et les stimulons; ses malaises, les comprenons et les traitons. L'enfant aujourd'hui ô combien désiré, attendu, préparé, il s'agit de le réussir, ou comme le dit Martens "de ne pas le rater"[6]. Biologiquement, pédagogiquement, psychologiquement.

Au risque de scier l'arbre, on ne peut esquiver la question: n'allons-nous pas trop loin dans la multiplication de nos services, institutions, interventions, au bénéfice de l'enfant? N'allons-nous pas trop loin dans ce que nous faisons et sommes pour lui?

L'enfant devenu à ce point celui du souci, des préoccupations, des angoisses de l'adulte, espoir dans ses attentes, réponses à ses théories de l'humain ou encore, comme le dit Vonèche, professeur de psychologie à l'Université de Genève[7], relation de soi à soi, miroir de l'adulte (nous reviendrons sur plusieurs

---

5. WINNICOTT, Donald, La haine dans le contre-transfert (1947), in *De la pédiatrie à la psychanalyse*, Paris, Petite Bibliothèque Payot,1978, p. 54.
6. MARTENS, Francis, Psychothérapie, enfance, société, *Revue PMS*, 1980, I, 10, p. 28.
7. VONECHE, Jacques, La place de l'enfant dans la société, in LAMESCH Alfred (éd.), *L'enfant dans la société d'aujourd'hui*, Bruxelles, Editions de l'Université Libre de Bruxelles, 1990, pp. 23-31.

de ces idées), quelle place est encore la sienne, celle de sa vie de pensée, de parole, de désir? Nos exercices professionnels de plus en plus sophistiqués ne sont-ils pas une forme de désaveu de son être, oserais-je dire le mot, de violence?

Face à nous, et à nous opposée, la mer immense de l'humanité Sud, la situation abominable de l'enfant dans les pays pauvres. Je lis il y a quelques jours un article d'Isabelle Vichniac, rédactrice au *Monde,* paru dans l'excellent petit livre de l'Université Libre de Bruxelles, *L'enfant dans la société d'aujourd'hui* [8]. Titre de l'article: «Traite, esclavage, prostitution des enfants»[9]. On sait. On oublie. On ferme les yeux parce que la réalité est d'une horreur insupportable. Deux chiffres: quarante mille enfants meurent chaque jour de faim dans le monde, un million d'enfants sont réduits à l'esclavage.

Des enfants de 7, 8 ans vendus par des parents misérables ou kidnappés sur les trottoirs, contraints de se prostituer, séquestrés durant des années dans des bordels, à peine alimentés, battus, soumis aux caprices sexuels les plus monstrueux. Au Bengla-Desh, au Brésil, en Thaïlande, aux Philippines, au Sri Lanka, ailleurs. Par dizaines, par centaines de milliers. Et comme le souligne Vichniac, toute cette horreur n'existerait pas s'il n'y avait pas les clients qui viennent tous des pays riches, de nos pays, de mon pays, pour assouvir leurs vices, même si cela doit coûter la vie à leurs petites victimes.

Peut-on réunir en une seule pensée:
- d'un hémisphère (c'est le cas de le dire) l'enfant des pays riches, capital d'avenir, modélisé jusqu'à l'excès par le regard de l'adulte dont il est le reflet et en cela sans doute insuffisamment respecté dans sa spécificité et son indétermination;
- de l'autre, l'enfant des pays pauvres, réduit à l'état de déchet humain, écrasé sans la moindre médiation par la brutale mise en acte des pulsions d'adultes les plus pervers, d'adultes bien de chez nous?

Voilà au niveau géopolitique comme les deux versants actuels du rapport à l'enfant: le porter aux nues au Nord, aux enfers au Sud. L'enfant du Nord en position royale, celui du Sud en position d'esclave. Et par le même adulte, notre proche, qui sait, par nous-mêmes. Deux enfants aux conditions d'existence en diamétrale opposition. Et cependant, à y regarder de plus près, les deux attitudes ainsi décrites n'entretiendraient-elles pas quelque rapport de contiguïté? Ne procèderaient-elles pas de quelque façon d'un point commun qu'on pourrait désigner comme la tendance de l'adulte à chosifier l'enfant, à en faire sa chose? Scandale peut-être que de poser cette question.

---

8. LAMESCH, Alfred (éd.), *op. cit.*
9. VICHNIAC, Isabelle, Traite, esclavage, prostitution des enfants, in LAMESCH, Alfred (éd.), *op. cit.,* pp. 131-139.

Résumons nos trois réflexions introductives :
- on ne peut, en éducation, laisser un enfant conquérir un espace de liberté, un espace de libre arbitre, dirait Cassiers[10], qu'en le voulant d'abord à sa place;
- en même temps, une des conditions de possibilité du devenir de l'enfant, si ce n'est *la* condition de possibilité pourrait bien être la reconnaissance par l'adulte de la haine qu'il lui porte;
- empli de bonne conscience à l'égard des moyens qu'il met en oeuvre autour de l'enfant, l'adulte de l'hémisphère Nord, s'il ouvre quelque peu les yeux, découvre qu'il fait de lui son or (!!), attitude finalement moins éloignée qu'il n'y paraît de celle de le traiter de merde quand il passe au cap Sud.

Que font apparaître ces réflexions ? Pour ce qui est des deux premières, des paradoxes auxquels est astreint l'adulte qui cherche à penser ou à définir son rapport à l'enfant. La dernière, les pièges ou l'horreur que lui livre, s'il veut bien le regarder, le rapport qu'il noue à l'enfant. Déployons ces deux registres.

II. LE RAPPORT A L'ENFANT: LIEU DE PARADOXE ET LIEU D'HORREUR.

A. Lieu de paradoxes

On pourrait certes brosser ce rapport paradoxal de l'adulte à l'enfant de bien des manières. Je vous propose celle-ci, qui constitue un double rapport paradoxal ou "carré paradoxal". L'enfant ne peut exister que par l'adulte, mais par un adulte de manque, s'admettant au négatif pourrions-nous dire. L'adulte ne peut exister que par l'enfant ou par l'enfance, mais par une enfance admise comme introuvable, elle aussi au négatif en quelque sorte.

1. *L'enfant ne peut exister que par l'adulte, que par le désir de l'adulte*

Déjà pour être conçu et naître, c'est évident, mais aussi pour se mettre à désirer lui-même. C'est la mère qui donne sens au premier cri de l'enfant, à son premier appel. C'est elle qui lui prête ses premiers mots, ses premières représentations, c'est elle qui le fait entrer dans la langue. Et elle ne peut le faire qu'à travers son désir inconscient. C'est ce que nous dit Lacan: «Le sujet, in initio, commence au lieu de l'Autre, en tant que là surgit le premier

10. CASSIERS, Léon, La déclaration des droits de l'enfant. Commentaires psychologiques, *Documents de la journée d'Etudes organisée le 30 novembre 1990 par le Centre de Droit de la Famille de l'U.C.L. (Prof. M. Th. MEULDERS-KLEIN) sur la Convention des droits de l'enfant et la Belgique.*

signifiant»[11]. Autre, pourrait-on ajouter, dont la place est généralement occupée en premier par la mère.

Cette prééminence du désir de l'adulte, Piera Castoriadis Aulagnier l'a bien mise en évidence dans son livre *La violence de l'interprétation:* «Le dire et le faire maternels anticipent toujours sur ce que l'infans peut en connaître»[12]. Mais ce désir de l'Autre, fort heureusement, ne se dit que sporadiquement à l'enfant. Il lui est pour partie inconnu. Et comme dit Lacan, c'est en ce point de manque que se constitue le désir du sujet.

Devant l'inconnue du désir de l'Autre, l'enfant se met à questionner: «Dis-moi quel est ton désir, que me veux-tu, che vuoi, qui suis-je pour toi», demande-t-il. Dès lors qu'il pose question, qu'il s'interroge, qu'il demande qu'on lui en dise plus, son propre désir se constitue. Il advient peu à peu comme sujet.

L'enfant sort de sa position d'infans, sort de sa position d'objet astreint à vivre dans les limites de la volonté de l'Autre en demandant à savoir; encore faut-il que l'adulte admette cette part d'inconnue de son propre désir, qu'il s'admette manquant dans son rapport à l'enfant, qu'il ne s'impose pas outrancièrement à lui pour le façonner à son image, etc...

L'enfant ne peut exister que par l'adulte, à condition que l'adulte se reconnaisse de manque.

2. *Mais l'adulte réciproquement ne peut exister que par l'enfant,* tout au moins l'enfance. C'est l'enfance qui inscrit l'homme dans l'histoire, qui lui donne sens, inaugure son humanité. L'enfant cause l'adulte. L'enfant, disait Freud, est le père de l'homme.

Pas étonnant alors, comme le dit Quentel[13], que l'adulte qui se pose la question de savoir «d'où viens-je, qui suis-je?», se tourne vers l'enfance. Enfance, cause ou objet du savoir de l'adulte sur lui-même.

En même temps, cause à jamais perdue, introuvable, non retrouvable. Freud s'en est aperçu: la remémoration ne peut rendre l'enfance qu'en une ligne déformée, tordue, brisée, reconstruite[14]. *Son enfance cause l'adulte, mais l'adulte ne peut en faire une réponse* à lui-même. Son enfance ne peut satisfaire le désir de savoir de l'homme. Sa question demeure ouverte, ce qui maintient force et vigueur à son désir et l'entraîne à relancer sa question à travers l'enfant qui suit... celui dont il sera le père, la mère, qui le prolongera, le continuera, l'historisant ainsi par l'autre bout.

---

11. LACAN, Jacques, *Le séminaire, livre XI, 1964, Les quatre concepts fondamentaux de la psychanalyse*, Paris, Seuil, 1973, p. 180.
12. CASTORIADIS-AULAGNIER, Piera, *La violence de l'interprétation*, Paris, Presses Universitaires de France, 1975, p. 36.
13. QUENTEL, Jean-Claude, Le concept d'enfant, ou l'enfant dimension de la personne, *Anthropo-logiques*, 2, 1989, p. 268.
14. Lire ici FREUD, Sigmund, Les modes de formation du symptôme, leçon 23 de l'*Introduction à la psychanalyse*, Paris, Petite Bibliothèque Payot, 1962 (1ère éd. all. 1916-1917).

Le désir d'en savoir plus de l'adulte se transmue ainsi en désir de paternité. Encore faut-il qu'il évite ici une autre dérive, celle qui consisterait à trouver en l'enfant dont il est père, réponse aux questions de sa propre vie, qu'il reconnaisse, cette fois, que l'enfant n'est pas là pour combler ses manques.

L'adulte ne peut exister que par l'enfance ou l'enfant à condition qu'il renonce à y trouver réponse.

B. Le rapport adulte-enfant: lieu de danger, lieu d'horreur

Pour déployer ce point, je vous propose de prendre le paradigme de la relation analytique, ni plus ni moins.

Ma thèse de doctorat intitulée *La demande de l'enfant en psychanalyse* [15] a été consacrée pour sa majeure partie à l'étude des figures importantes de l'histoire de la psychanalyse d'enfants: Hermine Hug-Hellmuth, Anna Freud, Mélanie Klein, l'homme d'aujourd'hui Donald Winnicott, Serge Lebovici, René Diatkine, Françoise Dolto. J'ai cherché à dégager quelle position subjective ces auteurs reconnaissent à l'enfant qu'ils reçoivent; plus fondamentalement qui donc, pour chacun d'eux, est cet enfant, quels sont les traits de son visage.

Un des thèmes à propos desquels je cherchais à repérer parentés et différences entre les auteurs était celui des particularités de la mise en présence d'un adulte et d'un enfant dans la rencontre analytique. La rencontre analytique adulte-enfant présente-t-elle des spécificités?

A ma grande surprise, ce thème était le seul où je voyais converger toutes leurs conceptions. Le sentiment partagé par tous les praticiens est celui-ci: *il y a danger dans cette rencontre.* Elle peut-être éprouvante, violente, voire explosive. Tous l'ont ressenti. Chacun souligne à sa manière la menace qui pèse sur cette relation, ce que j'appelerais ici de manière quelque peu enflée, mais à dessein, ses affres ou son horreur.

Voyons en quels termes.

Les premières psychanalystes d'enfant mettent toutes en évidence l'hostilité ou la méfiance de l'enfant. Anna Freud tout spécialement, parle sans cesse des embûches de cette rencontre. L'enfant est là à contre-coeur, décrit-elle, fort peu animé du désir ou de la liberté de parler et l'analyste, plongé dans la perplexité, ne sait comment aborder ces réticences.

M. Klein, bien qu'elle en situe les raisons sur un tout autre plan, fait le même constat de pénibilité: le rendez-vous avec cet étranger qu'est l'analyste peut soulever chez l'enfant une angoisse insoutenable. L'enfant névrosé,

---

15. RENDERS, Xavier, *La demande de l'enfant en psychanalyse*, Thèse de doctorat en psychologie défendue à l'Université Catholique de Louvain, 1989. Publiée aux Editions De Boeck-Université, Bruxelles, sous le titre *Le jeu de la demande*, 1991.

constamment à l'affût de mauvais parents, se replie fréquemment dans l'hostilité, la hargne ou le défi pour se protéger de la menace interne que constitue les premières mises en présence de l'analyste.

Winnicott nous alerte du même danger, mais d'une manière apparemment opposée. Méfions-nous, dit-il, des analyses où tout va bien: l'enfant parle, l'analyste comprend et interprète, le client acquiesce, tout le monde est content. Mais n'avons-nous pas mobilisé autre chose que le faux self psychonévrotique, ne l'avons-nous pas renforcé?

Winnicott reprend ici une idée maîtresse de Ferenczi quand ce dernier parle des dangers de la docilité ou de l'empressement du patient à l'égard de ce que lui apporte l'analyste[16].

Pour Lebovici et Diatkine, la rencontre analytique constitue un rapproché avec l'adulte dangereux et angoissant parce qu'excitant. Ce tête à tête est vécu par l'enfant comme une véritable situation de séduction dont l'enfant, précise Diatkine, se protège par des comportement agités, des provocations, des productions répétitives, un désinvestissement.

Françoise Dolto de son côté insiste maintes fois sur le fait que la psychothérapie peut être un véritable rapt ou viol si le thérapeute n'exprime pas clairement à l'enfant ce qu'est la cure, si l'enfant ne la souhaite pas vraiment.

Mais parmi les auteurs étudiés, Dolto est celle qui pointe le plus nettement l'autre face du danger de la relation analytique adulte-enfant, c'est-à-dire le danger pour l'adulte. Danger vécu probablement très intimement par tous les autres, mais peu formulé. La libido d'un enfant, dit-elle, est si puissante que bien des psychothérapeutes, insuffisamment analysés, peuvent s'en trouver déséquilibrés.

Tous ces auteurs parlent-ils du même danger ? Je pense que oui: le danger du détournement sexuel, de la séduction sexuelle d'un enfant par un adulte et d'un adulte par un enfant, avec la litanie d'angoisses qu'il suscite de part et d'autre. L'enfant n'est pas un innocent sexuel, Freud nous l'a enseigné. L'enfant réticent d'Anna Freud, l'enfant négatif de Klein, l'enfant faussement content de Winnicott, l'enfant agité de Diatkine, l'enfant en danger de rapt de Dolto sont autant d'enfants qui cherchent à mettre leur vie pulsionnelle à l'abri de la main-mise de l'adulte: leur vie de représentation, leur vie de pensée, leur vie de langage, leur vie de désir. Et tout spécialement, si l'adulte se montre bon, protecteur, aimant et aidant.

---

16. FERENCZI Sandor, Confusion de langue entre l'adulte et l'enfant. Le langage de la tendresse et de la passion, in *Psychanalyse 4*, Paris, Payot, 1982, pp. 125-135 (1ère publ. all. 1932). Nous reviendrons plus loin sur ce texte.

III. LA COURSE A LA PREMATURITE, VERITABLE NATURE DE L'ENFANT ?

Tentons à présent de rassembler tous ces éléments, de les mettre en lien, avant d'examiner l'articulation qu'en propose Winnicott. Le point axial est celui-ci: l'enfant exerce sur l'adulte un attrait, une fascination, une séduction, et vice-versa.

1. L'enfant, pour advenir, requiert l'intervention de notre subjectivité, appelle nos interprétations, notre parole porteuse et créatrice de sens. Et souvent très avidement, observons-le. En même temps, ce sens, cette parole, cet événement langagier que nous lui offrons et qui lui sont nécessaires, anticipent de loin sur sa capacité d'en reconnaître la signification, du moins celle que nous y mettons, et de la reprendre en l'instant à son compte. L'enfant va au devant d'événements avant qu'il ne lui soit possible de les comprendre.

L'enfant naît prématuré disait le biologiste Victor Bolk dans les années 20. Mais nous pourrions ajouter: il accentue cette prématuration, il la creuse, en se portant toujours en avant, en avance, trop tôt par rapport à ce qui lui est possible d'assumer[17]. Une manière d'exprimer le drame humain pourrait être celle-ci: pour devenir, l'enfant ne peut se passer de chercher l'effraction.

2. L'adulte, lui, est en admiration devant les performances, les compétences de l'enfant. La théorie de la médiation de Gagnepain a bien montré la précocité de sa participation au culturel: très vite il parle, très vite il utilise des outils, très vite il dessine, très vite il acquiert des normes.

Mais l'adulte ignore qu'il ne les a pas pour autant fait siennes, subjectivisées. Il les répète, s'en imprègne, est en voie d'appropriation. A cela s'ajoute que l'adulte est subjugué par cet enfant qui vient à lui, lui offre son impuissance en demande de sa propre puissance. Mais non sans limites, heureusement, nous allons le voir, limites qui constituent d'ailleurs une part du processus de subjectivation.

Quoi d'étonnant alors que cet adulte se leurrant d'une part sur le véritable statut des acquis de l'enfant, se sentant d'autre part appelé, sonné, soit *tenté d'en remettre*. De "surnourrir", gaver l'enfant. De lui prêter une adultéité, lui prêter surtout, on en a vu les raisons, son adultéité. De se retrouver en lui pour combler les manques qu'il pense être ceux de son enfance mais qui sont ceux de

---

17. Ceci rejoint, je pense, mais dans le registre non pathologique, la notion de progression traumatique pathologique ou de prématuration pathologique avancée par Ferenczi dans l'article précité et que l'on peut présenter ainsi : l'enfant ayant subi de la part de l'adulte une forte agression, par exemple sexuelle, peut soudain, sous la pression de l'urgence traumatique, exprimer toutes les émotions d'un adulte arrivé à maturité. C'est, porté à son extrême, le mouvement d'identification à l'agresseur, l'introjection de celui qui menace ou agresse.

son être adulte, défauts d'amour, défauts de savoir, défauts de jouissance. De faire de l'enfant l'objet des ses satisfactions, de le consommer.

3. Je dirais: tout est à l'oeuvre pour que s'installe le quiproquo, le malentendu, la confusion de langue entre l'adulte et l'enfant dont parle Ferenczi. On ne peut alors s'étonner qu'elle puisse produire des fruits de viol ou de violence. Au Nord davantage viol de sa vie de pensée et de représentation. Au Sud davantage viol de son intégrité corporelle. Dans les deux cas viol de sa sexualité au sens large que Freud nous a enseigné.

4. L'enfant subjectivise l'événement dans l'après-coup de son vécu. Les compétences, les représentations, les moeurs, le langage de l'enfant le précèdent. Il ne les fera siens que par un lent travail à lui propre. Mais je l'annonçais un peu plus haut: si le risque de malentendu ou de confusion plane inéluctablement, quelque chose en même temps fait bord chez l'enfant, fait limite à l'adulte, adulte qui, à son tour, ne le comprend pas toujours. C'est la rétraction, la méfiance, l'hésitation que mettaient en évidence les psychanalystes d'enfants, le retrait que l'enfant oppose à l'adulte pour réduire l'emprise de son geste ou de sa parole. Et ce non qu'il prononce représente, il va sans dire, une des dimensions de cette subjectivation.

5. L'adulte, pourrions nous conclure, tend à faire de l'enfant son égal, ou son futur égal. Mais il se trompe sur la nature de cette égalité. Si l'enfant est l'égal de l'homme, ce n'est justement pas par ses compétences, ses performances, ses apprentissages (toutes choses qu'on pourrait nommer gains positifs vers l'état de développement adulte); ce n'est justement pas par ses acquis psychogénétiques ou développementaux, aussi précoces fussent-ils. Bien plus au fond par ses refus, sa négativité, les embûches qu'il sème à l'adulte, j'oserais même ajouter ses symptômes ou maladies qui témoignent toujours d'un "trop". Car c'est en ces points qu'il démontre son mouvement de subjectivation, de créativité.

Toute l'oeuvre de Winnicott a tenté d'articuler cette complexité, de penser ce difficile rapport adulte-enfant. C'est la raison pour laquelle j'aime évoquer cet auteur.

IV. "L'ENFANT EN QUETE": EVOCATION DE QUELQUES CONCEPTS WINNICOTTIENS

Une des originalités de la pensée de Winnicott a été:
- d'oser définir la santé mentale;
- d'oser la définir pour un enfant en dehors et même parfois en opposition à ce qu'on pourrait appeler des étapes de normalité, acquis donnés à un moment donné;
- d'oser en déterminer les conditions de possibilité à partir d'un espace de rencontre ou de partage à l'intérieur duquel l'autre de la rencontre, l'adulte, est au moins aussi important par la place qu'il s'abstient d'occuper, par son abstinence, que par ses formes de présence.

A. La santé mentale

Winnicott oppose, on le sait, *health* et *sanity*. La fuite dans la santé *(sanity)*, c'est-à-dire l'absence de trouble, dit-il, n'est pas la santé *(health)*. En effet, la santé n'est pas pour lui un état, mais au contraire un processus, un mouvement qu'il appelle souvent mouvement d'intégration.

La santé, c'est se chercher sans que l'on arrive jamais à se trouver. C'est la quête du vrai self. Le vrai self, il le définit comme le noyau de continuité de l'existence, ce qui nous donne le sentiment que la vie vient de nous et qu'elle vaut la peine. C'est le geste spontané dont le meilleur exemple se trouve peut-être dans le *squiggle game,* gribouillis ou griffonnage, dessin à deux dont Winnicott se sert comme technique pour entrer en contact avec l'enfant dans le cadre de la consultation thérapeutique.

Après qu'on lui ait glissé le crayon en main et accompli des cercles avec lui, dit le poète Henri Michaux, «...de lui-même, avec ses propres forces, le petit d'homme va faire s'accomplir des tours, de façon à en voir, à en retenir la trace. Mais plus que les traces, le geste compte, l'acte, le "faire" du cercle»[18]. Winnicott aurait aimé ce poème. L'enfant en santé, en quête du vrai self, *c'est l'enfant en quête de son geste.*

B. L'aire intermédiaire

Pour se gagner, la santé est tributaire d'un espace, d'une aire à laquelle Winnicott donnera trente-six noms: aire transitionnelle, potentielle, intermédiaire, culturelle, ou encore aire de jeu et de créativité.

Cette aire, rappelons-le, n'est à situer ni dans la réalité psychique interne, ni non plus dans l'extériorité. C'est une aire d'expérience, nécessaire à l'enfant, à

---

18. MICHAUX Henri, *Les commencements*, Edition Fata Morgana, 1983, p. 9.

l'intérieur de laquelle s'opéreront des *passages,* des *transformations.* C'est un laboratoire de transitions.

L'enfant (mais aussi l'adulte) s'y quête, y cherche sa relation à l'objet en faisant passer l'objet d'un état à un autre, d'un statut à un autre. Winnicott nomme volontiers ce passage, ce mouvement, mouvement de création progressive de l'objet qui amène l'objet à devenir réel, à pouvoir être utilisé, et donc à pouvoir être joué. Mais par là même, le sujet y met en oeuvre sa capacité de jouer, gage de son intégration.

La séquence classique de la transitionnalité est la suivante:
a) au départ, l'objet est relié au sujet, il appartient à l'aire de sa toute puissance imaginaire, il est, dit Winnicott, presque pure projection.
b) A un moment, intervient une phase de destruction de l'objet par le sujet. Le sujet place l'objet hors de son contrôle mental. Il le désinvestit, le relègue.
c) Si l'objet survit à la destruction, fait retour de ce lieu hors contrôle imaginaire, réapparaît, peut être retrouvé, il devient objet objectif, objet créé, objet partagé, objet réel, objet utilisable.

Le sujet, dit Winnicott, peut alors communiquer avec lui et lui dire «Hé l'objet, je t'ai détruit, je t'aime». Dit à notre façon: «Tu comptes pour moi, parce que tu survis à ma destruction», ou encore: «Je peux t'aimer parce que je t'ai détruit et que tu survis».

Ceci est intéressant: le sujet advient comme sujet, c'est-à-dire en quête, dans sa capacité de détruire l'objet, d'abandonner sa possession imaginaire, de le perdre afin qu'à son retour, il puisse le héler, l'appeler, le nommer.

Mais quelle est la nature de l'objet? Pour être bref, disons que ce n'est pas ce qui intéresse fondamentalement Winnicott: ce peut être un objet matériel, une mélodie, un geste, un mot, tel ou tel trait d'adulte. Mais au départ, c'est la mère elle-même, ou le sein.

Bien plus que l'objet, ce qui intéresse Winnicott, ce sont deux choses: d'abord c'est le déroulement du processus, c'est la possibilité, au départ, pour l'enfant de s'illusionner par exemple sur le sein, en le considérant comme une partie de lui. Puis par un désillusionnement progressif, d'en faire un objet réel, jouable, utilisable. Ensuite, ce sont les conditions de possibilité du processus. Et la plus importante pour Winnicott, toujours rappelée par lui, c'est la non-contestation par l'adulte de l'existence de cette aire, et de ce qui s'y déroule, le non-empiétement, le non piétinement. L'adulte, dit-il, n'a pas de compte à demander à l'enfant sur cet espace et ce qui s'y passe, sur le statut de l'objet pour l'enfant. L'adulte a à rester dans l'ignorance, dans l'interrogation. Il n'a pas à imposer à l'enfant une théorie, une interprétation, un sens sur ce que vit l'enfant. Il a à se tenir et ... s'abstenir.

Cette insistance mise par Winnicott sur le *non-empiètement,* on n'y a pas accordé suffisamment d'importance, me semble-t-il. Elle va de pair avec la volonté de ce psychanalyste de ne pas vouloir trop *comprendre* ce qu'est un enfant; de ne pas pousser l'explication dans la théorie; de ne pas occuper un "espace trop vaste" dans la cure.

La non-contestation de l'aire intermédiaire et son non-empiétement s'adressent non seulement aux parents, mais à nous tous, professionnels de l'enfance. «La théorie psychanalytique a beaucoup à apprendre en matière de santé», disait-il. Et s'il visait, par ce propos, les dangers de toute théorie sur l'enfance ?

C. Le faux self

Si au lieu de s'interroger sur le geste de l'enfant, l'adulte lui substitue le sien, s'il y a de sa part empiétement, exigence, l'enfant est incapable d'assumer comme sien ce trop plein d'excitations. Le self doit alors réagir. Il doit faire appel à des moyens de réaction qui le détournent de la continuité de son être. Pour faire cesser les excitations, il se soumet à ce qu'on lui demande, c'est-à-dire qu'il emprunte des manières de faire qui ne sont pas les siennes, c'est le faux self. (Ce processus rejoint celui de l'introjection de l'agresseur décrit en 1932 par Ferenczi[19], mais plus en amont celui de l'empathie prématurée avancé par M. Klein en 1929[20]). Le faux self est fait des attentes des autres. Il exerce une fonction de défense car, en recouvrant le vrai self, il le protège de l'annihilation. Pour Mannoni, le faux self est en fait le faux self de la mère[21].

Le faux self peut aboutir à une vie très réussie, très normale, très adaptée et toutes les fonctions psychologiques (intelligence, mémoire...) peuvent venir le soutenir. C'est ce que Winnicott appelle la fuite dans la santé *(sanity)*.

Un dernier mot, tout à fait capital. Nous avons vu que l'aire intermédiaire ou transitionnelle ne peut se constituer que s'il y a un retrait interrogatif suffisant de la part de l'adulte, une suffisante ignorance.

Dans le processus analytique, il y a reconstruction d'un espace qui a été piétiné à l'excès. A l'intérieur de cet espace le patient va chercher à confier son faux self, sa "normalité" à l'analyste et se rapprocher du vrai self. Ce processus de guérison est rendu possible par une relation de dépendance à l'analyste. Mais Winnicott y insistera souvent, à partir notamment de ses failles et erreurs. On pourrait dire pour le paraphraser, à partir d'un analyste suffisamment mauvais, distant, incompréhensif, voire haineux, nous y revoilà.

---

19. FERENCZI Sandor, Confusion de langue entre l'adulte et l'enfant, *op. cit.*
20. KLEIN Mélanie, L'importance de la formation des symboles dans le développement du moi, in *Essais de psychanalyse*, Paris, Payot, 1980 (1ère publ. angl. 1930).
21. MANNONI, Maud, *La théorie comme fiction*, Paris, Seuil, 1971, p. 64

CONCLUSIONS

En cette (trop) brève évocation de Winnicott, j'ai voulu présenter une modélisation du paradoxal, dangereux, et peut-être horrible rapport de l'adulte à l'enfant, un des "possibles" éthiques, me semble-t-il, pour toutes les générations, pour tous les âges, pour tous les sages.

Winnicott va à la rencontre de la plupart des *impensables* entre l'adulte et l'enfant que j'ai tenté d'ouvrir aujourd'hui. En trois points :
- le passage, pour l'enfant, d'une existence pour autrui à une existence pour lui, de *sanity* à *health* et les conditions de ce passage parmi lesquelles une "haine suffisamment bonne";
- les périls d'une chosification de l'enfant par l'adulte, de son ravalement au statut de "normal-futur-adulte" correspondant admirablement, c'est-à-dire sous le regard admiratif du parent et du psychologue, aux compétences de son âge, bien adapté socialement, sage comme une image, l'image de l'adulte;
- l'horreur enfin de la possible consommation sexuelle dont l'enfant, toujours plus fort et futé qu'on ne croit, arrive vaille que vaille à se défendre par trente six formes de barrages dont les plus importants, mais non les moins sains pour Winnicott, se nomment symptômes et maladies.

Les mots-clefs qui nous permettraient de conclure? L'espace et le temps. L'aire et l'ère. La reconnaissance par l'adulte que la vie du prématuré qu'est l'enfant des hommes se joue sur plusieurs temps: avant-coup, coup, après-coup. Historisation de l'être humain dont les événements sont toujours à la fois passés et actuels. Si j'y comprends quelque chose, je ne comprends qu'après ce qui m'est arrivé, mais ce n'est déjà plus ce qui m'est arrivé. Et cette compréhension est un travail, une véritable élaboration qui exige un lieu, un espace, un territoire inviolable.

Anthropo-logiques 4, 1992, 135-155.

L'enfant dans son rapport à l'altérité*

Jean-Claude QUENTEL **

La psychanalyse prétend n'avoir affaire qu'à un sujet, c'est-à-dire notamment ne pas avoir à tenir compte, en principe, de considérations d'âge, pas plus que de sexe ou de couleur de peau. Dans une telle perspective, on ne voit pas pourquoi l'enfant poserait un problème particulier. Il suffit d'admettre qu'il participe du registre de l'historicité et n'est donc pas réductible au devenir ou à la maturation dont traite précisément la psychologie de l'enfant - laquelle n'est jamais dissociée, ni en pratique, ni en théorie, d'une psychogénétique. De ce point de vue, il est un sujet comme un autre.

Dans les faits, en revanche, ce n'est pas si simple et on en vient rapidement à se demander si l'enfant n'est pas malgré tout un sujet un peu particulier. Il a quand même fallu, pour lui, déroger d'emblée aux règles de la technique psychanalytique et admettre en même temps que, si tout, peut-être, est langage, comme certains le prétendent, le verbal n'est pas en tout cas le seul registre sur lequel peut opérer la cure. Ce qui, on en conviendra, n'est pas rien...

Cet enfant qui déjà a conduit à des modifications de conséquence dans la pratique de la psychanalyse à son niveau constitue en fait, différemment, certes, selon les écoles, un thème essentiel sur lequel on éprouve régulièrement le besoin de revenir et de se réinterroger. Et il représente finalement un enjeu d'importance. En effet, si elle ne peut se désintéresser de lui, la psychanalyse risque toujours, au contact de l'enfant, de s'infléchir vers un type d'abord où elle viendrait indéniablement se fourvoyer. Il est à cet égard le germe de bien des dissensions...

---

* Communication faite à l'Ecole Belge de Psychanalyse, le 23 mars 1990.
** Professeur à L'UFR des Sciences du Langage et de la Culture de l'Université de Haute Bretagne - Rennes 2.

Je voudrais reprendre ici certaines questions que l'enfant oblige le psychanalyste à se poser, mais, au-delà du psychanalyste, le thérapeute, voire simplement le psychologue clinicien. Elles concernent son statut et je me propose très précisément de réfléchir sur son rapport à la dimension de l'altérité que j'envisagerai en termes de processus. De cette réflexion que je mènerai en m'appuyant sur la théorie de la médiation élaborée par le Professeur Jean Gagnepain, j'essayerai par la suite de tirer un certain nombre de conséquences.

I. DE L'ENFANT DANS L'ADULTE A L'ADULTE DANS L'ENFANT

1

Que l'enfant puisse poser problème à la psychanalyse n'est pas à première vue sans surprendre. En effet, il est incontestable qu'elle en a elle-même totalement renouvelé l'abord. Et tout, par ailleurs, dans la théorie comme dans la pratique analytique renvoie à l'enfant. Au niveau de la cure, on ne parle finalement que de lui. S'il participe de l'Autre scène, il est en quelque sorte celui qui tire toutes les ficelles et qui occupe en même temps le plateau. Son importance est telle que tout ou presque dans la théorie s'ordonne conceptuellement à partir de la référence qu'il constitue. Par conséquent, l'enfant de la psychanalyse, celui auquel nous sommes constamment renvoyés, ne pose aucune difficulté.

Cet enfant-là serait-il fondamentalement différent de celui, en chair et en os, si je puis dire, auquel la même psychanalyse peut se trouver par ailleurs confrontée? Il n'est pas, en tout cas, le fruit d'une observation directe et c'est un premier point essentiel. Seule la psychanalyse a véritablement accès à ce domaine très particulier que représente l'enfant demeurant en l'adulte. C'est ce qui fait l'originalité du discours qu'elle tient à son propos. Elle révèle une enfance qui échappe à toute étude du type de celle que propose la psychologie de l'enfant. Freud rappelle très clairement cet aspect en 1920, dans la préface à la quatrième édition des *Trois essais sur la théorie de la sexualité* : «s'il était vrai, en général, écrit-il, que l'observation directe des enfants suffît, nous aurions pu nous épargner la peine d'écrire ce livre»[1].

Il a fallu que ses patients toujours en reviennent, sur le divan, à leur propre enfance pour que Freud élabore à ce sujet un discours totalement novateur et rompe, notamment, avec l'évolutionnisme ambiant dans lequel il baigne alors. Ce dernier a autorisé, en situant l'enfant comme un simple maillon dans la chaîne du développement, l'avènement d'une nouvelle discipline qui s'en est

---

1. Paris, Gallimard, 1962, p. 12.

emparé comme objet. A la prégnance d'un tel modèle, il fallait pouvoir échapper. D'ailleurs, Freud lui-même y succombe de temps en temps, ne dédaignant pas de puiser, tout au long de son œuvre, à ce courant évolutionniste et ne se privant pas, par exemple, d'en référer à la fameuse loi biogénétique fondamentale de Ernst Hæckel qui contribuera fortement à installer la psychologie de l'enfant naissante dans ses prétentions scientifiques[2]. Il découvre néanmoins, en se mettant à l'écoute de ses patients, des réalités d'un tout autre registre, dont l'historicisme de son époque ne rend précisément pas compte et qu'il évacue même complètement.

Les hystériques, déjà, ont enseigné à Freud, en même temps qu'ils en venaient à évoquer leur enfance, que l'exposé linéaire, c'est-à-dire l'ordre de la chronologie ne pouvait être la seule dimension envisageable dans l'analyse du matériel pathogène. A côté d'un agencement en formes d'archives bien tenues, Freud découvre en effet une disposition concentrique autour d'un noyau central et un enchaînement logique fonction du contenu mental lui-même, réglant alors la surdétermination du symptôme[3]. Il apparaît, autrement dit, dès ce moment-là, que la stratification psychique est ordonnée d'une manière fort complexe, échappant à un montage pré-établi et uniformément orienté. C'est un second point tout à fait important, conduisant à se dissocier d'une démarche génétique s'appuyant sur une simple chronicité. Ultérieurement, l'étude du narcissisme et l'élaboration de la seconde topique ne feront que le confirmer en faisant ressortir très nettement dans la cure l'importance d'une démarche de construction portant sur le cours entier d'une existence, jusqu'à l'enfance du sujet, où seront prégnantes les vicissitudes de la relation à autrui.

L'enfant de Freud est précisément le fruit d'une démarche de construction dans l'analyse et nous touchons ici à un autre point fondamental. Il n'a par conséquent rien à voir, quoi qu'en disent certains, avec celui issu de la reconstruction piagétienne, par exemple. Dans les deux cas, en vérité, on part de l'adulte et il est même essentiel de relever qu'il ne peut en être autrement. Mais chez Piaget, on cherche à savoir comment l'enfant advient à l'homme en projetant rétrospectivement, à partir de l'idée qu'on se fait de ce dernier, des étapes purement logiques qui iront de la naissance jusqu'à l'état supposé de maturité. Il ne faut, par conséquent, pas s'y tromper : l'enfant de Piaget est également dans l'histoire, mais il n'est que dans l'histoire de son descripteur, lequel, n'étant pas véritablement à l'écoute de l'enfant et méconnaissant foncièrement l'enfant en lui, *conte* précisément à sa manière les étapes qu'il

---

2. On peut déjà faire apparaître qu'en s'appuyant sur des références phylogénétiques, Freud cherche à résoudre des questions auxquelles la biologie de son époque, précisément, ne pouvait répondre, celle par exemple de l'origine de la contrainte inhérente à la prohibition de l'inceste ou celle, encore, de ce qu'il appelle "l'héritage archaïque" ou de la transmission, c'est-à-dire finalement de l'hérédité psychologique.

3. *Etudes sur l'hystérie*, Paris, P.U.F., 1956, pp. 232-234.

parcourt pour venir jusqu'à lui[4].

Un tel logicisme, c'est-à-dire en fait la réduction de l'histoire à la logique, empreint finalement toute théorie des étapes. Et s'il est vrai que Freud utilisera la notion de stade, elle se verra opposer rapidement celle de couche, la stratification s'articulant en fait au transfert, c'est-à-dire s'appréciant dans un contexte intersubjectif[5]. C'est dire que s'il ne s'agit aucunement de nier la genèse, elle n'est pas fondamentalement ce qui intéresse le psychanalyste, lequel fait valoir qu'elle doit se trouver reprise dans une histoire, c'est-à-dire finalement articulée à un certain type de rapport à autrui. Ceci constitue donc un autre point qu'il nous faut souligner. On ne saurait, sans risquer le ridicule, récuser ici le procès de maturation auquel le petit de l'homme se trouve soumis, mais seul importe dans le registre de l'humain la manière dont cette maturation vient faire sens pour le sujet.

Il ne suffit donc pas de faire apparaître que le développement est scandé de ruptures, comme l'énonce Wallon à l'encontre de Piaget, il est essentiel d'y faire ressortir le dessaisissement qui s'y joue, c'est-à-dire la perte de repères dans la relation, à compenser aussitôt par un complet remaniement du sujet et de nouvelles identifications. En remontant vers l'enfance du sujet, la cure a précisément pour but de faire revenir celui-ci sur les positions qu'il a assumées dans sa relation à autrui tout au long de son histoire et de l'amener à se questionner sur les types d'assurance qu'il a pu y chercher. Corrélative à cette démarche de construction et à cette conception de l'historicité du sujet, la notion d'après-coup rend compte pour Freud du fait que les événements auxquels ce sujet s'est trouvé confronté ont été constamment réélaborés. Cet effet de rétroaction obligeant à rompre avec une conception linéaire du temps ne peut que conduire à s'opposer au mouvement de rétrospection du logicisme qui marque la psychologie de l'enfant[6]. C'est encore un point important que je voulais soulever concernant l'enfant tel que l'appréhende la psychanalyse.

En fin de compte, pour en terminer avec cette reprise rapide des caractéristiques essentielles de l'enfant de la psychanalyse où se révèle par conséquent ce qui va distinguer l'approche de cette dernière de toute autre approche et, notamment, la rendre incompatible avec la démarche génétique, je rappellerai, truisme s'il en est pour la psychanalyse, que cet enfant est celui de l'inconscient. Freud fait régulièrement apparaître que l'inconscient de la vie psychique est assimilable à la phase infantile de cette vie en même temps que -

---

4. De telle sorte que l'on peut énoncer avec Lacan que si l'on sait tout ici de la logique de l'homme de science, celui-ci ne nous apprend rien ou presque sur l'enfant lui-même (La science et la vérité, in *Ecrits*, Paris, Seuil, 1966, p. 860).
5. Cf. notamment sur ce point Kaufmann P., *Psychanalyse et théorie de la culture*, Paris, Denoël Gonthier, 1974, notamment p. 103.
6. J'ajouterai que cette rétroaction ne peut que laisser toujours un reste: ne restituant pas tel quel l'enfant en nous, elle ne saurait du même coup l'épuiser. Il est constamment à réélaborer.

proposition identique formulée dans l'autre sens - l'infantile est la source de l'inconscient. De telle sorte qu'une forme d'équation lie l'enfant et l'inconscient.

2

Le psychanalyste œuvrant à présent avec un enfant, en tant qu'il se présente dans cet être en voie de maturation physiologique qu'est le petit, paraît se trouver confronté d'emblée à une tout autre réalité. Il est incontestable, en tout cas, que la situation est particulière. On pourrait croire que l'analyste tient ici, véritablement, cet enfant qu'il ne faisait tout à l'heure que saisir dans la cure à travers la remémoration et qui, donc, bien que constamment présent dans le discours, viendrait plutôt là jouer l'arlésienne. On ne passe certes pas de l'irréel au réel, puisque la réalité de l'enfant en l'adulte se trouve déjà à tout moment éprouvée, mais l'enfant, cette fois, se matérialise dans le petit, c'est-à-dire le non-adulte. On peut avoir en définitive l'impression que l'enfant que nous ne pouvions qu'indirectement approcher se positive, qu'il est bien là. Aussi, le danger auquel va se heurter la psychanalyse, à travers cet enfant-là, est-il bien celui d'une positivation de son approche en même temps que de son élaboration théorique. En d'autres termes, elle va risquer de devenir prisonnière d'un réalisme de l'enfant.

Tous les points que j'ai tout à l'heure repérés et rapidement rassemblés pour faire apparaître l'originalité de l'enfant pour la psychanalyse, tel qu'il s'est fait jour à Freud à travers la cure de l'adulte, risquent ici du même coup de se trouver comme effacés. C'est une tendance à laquelle n'échappera aucune école, s'il est vrai qu'elles réagiront et réagissent différemment. Ce sera, à vrai dire, plus ou moins net. Certaines en viendront à lâcher totalement l'enfant que Freud nous a légué pour lui substituer un enfant fort proche de celui dont la psychologie génétique a fait son discours. Beaucoup résisteront et refuseront de se laisser entraîner sur une telle pente. Pourtant, toutes connaîtront, de façon donc variable, le danger d'un infléchissement de leur discours et de leur pratique au contact de cet enfant. Les points d'achoppement ne manquent pas.

L'enfant va donner prise aux fantasmes de l'analyste, comme il va pouvoir engendrer, d'une manière générale, toutes sortes de fantasmes chez l'adulte qui en a la responsabilité, en tant que parent ou professionnellement, c'est-à-dire par simple délégation. Le premier, sans doute, de ces fantasmes - et non des moindres - peut se traduire de la manière suivante : dès lors que l'enfant se situe dans un rapport très étroit avec la dimension de l'inconscient, l'analyste lui-même se trouverait dans un rapport immédiat avec cet inconscient; il le tiendrait en quelque sorte sans fard, sans déguisement chez l'enfant auquel il a alors affaire. A tout le moins va-t-il pouvoir croire qu'il a, avec cet enfant, les moyens d'assister à sa naissance ou à son élaboration. Finalement, l'inconscient serait ici à nu et rendu, en quelque sorte, palpable. Ce qui n'est pas, en tant qu'hypothèse de travail, sans présenter un caractère véritablement fascinant : l'enfant rendrait apparent, manifeste, donc perceptible, ce qui n'est que caché, latent et par conséquent imperceptible chez l'adulte.

Autre aspect de la même illusion, que l'analyste partagera ici avec bien d'autres: l'enfant représenterait un certain âge d'or, celui que nous avons nous-mêmes perdu, en tant qu'adulte, dès lors qu'il nous a fallu renoncer à l'immédiateté, tant dans le rapport à autrui que dans le rapport aux divers objets que nous convoitons. Nous serions alors en présence d'un enfant véridique, d'avant le temps du refoulement, disposant également de ce que nous avons à tout jamais perdu, mais dont pourtant le souvenir nous hante. Nous entrerions en quelque sorte avec lui dans le domaine de la toute-puissance, de la complétude et de la plénitude, c'est-à-dire dans cet univers qui recèle la perfection narcissique à laquelle nous rêvons et sur laquelle se fonde notre idéal du moi. D'une telle illusion, Françoise Dolto, figure éminente de la psychanalyse d'enfants, n'est pas exempte, emportée sans doute par son discours, mais surtout par sa foi en l'enfant. Elle nous dit ainsi régulièrement que l'enfant est en prise directe avec une réalité qu'en tant qu'adulte nous ne pouvons plus saisir que déformée[7].

Cet enfant va encore pouvoir autoriser une autre illusion qui se traduira par une confusion entre le profond et l'archaïque. Somme toute, une telle assimilation est logique puisque la profondeur dans laquelle s'enracine l'inconscient rejoint la dimension de l'enfant dans le sujet, c'est-à-dire ce qu'on pourra d'abord comprendre comme le plus ancien dans sa vie. Elle poussera dès lors à rechercher de plus en plus tôt dans l'histoire du sujet les processus qui rendent compte de ce qu'il est aujourd'hui. Et l'on tendra du même coup, puisqu'on recule toujours l'âge auquel les processus mentaux apparaissent, à prendre en analyse des enfants de plus en plus jeunes. Ainsi, s'il est vrai qu'il s'agit moins chez Mélanie Klein de stades que de positions et de formes spécifiques de relation objectale, on trouve incontestablement chez elle, comme le relève Donald Winnicott, une telle tendance a confondre le profond et l'archaïque[8]. On serait là comme délivré de l'effet d'après-coup et du poids de toute la stratification psychique pour atteindre directement, avec l'enfant, au plus profond.

Cette "illusion archaïque" que dénonçait Lévi-Strauss dans le domaine de l'ethnologie et dont Lacan nous dira que la psychanalyse, précisément, n'est pas

---

7. Cf. par exemple *La cause des enfants*, Paris, R. Laffont, 1985, p. 204. L'enfant percevrait, ajoute F. Dolto, la réalité de notre réalité. Contrairement à nous, dit-elle par ailleurs, il parlerait d'or et agirait authentiquement (*Le cas Dominique*, Paris, Seuil, 1971, p. 202-203).
8. Vues personnelles sur l'apport de Mélanie Klein, in *Processus de maturation chez l'enfant*, Paris, Payot, 1970, p. 146.

exempte[9], nous conduit sans autre forme de transition aux illusions les plus tenaces de la psychologie génétique. Et d'abord à l'opposition du simple, que présentifierait bien évidemment l'enfant avec sa candeur et son ingénuité, et du complexe, qui serait réservé à l'adulte autrement plus compliqué. Avec l'enfant, les processus se démonteraient d'eux-mêmes puisqu'on atteindrait, en allant toujours vers l'antérieur, le moment même de leur assemblage, de leur montage. En d'autres termes, les différents facteurs qu'on peut ordinairement invoquer se désintriqueraient d'eux-mêmes. Encore une fois, l'enfant nous ouvre ici toutes grandes les portes de l'inconscient : il présentifie ce qu'on s'évertue à reconstruire chez l'adulte et dont on sait qu'on n'y atteint jamais véritablement. Avec lui, on rejoint l'origine même.

Origine : le grand mot est lâché! Il résume l'ensemble de toutes ces illusions auxquelles risque de nous conduire l'enfant. Il laisse supposer que la vérité serait là, dans l'enfant, et que celui-ci nous dirait du même coup qui nous sommes puisqu'il nous laisse apercevoir d'où nous venons. L'enfant fournit le commencement, ce commencement dont la question ne cesse de nous hanter et de générer à tous niveaux les fantasmes les plus divers. Avec lui, la remontée vers les origines est permise dans la mesure même où il les concrétise. Il nous ouvre le registre de notre préhistoire. «Au commencement était...» tout naturellement l'enfant et, avec lui, l'originaire se trouve rabattu sur l'origine, comme le rappelait Pontalis dans un article intitulé «la chambre des enfants»[10]. De fait, de même que pour qu'il y ait du refoulé, il faut une instance refoulante qui en pose la possibilité, de telle sorte qu'on ne peut donc atteindre de refoulé sans qu'elle ait opéré, de même pour qu'il y ait origine et souci de l'origine, il faut une instance originante. De préhistoire, nous ne saurions en élaborer sans cet originaire.

Dans une telle perspective de réduction, l'enfant devient notre cause. Il est en même temps, d'une certaine manière, notre modèle, lui qui précisément cherche en nous les repères identificatoires pour se construire. Le renversement est complet, mais l'illusion finalement réciproque entre l'enfant et l'adulte. J'ajouterai, pour en terminer avec cette revue des mirages que nous renvoie l'enfant - mais ce n'est pas ici le moindre - qu'une telle dérive de la conceptualisation analytique ne peut que se répercuter, bien évidemment, au niveau de sa praxis pour conduire à une forme de pédagogisation tout à fait déplorable, dès lors qu'elle annule ce qui fait l'essence même de l'entreprise.

---

9. La science et la vérité, op . cit. p. 859.
10. *Nouvelle Revue de Psychanalyse*, 19, 1979, *L'enfant*, p. 9.

3

S'inscrivant contre toutes ces tentations positivantes, la psychanalyse fait foncièrement apparaître que même lorsque l'enfant se présente sous la forme du petit, il n'est pas plus concret que saisi à travers l'adulte. Elle oblige, par conséquent, à rompre avec ce réalisme de l'enfant qui nous fait croire que nous sommes dans un rapport immédiat à lui. L'enfant est lui-même habité par l'inconscient, lequel ne se donne donc pas plus ici à voir directement. L'âge d'or qu'on lui prête n'est bien qu'illusion, comme son ingénuité n'est qu'un mythe dont nous avons besoin. La question du désir le travaille comme l'adulte, même si elle ne se manifeste pas de la même manière que chez ce dernier. L'enfant doit faire avec l'interdit, fondateur du désir de l'homme, et avec la perte qui lui est corrélative. Il a donc son monde de fantasmes, différent, certes, quant au contenu, de celui de l'adulte, mais tout aussi complexe. En fait, si nous admettons de ne pas confondre un processus avec ses états, c'est-à-dire avec la façon dont il s'actualise, l'enfant nous apparaît seulement d'une autre complexité, aussi importante en son principe que celle de l'adulte. Sans doute, en d'autres termes, son psychisme est-il stratifié différemment, mais il est néanmoins stratifié.

Surtout, porté par l'adulte, l'enfant est un lieu de projection incomparable et traduit, à ce titre, les aspirations les plus diverses. En lui se réalise véritablement, comme l'indiquait Freud, le narcissisme de ses parents. L'adulte s'y retrouve littéralement: non seulement il s'y contemple, mais il le construit, il l'élabore proprement à son image. L'enfant a charge de réaliser ce dont il se trouve d'emblée nanti par son entourage. Il participe de ses espoirs les plus intimes, comme de ses impasses les plus dissimulées et il vient même les incarner. De ceci nous avons régulièrement la confirmation au niveau clinique. Il s'y révèle la façon dont l'enfant porte quelque chose qui le dépasse, dont il fait finalement marque pour sa famille. Il reflète notamment l'inconscient de ses parents; il en est l'écho. Aussi comprend-on qu'il soit en fin de compte toujours ailleurs que là où il se donne à voir.

On constate régulièrement que l'enfant peut être le symptôme de quelque chose qui se joue au-delà de sa réalité physiologique. Pris dans les difficultés de parcours de ses ascendants, il incarne par son symptôme le malaise de ses parents ou plus particulièrement de l'un d'entre eux. Les manifestations anormales auxquelles il nous confronte prennent en fait valeur de réponse à une question restée en suspens chez l'adulte responsable de lui. L'emprise parentale peut être à ce point déterminante que l'enfant se trouvera pris dans un vécu massif de mort dont il ne pourra sortir et qui réglera sa propre condition. Nous sommes bien alors au-delà d'une approche biologisante ou physiologisante de l'enfant dans la mesure où le canal par lequel se transmet ce qui va décider ici du sort de l'enfant ou, du moins, ce à partir de quoi il va pouvoir se définir, échappe totalement à une biologie qui, de son propre aveu, n'est pas en mesure de rendre compte de ce type de phénomènes[11].

Même lorsque la difficulté de l'enfant est à l'origine purement organique, qu'elle est le résultat d'un accident, dans le cas par exemple d'une anomalie génétique avérée, la façon dont l'enfant va pouvoir exploiter les capacités dont il dispose et faire jouer des modes de compensation sera directement fonction de la manière dont son handicap est reçu par son entourage et, donc, de ce que celui-ci lui renvoie[12]. Cet exemple est, à mon sens, particulièrement intéressant, parce qu'il oblige - on ne l'a pas assez souligné - à dépasser la simple opposition des positions dites psychogénétique et organiciste. Porté par ses parents, l'enfant peut être le réceptacle, voire la caisse de résonance de leurs propres difficultés psychologiques, mais également l'élément déclenchant d'un malaise familial qui retentira sur eux. Cependant, dans un cas comme dans l'autre, l'intrication des facteurs physiologiques et psychologiques est telle qu'on ne peut plus s'en tenir à la vieille dichotomie du corps et de l'esprit sur laquelle nous vivons encore la plupart du temps: on se trouve contraint d'adhérer à une conception dialectique de leur rapport.

Une approche ontogénétique de l'enfant ne saurait être, en fait, longtemps soutenue parce que celui-ci ne peut être réduit à son individualité physiologique. Les sociologues, déjà, l'ont montré : à travers l'enfant, c'est, à quelque niveau qu'on se situe, le milieu social dont il est imprégné qu'on apprécie. Ils voient d'ailleurs jouer en lui la dimension du legs, de la tradition, des habitus, en bref d'une répétition. L'analyste ne peut qu'aller dans ce sens en rappelant l'importance au niveau de l'enfant du surmoi, c'est-à-dire de ce dont il hérite finalement de ses parents. Il est pénétré des contraintes familiales et habité, à travers ses diverses identifications, par les images parentales, puis par celles de leurs substituts. En d'autres termes, il n'est, encore une fois, aucunement une réalité immédiatement appréhendable, ce qui devrait ici suffire à faire prendre de la distance par rapport à toute visée psychogénétique.

Finalement, je suis pour l'instant passé, à l'encontre de toute tentation positivante, de l'enfant dans l'adulte à l'adulte dans l'enfant. Mais l'enfant n'est-il pas foncièrement le même dans les deux occurrences? Si l'on fait abstraction des éléments physiologiques qui nous donnent l'impression de pouvoir le positiver dans le petit, et dont nous sommes à présent certains qu'ils nous font participer d'une visée réductrice, il n'est pas plus réel, directement saisissable, dans un cas comme dans l'autre. L'enfant qui s'incarne dans le petit n'est précisément enfant

---

11. Cf. Quentel J.-C., Transmission et répétition dans la relation clinique, *Anthropo-logiques*, 3, 1991, pp. 39-57, Bibliothèque des Cahiers de l'Institut de Linguistique de Louvain, Peeters, Louvain-la-Neuve.
12. Tel est par exemple le cas de ces phénomènes de névrotisation ou de psychotisation, parfois massifs, qu'on observe assez fréquemment chez les enfants trisomiques 21 et qui sont rapportables au mode de relation particulier dans lequel ils se trouvent pris avec leur entourage.

que d'être porté par l'adulte, c'est-à-dire inscrit dans son histoire. Dans l'adulte comme dans le petit, il demeure cet «enfant merveilleux» qu'évoquait notamment Serge Leclaire, celui qui supporte la toute-puissance. Et nous touchons en quelque sorte ici au plus abstrait[13] : l'enfant, ce n'est jamais tel enfant; il est tout autant celui qu'on porte en nous que celui que nous avons ou que nous allons avoir; il représente celui que que nous avons été pour nos parents, mais également celui qu'eux-mêmes ont été pour leurs propres parents... De telle sorte qu'il ouvre à la dimension du transgénérationnel ou, pour mieux dire, d'un toujours-déjà-là.

Néanmoins, quel que soit le biais par lequel on l'aborde et la réalité à laquelle on se trouve confronté, l'enfant ne se définit jamais que dans son rapport à l'adulte. C'est en tout cas ce que j'ai été amené à soutenir jusque là. Ou bien il est dans l'adulte et il fait alors sans cesse surface dans la cure, ou bien l'adulte est en lui et, l'inscrivant dans son histoire, lui confère finalement sa propre enfance. Nous ne saurions, en effet, appréhender l'enfant, à quelque niveau que ce soit, qu'à travers celui que nous portons en nous et qui est en définitive toujours-déjà-là. L'enfant ne serait donc jamais qu'une fraction ou une part dynamique de l'adulte, ce qui le situerait du même coup, lorsqu'il s'incarne dans le petit, dans un type particulier de rapport à autrui, dans un mode de relation spécifique à son entourage. D'autre part - la question n'a d'ailleurs de sens qu'à cette condition - j'ai conservé ici le terme d'enfant que je n'ai pas évacué au profit de celui de sujet.

Il me faut à présent reprendre ces points précis qui concernent par conséquent la position même de l'enfant et son rapport à la dimension de l'altérité.

II. L'ENFANT ET L'ARBITRAIRE DE LA PERSONNE

1

Avant tout, il me faut bien préciser mon objectif et ses limites. Il est tout à fait essentiel de souligner que je ne prétends en aucun cas réduire la totalité de cet enfant se présentifiant dans le petit à l'analyse que je vais ici développer. Je laisse des aspects de côté, et non des moindres[14], pour ne m'intéresser qu'au type d'échange dans lequel cet enfant peut entrer avec l'autre. Je cherche à savoir en même temps si le terme d'enfant est justifié, s'il doit être maintenu et à quelles conditions, ce point étant pour moi le corollaire du précédent. En tout cas, je

---

13. Mais à un abstrait dont sans cesse nous mesurons les effets.
14. Il me faudra dès lors rendre compte de cette mise entre parenthèses.

pars d'un fait certain: affirmer, en ce qui concerne cet enfant, la dimension du sujet ne suffit pas puisque sans cesse revient la question de son originalité. Ordinairement, ou bien on la résout en penchant du côté du positivisme, ou bien on affirme son irrecevabilité... jusqu'à ce qu'on soit amené à la renouveler sous la pression des faits. J'y vois, quant à moi, l'indice d'une résistance émanant de l'enfant lui-même, j'allais dire l'effet du principe de réalité. En termes pratiques, doit-on faire de la psychanalyse d'enfants une spécialisation[15] et à quel prix ?

Je voudrais aborder ici le problème sous l'angle de la théorie du transfert, puisqu'il est, somme toute, depuis le moment où Freud s'est véritablement attaché à l'étude de la psychose, la pierre angulaire de la question de la relation d'altérité pour l'analyste. Il me semble que nous pouvons en tirer certains enseignements intéressant directement notre objet. Je me propose de reprendre, par conséquent, certains points fondamentaux touchant à cette théorie du transfert. On sait, en fait, que le phénomène déborde très largement la cure et qu'il est en œuvre dès que des personnes sont en rapport et qu'un échange se trouve visé. Néanmoins, seule la psychanalyse, par son dispositif même, permet de donner aux effets de transfert un modèle expérimental. Et il s'y révèle que la clé de voûte de l'expérience du transfert réside dans l'illusion de personnification de l'analyste par le sujet, illusion à laquelle le premier répond par le silence, en dehors de rares interventions qui se veulent bien précises.

L'analyste se dérobe donc à la personnification visée par le sujet et dans sa réaction à ce refus, celui-ci va dévoiler la figure qu'il lui substitue, dont on s'aperçoit qu'elle renvoie toujours en dernier lieu au «portrait de famille», comme le disait Lacan[16]. L'analyste ne doit en fait donner aucune prise aux illusions du sujet et il vient, à cet égard, présentifier la mort, à laquelle répond précisément son silence ou sa non-réponse. L'analysant pourvoit de son côté l'analyste de caractéristiques particulières, fonction de ce qu'il a antérieurement vécu. Il en appelle en définitive, à travers lui, à une présence secourable, sur le mode même de l'enfant qu'il a été, lorsqu'il n'était pas en mesure de subvenir par lui-même à ses besoins les plus immédiats. Autrement dit, le sujet vise le renouvellement d'une forme de privilège qu'il a connue lorsqu'il s'inscrivait dans un certain rapport à l'autre au niveau duquel ce dernier se trouvait par lui nanti de la toute-puissance.

Le rôle de l'analyste est, dans cette perspective, de former le sujet à la réalité en l'amenant à assumer le retrait foncier de l'Autre, c'est-à-dire finalement son anonymat. Cet Autre ne peut d'aucune manière être

---

15. Ce qui était, par exemple, la position de Mélanie Klein. Devait pour elle précéder cette spécialisation une formation régulière d'analyse d'adultes (*La psychanalyse des enfants*, Paris, P.U.F., 1959, p. 107).
16. Au-delà du "principe de réalité", *Ecrits*, op. cit., p. 84.

immédiatement disponible, puisqu'il se trouve posé à partir d'une séparation fondamentale. L'absence de réponse de l'analyste est précisément l'équivalent de la non-présence de l'Autre que vise ici l'analysant. Formant donc à la non-immédiateté du rapport proprement humain au semblable, l'expérience forme du même coup à l'absence. Elle renvoie le sujet au défaut radical d'une quelconque puissance tutélaire, d'un garant qui lui apporterait une caution concernant la constitution de son monde et sa propre identité. Le sujet se trouve par là-même conduit à soutenir sa propre absence en même temps que celle de l'Autre auquel il s'adresse. En définitive, il s'agit de confronter le sujet au fait qu'il ne peut s'assurer de rien, sinon de sa propre absence. On y reconnaîtra la marque même du principe de réalité.

Revenant à présent à l'enfant après ce rapide recul sur la question du transfert et sur les leçons que l'on peut en tirer en ce qui concerne la relation d'altérité, il nous apparaît alors très clairement que le transfert lui-même ne peut se poser dans les mêmes termes pour un enfant et pour un adulte. D'abord, ainsi que le soulignait Freud dans la VIème de ses *Nouvelles conférences,* parce que l'enfant reste sous l'emprise totale de ses parents[17]; ensuite, et surtout, parce qu'on ne saurait d'aucune manière prétendre parvenir à lui faire assumer cette absence foncière de l'Autre qu'il ne s'agit pas d'identifier ici avec son simple retrait momentané. Si, assez rapidement, l'autre se révèle à l'enfant indisponible, il ne le sera jamais que passagèrement. Cette indisponibilité ne peut se confondre avec l'inaccessibilité statutaire de l'Autre véritable. Il ne s'agit d'ailleurs pas de l'absence de quelqu'un, mais de l'absence tout court, c'est-à-dire que nous touchons là à un principe[18].

Aussi, pour éviter toute ambiguïté, Jean Gagnepain parle à cet endroit d'*arbitraire.* Je vais y revenir, mais pour l'instant je soulignerai qu'à cette absence, ou à cet arbitraire, Freud déjà nous l'indique à plusieurs endroits de son œuvre, l'être humain ne se trouve confronté qu'avec la puberté. Ce n'est qu'à ce moment, nous dit Freud, que l'enfant se détache complètement de ses parents et devient membre de la collectivité sociale. Il cesse du même coup d'être un enfant[19]. Avec l'adolescence se joue de fait une rupture. Elle n'est certes jamais totale, au sens où nous n'avons jamais fini, en tant qu'adulte, de régler nos comptes avec l'enfant que nous sommes toujours et où nous ne cessons de tendre à faire occuper la place qui était au départ celle de nos parents par des substituts

---

17. Il ajoutait cette phrase tout à fait essentielle: «les résistances internes, que nous combattons chez l'adulte, sont, la plupart du temps, remplacées chez l'enfant par des difficultés extérieures» (*Nouvelles conférences sur la psychanalyse*, Paris, Gallimard, 1984, p. 198).

18. Je ne peux ici que souscrire à ce qu'affirme Pierre Fédida dans son ouvrage intitulé *L'absence* : rappelant que celle-ci ne s'entend que d'une mort, il souligne qu'«elle est bien autre chose que la disparition de la mère lorsqu'elle s'absente pour aller au marché ou ailleurs!» (Paris, Gallimard, 1978, p. 186).

19. *Introduction à la psychanalyse*, Paris, Payot, 1951, p. 317. Rarement, ajoute aussitôt Freud, un tel détachement, une telle séparation *(Ablösung)*, qui pourtant s'impose à tous, réussit idéalement, c'est-à-dire parfaitement, d'un point de vue tant psychologique que social (id.; G.W., XI, p. 349).

de toute sorte (des sujets-supposés-savoir, disait Lacan). Néanmoins, il est certain, comme l'avait bien saisi Freud, que l'enfant ne devient adulte que détaché de tous les substituts du père, c'est-à-dire lorsque nul ne peut venir occuper pour lui la place de l'idéal, sinon imaginairement[20].

Même si les modalités de l'appel changent en même temps qu'il grandit, la recherche d'un garant est ce qui caractérise l'enfant à quelque âge qu'on le prenne. Il est incontestable que la place de l'Autre est toujours pour lui occupée et que l'adulte détient en fin de compte la clé de tous les problèmes qu'il ne parvient pas à résoudre. Il peut donc se rapporter à lui de tout ce qui lui pose difficulté, même si, dans le même temps, il n'est pas sans questionner les limites du savoir de cet adulte. L'enfant ne peut relativiser véritablement un usage, quel qu'il soit. Il ne peut le contester et s'y réfère comme à un absolu, bien qu'il se trouve régulièrement confronté, avec l'âge, à une évidente diversité. Je veux encore pour preuve de cette impossibilité de l'enfant à s'extraire d'une condition tutélaire et à accéder à l'absence véritable, ou à l'arbitraire, le rapport très original qu'il entretient avec des questions comme la mort, l'infini et même le hasard ou la probabilité, qui toutes en requièrent le principe[21].

2

Jean Gagnepain propose une théorie de la personne qui permet de dépasser les difficultés que l'on rencontre inévitablement lorsqu'on énonce que l'enfant est un sujet au même titre que n'importe quel autre, ce que vient par conséquent controuver régulièrement, sur certains points, l'expérience. La personne, pour Jean Gagnepain, est une réalité dialectique, c'est-à-dire qu'elle est un processus fait de moments contradictoires ou, si l'on veut, de conflits. Ces moments sont des phases : ils vont donc, normalement, tous de pair et on ne saisit finalement que leur opposition. Cette personne se fonde sur l'arbitraire, c'est-à-dire sur un moment implicite de négativité ou sur une mort qui concerne avant tout un certain type de relation à l'autre, qu'on peut appeler immédiat, dans lequel l'être commence par s'inscrire. Nous nous ouvrons par cette arbitrarité à une altérité foncière qui détermine à la fois notre propre singularité et celle de l'autre que nous n'atteignons donc jamais complètement[22].

---

20. Dans son discours intitulé *Sur la psychologie du lycéen* (1914), Freud fait déjà valoir le nécessaire détachement de cette figure d'idéal que représente pour l'enfant le père. La nouvelle génération qui advient trouve ici sa condition première, nous dit-il. Les professeurs rencontrés au niveau du cycle secondaire, héritant de cette place du père, connaîtront finalement le même sort, même si le comportement de l'adolescent est ici empreint d'une ambivalence certaine (in *Résultats, idées, problèmes*, I, Paris, P.U.F., 1984, pp. 230-231).
21. Cf. Quentel J.-C., *Le concept d'enfant: problèmes de genèse et d'histoire*, Thèse de Doctorat d'Etat, Rennes, 1989.
22. Cette théorie de la personne est développée par Jean Gagnepain dans son ouvrage *Du vouloir dire. Traité d'épistémologie des sciences humaines*, tome 2, *De la personne, de la norme*, Paris, Livre et Communication, 1991. Le tome 1 *Du signe, de l'outil*, paru en 1982 chez Pergamon Press, a été réédité en

Ce moment de singularisation, de différenciation, est implicite, ou latent, et nous n'en saisissons jamais que les effets. Issu d'une négativité, il se trouve en fait lui-même constamment contredit dialectiquement par un moment de convergence par lequel nous tentons d'annuler dans nos rapports avec autrui la distance qui nous fonde pour communiquer avec lui. La personne est donc à la fois divergence et convergence; elle vise en même temps au particulier et à l'universel. Jamais, cependant, elle ne se résout en l'un de ces pôles vers lesquels elle ne fait que tendre contradictoirement. Elle est donc du même coup au-delà de l'individuel et du collectif; cette opposition ne peut plus valoir concernant l'homme en tant qu'il est être social. Tel est d'ailleurs l'enseignement que nous pouvons tirer ici de l'œuvre de Freud, puisqu'il nous montre que nous sommes faits de multiples identifications, mais que si quantité d'autres vivent ainsi en nous, nous n'en affirmons pas moins notre identité en ne demeurant pas au niveau d'une simple imitation ou d'une seule reproduction. Jean Gagnepain pose dès lors que la personne est *faisceau de relations,* c'est-à-dire analyse.

Faisant sienne l'«option patho-analytique» qu'évoque Jacques Schotte, la théorie de la médiation développée par Jean Gagnepain asseoit cette théorie de la personne sur la clinique des psychoses. Celles-ci nous mettent en effet en présence de dé-dialectisations qui nous démontent les processus mêmes de la personne. D'un côté, la paranoïa donne à voir comme une constante fusion avec l'autre, sans possibilité d'affirmer véritablement une identité qui autoriserait ici une forme de distance[23]. Le délire, comme l'agressivité, surgit, on le sait, au moment même où le paranoïaque se trouve conduit dans l'échange à faire valoir une singularité dont il n'est pas capable. Freud avait de très bonne heure compris que la paranoïa redéfaisait les identifications en scindant le moi «en plusieurs personnes étrangères»[24]; le délire n'était alors pour lui qu'une forme de compensation ou, comme il l'a magnifiquement énoncé, une tentative de guérison[25]. A l'inverse, la schizophrénie nous propose comme une réification, ou si l'on préfère une positivation, de notre singularité allant de pair avec une impossibilité profonde à la remettre en question dans le moindre échange. Le schizophrène se referme en quelque sorte sur sa contingence, c'est-à-dire finalement sur une forme de non-être.

On aura remarqué que Jean Gagnepain parle de personne et non de sujet. Il vise par là, je le rappelle, un processus, lequel doit donc être en place. Ce

---

1990 aux mêmes éditions Livre et Communication.

23. Insistant, comme il se doit, sur «l'effet structurant de l'absence assumée», Antoine Vergote peut alors définir très opportunément la paranoïa comme «le négatif de la négativité» (La psychose, in *Etudes d'Anthropologie Philosophique*, 1984, Paris, Vrin et Louvain, Peteers, p. 316).

24. Lettre à Fliess du 9.12.99 (*La naissance de la psychanalyse*, Paris, P.U.F., 1956, 2° éd. 1969, p. 270). Cf. également Remarques psychanalytiques sur l'autobiographie d'un cas de paranoïa (Dementia paranoïdes) (Le Président Schreber), in *Cinq psychanalyses*, Paris, P.U.F., 1954, 3° éd. 1967, p. 297).

25. Le Président Schreber, id. p. 315.

processus joue sur trois phases, dont la divergence et la convergence ne constituent que les deux dernières. Dans le premier temps de la dialectique, nous aurons cette réalité physiologique définie par un certain contour immédiat et livrée à une relation non moins immédiate à autrui. Jean Gagnepain la désigne du nom de sujet. Il est dès lors évident que, conceptuellement, le sujet de Jean Gagnepain n'a rien à voir avec le sujet de la psychanalyse; celui-ci se rapprocherait plutôt de la personne, sans pourtant, nous allons le voir, s'y ramener tout à fait. Ce sujet de la théorie de la médiation, constituant le premier temps de la dialectique de la personne, en est aussi la condition même. En effet, il représente très exactement ce qu'il faudra dépasser, nier, soumettre à analyse pour que se déploie la personne, mais qui doit néanmoins toujours être là pour que la dialectique opère et pour que le conflit interne à la personne perdure. Ainsi, si l'on pose avec Jean Gagnepain que l'histoire est le produit de cette dialectique de la personne, on sera conduit à énoncer qu'elle a la genèse, ou le devenir auquel nous ne cessons d'être soumis, comme condition, même s'il est clair qu'«il n'y a d'humain qu'à partir du moment où nous acculturons la genèse en histoire»[26].

Et j'en arrive enfin à l'enfant tel que le pose la théorie de la médiation. Elle le situe précisément au niveau de ce sujet dont je viens de parler. C'est dire que pour elle, il ne participe pas de la dialectique de la personne; du moins n'y participe-t-il pas par lui-même. Telle est la raison de cette impossibilité à assumer l'absence, ou l'arbitraire, qu'on constate à son niveau, comme de cette impuissance à relativiser les usages auxquels il se trouve directement confronté, avec pour conséquence un rapport particulier à quantité de questions qui requièrent en fait la personne. Est-ce à dire, dès lors, que nous en revenons aux arguments et aux positions de la psychologie génétique? Allons-nous repositiver l'enfant alors que j'ai insisté tout à l'heure sur la nécessité de l'appréhender tout autrement? En aucun cas! L'enfant est bien dans l'histoire et pas seulement dans la genèse; seulement il n'est que dans l'histoire de l'autre. S'il participe de la personne, ce n'est par conséquent que par procuration, parce que l'adulte le porte en lui. En fin de compte, l'enfant ne fait que s'imprégner de l'histoire de l'autre.

L'enfant nous apparaît dès lors comme une dimension de la personne. Tel est son véritable statut. Il est cette part de nous-mêmes qui, échappant à l'histoire, autorise pourtant son déploiement. Autrement dit, l'enfant est la condition de notre histoire; il est la source toujours actuelle de l'adulte que nous prétendons être. On ne saurait jamais, de ce point de vue, l'avoir définitivement supprimé en nous, parce que, comme l'indique fort bien Serge Leclaire dans son

---

26. *Des conditions de possibilité des sciences humaines.* Transcription d'une table ronde avec Jean Gagnepain, *Anthropo-logiques*, I, 1988, Bibliothèque des Cahiers de l'Institut de Linguistique de Louvain, Peeters, p. 36.

fameux essai intitulé *On tue un enfant* [27], le meurtre en nous de cet enfant est irréalisable et constamment à perpétrer. Renoncer à cet enfant, de fait, ce serait mourir, c'est-à-dire se fermer à la dialectique qui nous fait être social. Nous portons donc l'enfant en nous-mêmes et ceci nous explique que si l'enfant est dans l'adulte, l'adulte est aussi dans l'enfant auquel nous sommes confrontés. Il n'est enfant que par là en fin de compte. L'adulte ne peut en effet aborder l'enfant qu'à partir de celui qui est en lui et l'enfant auquel il s'adresse n'est pas en état de contester véritablement, avant la puberté, ce qu'il place en lui[28].

L'enfant est par conséquent celui qui n'assume pas son histoire, mais qui s'inscrit toujours dans celle de l'autre; il est celui qui ne participe pas de la personne, sinon par procuration. Je vais essayer de tirer les conséquences de tout ceci, mais je voudrais auparavant souligner qu'un tel abord de la question de l'enfant ne vaut qu'à une condition, tout à fait essentielle, qui se trouve résumée dans la théorie de Jean Gagnepain par le terme de «déconstruction». La réalité de l'enfant ne peut en effet se ramener à cette seule analyse. Elle n'est pas que dans ce rapport à l'adulte. Et notamment, je n'ai aucunement parlé, jusqu'ici, du rapport de l'enfant à la question du désir. Pour la théorie de la médiation, personne et désir[29] sont en fait deux déterminismes dissociables, même s'il est certain qu'ils se conjuguent constamment. Il n'est pas dans mon intention de m'étendre ici sur ce point. Je dirai simplement que Jean Gagnepain fonde une telle déconstruction en deux registres d'analyse sur la dissociation clinique des psychoses et des névroses, les premières renvoyant spécifiquement à la question de la personne, les secondes à celle du désir. Le désir participe par conséquent pour Jean Gagnepain d'une dialectique qui concerne un autre aspect de la rationalité humaine.

Or, celui qu'on appelle enfant ne présente, pour la théorie de la médiation, aucune particularité à ce niveau. Il connaît de bonne heure cette dimension de la perte qui est fondatrice du registre de l'éthique. Il éprouve, en d'autres termes cette autre forme de négativité qu'est l'interdit ou le manque installant véritablement le désir chez l'homme. L'enfant se trouve, de ce point de vue, confronté aux mêmes difficultés que l'adulte: il doit faire avec le renoncement, avec l'abstinence, en même temps qu'il lui faut soutenir un désir qui, du coup, ne s'épuisera jamais avec la satisfaction. Et si l'enfant ne reste en aucun cas ici dans l'immédiat, ce qu'il dit, fait ou est dans sa relation à autrui devient interprétable au même titre que chez l'adulte, même s'il est vrai que concrètement, cela se traduira différemment. Comme l'adulte, donc, dans l'ensemble de son comportement, l'enfant cache ou occulte en même temps qu'il révèle. Rien ici ne

---

27. Paris, Seuil, 1975.
28. Même s'il est vrai que l'enfant renvoie sans cesse, dans le réel, à l'adulte qu'il n'est jamais tout à fait tel que ce dernier prétend le construire ou le porter.
29. Jean Gagnepain parlera ici de "norme". Sur les raisons qui l'ont conduit à préférer ce terme à celui de désir, cf. *Du vouloir dire*, tome 2, op. cit.

le spécifie; on ne saurait lui reconnaître un fonctionnement particulier, contrairement à ce qui se passe dans sa relation à autrui. De telle sorte qu'à ce plan de l'éthique, la distinction de l'enfant et de l'adulte ne vaut pas. Elle n'a en fait aucun sens.

3

Une telle déconstruction rend compte à mon avis, pour l'essentiel, de la fameuse querelle qui a marqué la psychanalyse d'enfants entre Anna Freud, la fille du fondateur, et Mélanie Klein. Pour Anna Freud, on le sait, l'enfant ne peut remplir les conditions de l'analyse parce qu'il est un être foncièrement dépendant. Elle insiste sur sa situation particulière. Dès lors, elle en viendra à épouser des thèses proches d'une psychologie du développement et à subordonner la visée psychanalytique au souci pédagogique, ce qui n'est effectivement pas acceptable, sauf à perdre ce qui fait l'essence même de la démarche analytique. En face d'elle, Mélanie Klein pose également que la situation psychanalytique diffère dans le cas d'un enfant, mais elle affirme très fortement que les principes demeurent les mêmes et que la méthode est équivalente. En fait, c'est ici affaire de point de vue. Anna Freud met l'accent sur le type de relation à autrui dont l'enfant est capable et n'accorde au reste qu'une importance secondaire. Elle constate avant tout qu'il ne peut s'abstraire d'une situation de tutelle. A l'inverse, Mélanie Klein insiste sur la grande complexité du monde fantasmatique de l'enfant, c'est-à-dire finalement sur l'interprétativité de ses productions, quelles qu'elles soient. Je dirais qu'elle se situe à un autre plan d'analyse, là où, de fait, rien ne spécifie l'enfant[30].

Anna Freud et Mélanie Klein font donc valoir deux registres différents et toute la difficulté est ici de ne pas les confondre, même s'ils interfèrent constamment. Elles vont bien sûr se quereller sur la question du transfert. Forte de l'appui de son père sur ce point[31], Anna Freud refuse de prendre pour du transfert ce qui se joue entre l'enfant et l'analyste. Pour Mélanie Klein, au contraire, le transfert existe d'une manière spontané, étant lié surtout à l'angoisse qu'éprouve l'enfant. Il reste, en fonction de ce que nous avons vu précédemment, que l'appel à l'autre ne peut être de même nature chez l'enfant et chez l'adulte. Plus exactement, il ne peut se résoudre de la même manière puisque la place de l'Autre, vide par définition chez l'adulte quelles que soient ses sollicitations, se trouve toujours occupée chez l'enfant. L'instauration même du transfert pose bel et bien problème dans le cas de l'enfant et ce n'est pas pour rien que bon nombre d'auteurs ont souligné le "forçage" auquel bien souvent se livre ici l'analyste ou le thérapeute. Il est manifeste chez Mélanie Klein, mais

---

30. Il reste, pour elle, que la relation avec les parents, qu'elle ne peut éviter, pose des difficultés particulières.
31. Cf. ci-dessus.

également chez Françoise Dolto par exemple qui va fréquemment «à la pêche au transfert», comme le dit Colette Soler[32].

Et j'en viens tout naturellement à la fameuse question de la "demande" sur laquelle vient inévitablement achopper tout débat autour de la psychanalyse ou de la thérapie d'enfants. Il est bien certain que s'il s'agit de faire ressortir que l'enfant légitime le thérapeute et peut donc faire le choix d'engager avec lui un certain travail, la demande est indéniable. L'enfant saisit vite qu'il peut tirer bénéfice de sa rencontre avec le thérapeute en ce qui concerne ses difficultés à soutenir et à affirmer son désir. Mais si l'on considère le problème sous l'angle de la démarche sociale que requiert toute thérapie, jamais, c'est incontestable, il n'est lui-même demandant. D'abord et avant tout, parce que quelqu'un d'autre effectue la demande pour lui et qu'il ne peut en être ici autrement. Ensuite et surtout, parce que ne disposant pas de la personne, sinon précisément par procuration, il ne peut entrer dans ce type de rapport à autrui qui suppose une réelle négociation. Il ne peut, autrement dit, formuler ce genre de demande qui répond à l'offre que fait le thérapeute dans le cadre du métier (il ne faut jamais oublier cet aspect des choses). Il ne lui est pas non plus possible, quoiqu'on espérât, de contracter véritablement, c'est-à-dire de passer convention avec le thérapeute, au sens plein de ce terme.

Qu'on le veuille ou non, l'enfant ne peut pas être, à proprement parler et non seulement d'un point de vue juridique, responsable. Est responsable celui qui ne peut s'en remettre en dernière analyse qu'à lui-même et ne faire valoir aucun garant, aucun porte-parole sur lequel il lui serait possible de se reposer[33]. Tel n'est pas précisément le cas de l'enfant, puisqu'il ne connaît pas l'arbitraire sur lequel se fonde la personne. Or, tout ceci a des incidences directes sur le déroulement de la thérapie. Qu'on considère par exemple la question de l'argent qui tient, on le sait, un rôle très important. Plus que d'argent, il s'agit à vrai dire de rémunération et on peut donc y substituer quelque chose d'autre qui viendra tenir le même rôle. Ainsi opèrent en fait bon nombre d'analystes et de thérapeutes d'enfants. Pour autant, il reste à se demander si l'enfant a accédé à la notion même de dette. Peut-il chercher à se délier d'une obligation anonyme qu'il ne saurait éprouver puisqu'il se trouve dans un type de rapport à autrui foncièrement dissymétrique où il lui doit finalement tout?

---

32. Soler C., La psychanalyse face à la demande scolaire, *Ornicar?*, 1983, 26-27, p. 119. Le contre-transfert soulève des problèmes encore plus cruciaux, dès lors que l'enfant n'est que porté par l'adulte. Lieu, par définition, de toutes les projections et de tous les fantasmes de l'adulte, il n'a pas véritablement les moyens de s'y opposer.

En fin de compte, comme l'énonce Regnier Pirard, on n'hésite pas dans la psychanalyse d'enfants «à pratiquer la greffe symbolique ou à faire prothèse symbolique» (Si l'inconscient est structuré comme un langage... *Etudes d'Anthropologie Philosophique*, 1980, p. 46).

33. Nous avons vu que l'analyste se fonde précisément sur ce point dans son maniement du transfert.

Par ailleurs, une des questions les plus délicates renvoyées par la psychanalyse d'enfants concerne bien évidemment, en liaison avec ce qui vient d'être dit, le type de contact qu'on va établir et éventuellement garder avec les parents. Sur la fin de sa vie, Freud affirmait qu'il convient, quand on analyse l'enfant, d'agir analytiquement, en même temps, sur les parents[34]. Depuis, on peut dire que toutes les attitudes ou presque ont été éprouvées. On se trouve confronté ici, très vraisemblablement, à l'un des points techniques du domaine analytique où les contrastes, voire les contradictions, sont les plus apparents d'un praticien à l'autre (indépendamment souvent des questions d'école). Certains refuseront tout rapport avec les parents, une fois la cure mise en place[35]; d'autres garderont des contacts plus ou moins importants, jusqu'à introduire l'adulte dans la cure de l'enfant. Et ce qui est vrai pour le psychanalyste l'est également pour le thérapeute, d'une manière générale. A vrai dire, les positions varient aussi en fonction de l'âge de l'enfant et de sa pathologie. Souvent, le thérapeute en vient en fait à opérer au cas par cas, ainsi que le suggérait d'ailleurs Mélanie Klein. Dès lors, en tout cas, que l'enfant n'est qu'une dimension de la personne et qu'il se trouve porté par ses parents, on ne peut d'aucune façon éluder la question et l'on se trouve assez souvent embarrassé, il faut l'avouer, pour la résoudre...

En tout état de cause, la mise en place de la thérapie se révèle déterminante. Par rapport à ce moment où l'on doit recevoir les parents et traiter obligatoirement avec eux, les positions vont être tout aussi tranchées et les modalités varieront fortement. Certains affirmeront ainsi qu'il est suffisant, pour engager un travail, de recevoir la demande d'un seul des parents si le cas se présente; d'autres insisteront pour que les deux parents donnent ici leur accord dès lors qu'ils y sont, quoi qu'il en soit, tous deux engagés et que l'enfant, traversé par leurs conflits, doit par conséquent, de son côté, se sentir suffisamment autorisé à déployer une parole qui les implique très directement. Telle est notamment la position de Marie-Cécile et Edmond Ortigues, auxquels on doit un petit ouvrage fort intéressant sur les conditions de la mise en place d'une cure d'enfant[36]. Ils rappellent d'emblée que toute thérapie d'enfant a une dimension nécessairement familiale en même temps que "personnelle". Le cadrage est donc obligatoirement plus large et il faut, disent-ils, en tenir compte d'entrée de jeu, sans pour autant verser dans la thérapie familiale. Les thérapies d'enfants sont bien souvent d'une efficacité médiocre, du fait d'une mauvaise mise en place, affirment-ils avec quelque fracas. Incontestablement, dès lors que la personne est faisceau de relations, on touche à travers l'enfant à la cohérence du système et donc à l'équilibre familial, c'est-à-dire qu'on entre dans une «sorte de causalité circulaire»[37].

---

34. *Nouvelles conférences sur la psychanalyse*, op. cit., p. 198.
35. Ce ne sera guère possible, dans les faits, que dans le cas d'une prise en charge en institution.
36. *Comment se décide une psychothérapie d'enfant?*, Paris, Denoël, 1986, coll. L'espace analytique.
37. Id., ibid., p. 27.

De cet ouvrage, je retirerai encore une réflexion qui me paraît judicieuse : l'enfant s'arrête toujours devant l'impuissance de ses parents parce qu'il ne peut supporter de les mettre à mal. «Il a trop besoin, nous disent les auteurs, de les sentir fermes, solides»[38]. Tout est là de la problématique de l'enfant, d'une certaine façon. S'il est vrai que l'enfant, questionnant l'adulte, s'enquiert toujours un peu des limites de son savoir, il ne peut concevoir que cet adulte ne puisse s'en tirer d'une manière ou d'une autre quel que soit le type de problème, encore moins qu'il soit en réelle difficulté. Inversement, l'adulte tient à ce que l'enfant garde une certaine consistance : il doit pouvoir durablement s'y reposer, c'est-à-dire trouver en lui une assise. De telle sorte que la cure de l'enfant fonctionne sur une espèce d'aporie : les parents ne peuvent, au sens strict, vouloir la thérapie de leur enfant, puisque celui-ci n'est que l'écho de leur propre inconscient[39]. En interrogeant la façon dont l'enfant fait marque pour eux, en questionnant la place qu'il tient dans leur propre dynamique conflictuelle, la thérapie travaille en effet contre eux en même temps qu'elle les laisse à l'écart. Et ils ne se priveront pas, le cas échéant, de réagir en interrompant l'aventure...

On mesure sur tous ces points la différence avec l'adolescent qui vit, lui, au plus haut degré, pourrait-on dire, l'arbitraire de la personne et la contingence de la loi. Il lui est possible, notamment, d'effectuer une demande sociale et de contracter véritablement avec le thérapeute sans en référer directement à quiconque, du moins en principe. Par son attitude qui lui vaut d'être régulièrement considéré comme "ingrat" par ceux-là mêmes qui l'ont élevé, il montre qu'il ne veut précisément plus être leur obligé, même s'il se trouve immédiatement pris ici dans de difficiles contradictions. Il témoigne, autrement dit, de son accession à la dette et à une relation de réciprocité. Et je terminerai dès lors en soulevant deux dernières questions, à la fois théoriques et pratiques.

La première concerne la réalité et la portée véritable de cette fameuse période de latence postulée par Freud. Il s'agit, nous dit-il, d'une époque de transition quelque peu obscure, qui recèle plus d'une énigme[40]. Elle peut manquer chez certains et elle n'est en tout cas pas visible chez tous. Plusieurs analystes soutiennent même qu'elle est régulièrement dénoncée par les faits; elle est pourtant nécessaire à l'élaboration théorique de Freud, comme l'a bien souligné François Perrier[41]. Intimement liée pour Freud à la notion d'après-coup, c'est-à-dire de reprise des événements vécus dans une histoire dès lors assumée, elle ordonne en fait quelque chose d'une coupure, d'une interruption,

---

38. Id., ibid., p. 122.
39. De fait, les parents sont toujours complices des difficultés de leur enfant.
40. *Trois essais sur la théorie de la sexualité*, Paris, Gallimard, 1968, p. 113.
41. *La Chaussée d'Antin*, Paris, U.G.E., 1978, tome 2, pp. 320-321.

dit Freud. Il me semble que dans cette discontinuité, nous pouvons aujourd'hui reconnaître l'équivalent d'un seuil structural ouvrant, comme l'indique Freud sur les réorganisations et les transformations de la puberté. La théorie de la médiation y situe précisément l'accès à la personne.

La seconde question, liée d'ailleurs à la première, concerne la conclusion de la cure ou de la thérapie d'un enfant. Remarquons déjà qu'il arrive souvent qu'elle se trouve réglée - et pour cause! - par les parents eux-mêmes. Néanmoins, lorsque tel n'est pas le cas, de quelle fin peut-on parler ici? Il faut avouer que la réponse n'est pas simple. Le problème, de toute façon, ne se pose pas comme chez l'adulte. Tout le monde semble en tout cas s'accorder pour affirmer que la puberté sera ici déterminante. Il faudra en quelque sorte attendre l'après-coup de la puberté pour saisir pleinement les effets de la cure. C'est dire que l'adolescence fait ici office de principe de réalité, parce que s'y joue, encore une fois, quelque chose de très particulier où nous pouvons reconnaître avec Jean Gagnepain l'accès à la personne.

En conclusion, on ne peut se sortir des difficultés indéniables que soulève la confrontation de la psychanalyse et de l'enfant s'incarnant dans le petit en posant qu'il faut et qu'il suffit de faire un choix entre l'un et l'autre. Cette solution vaut dans le registre du rapport au désir où ne saurait se poser la question de l'enfant. En revanche, sous l'angle de la relation à autrui, il demeure incontestablement de l'enfant. Celui-ci se trouve dans un rapport particulier à l'altérité et ceci concerne aussi très directement le psychanalyste ou le psychothérapeute. De telle sorte qu'évoquer la dimension du sujet n'est pas ici suffisant: la psychanalyse d'enfants soulève, qu'on le veuille ou non, un problème original et présente bien une spécificité.

BCILL 6: **HANART M.**, *Les littératures dialectales de la Belgique romane: Guide bibliographique*, 96 pp., 1976 (2ᵉ tirage, corrigé de CD 12). Prix: 340,- FB.
En ce moment où les littératures connexes suscitent un regain d'intérêt indéniable, ce livre rassemble une somme d'informations sur les productions littéraires wallonnes, mais aussi picardes et lorraines. Y sont également considérés des domaines annexes comme la linguistique dialectale et l'ethnographie.

BCILL 7: *Hethitica II,* **éd. JUCQUOIS G. et LEBRUN R.**, avec la collaboration de DEVLAMMINCK B., II-159 pp., 1977, Prix: 480,- FB.
Cinq ans après *Hethitica I* publié à la Faculté de Philosophie et Lettres de l'Université de Louvain, quelques hittitologues belges et étrangers fournissent une dizaine de contributions dans les domaines de la linguistique anatolienne et des cultures qui s'y rattachent.

BCILL 8: **JUCQUOIS G. et DEVLAMMINCK B.**, *Complèments aux dictionnaires étymologiques du grec.* Tome I: A-K, II-121 pp., 1977. Prix: 380,- FB.
Le *Dictionnaire étymologique de la langue grecque* du regretté CHANTRAINE P. est déjà devenu, avant la fin de sa parution, un classique indispensable pour les hellénistes. Il a fait l'objet de nombreux comptes rendus, dont il a semblé intéressant de regrouper l'essentiel en un volume. C'est le but que poursuivent ces *Compléments aux dictionnaires étymologiques du grec.*

BCILL 9: **DEVLAMMINCK B. et JUCQUOIS G.**, *Compléments aux dictionnaires étymologiques du gothique.* Tome I: A-F, II-123 pp., 1977. Prix: 380,- FB.
Le principal dictionnaire étymologique du gothique, celui de Feist, date dans ses dernières éditions de près de 40 ans. En attendant une refonte de l'œuvre qui incorporerait les données récentes, ces compléments donnent l'essentiel de la littérature publiée sur ce sujet.

BCILL 10: **VERDOODT A.**, *Les problèmes des groupes linguistiques en Belgique: Introduction à la bibliographie et guide pour la recherche*, 235 pp., 1977 (réédition de CD 1). Prix: 590,- FB.
Un «trend-report» de 2.000 livres et articles relatifs aux problèmes socio-linguistiques belges. L'auteur, qui a obtenu l'aide de nombreux spécialistes, a notamment dépouillé les catalogues par matière des bibliothèques universitaires, les principales revues belges et les périodiques sociologiques et linguistiques de classe internationale.

BCILL 11: **RAISON J. et POPE M.**, *Index transnuméré du linéaire A,* 333 pp., 1977. Prix: 840,- FB.
Cet ouvrage est la suite, antérieurement promise, de RAISON-POPE, Index du linéaire A, Rome 1971. A l'introduction près (et aux dessins des «mots»), il en reprend entièrement le contenu et constitue de ce fait une édition nouvelle, corrigée sur les originaux en 1974-76 et augmentée des textes récemment publiés d'Arkhanès, Knossos, La Canée, Zakro, etc., également autopsiés et rephotographiés par les auteurs.

BCILL 12: **BAL W. et GERMAIN J.**, *Guide bibliographique de linguistique romane,* VI-267 pp., 1978. Prix 685,- FB., ISBN 2-87077-097-9, 1982, ISBN 2-8017-099-1.
Conçu principalement en fonction de l'enseignement, cet ouvrage, sélectif, non exhaustif, tâche d'être à jour pour les travaux importants jusqu'à la fin de 1977. La bibliographie de linguistique romane proprement dite s'y trouve complétée par un bref aperçu de bibliographie générale et par une introduction bibliographique à la linguistique générale.

BCILL 13: **ALMEIDA I.,** *L'opérativité sémantique des récits-paraboles. Sémiotique narrative et textuelle. Herméneutique du discours religieux.* Préface de Jean LADRIÈRE, XIII-484 pp., 1978. Prix: 1.250,- FB.
Prenant comme champ d'application une analyse sémiotique fouillée des récits-paraboles de l'Évangile de Marc, ce volume débouche sur une réflexion herméneutique concernant le monde religieux de ces récits. Il se fonde sur une investigation épistémologique contrôlant les démarches suivies et situant la sémiotique au sein de la question générale du sens et de la comprehension.

BCILL 14: *Études Minoennes I: le linéaire A,* **éd. Y. DUHOUX,** 191 pp., 1978. Prix: 480,- FB.
Trois questions relatives à l'une des plus anciennes écritures d'Europe sont traitées dans ce recueil; évolution passée et état présent des recherches; analyse linguistique de la langue du linéaire A; lecture phonétique de toutes les séquences de signes éditées à ce jour.

BCILL 15: *Hethitica III,* 165 pp., 1979. Prix: 490,- FB.
Ce volume rassemble quatre études consacrées à la titulature royal hittite, la femme dans la société hittite, l'onomastique lycienne et gréco-asianique, les rituels CTH 472 contre une impureté.

BCILL 16: **GODIN P.,** *Aspecten van de woordvolgorde in het Nederlands. Een syntaktische, semantische en functionele benadering,* VI + 338 pp., 1980. Prix: 1.000,- FB., ISBN 2-87077-241-6.
In dit werk wordt de stelling verdedigd dat de woordvolgorde in het Nederlands beregeld wordt door drie hoofdfaktoren, nl. de syntaxis (in de engere betekenis van dat woord), de semantiek (in de zin van distributie van de dieptekasussen in de oppervlaktestruktuur) en het zgn. functionele zinsperspektief (d.i. de distributie van de constituenten naargelang van hun graad van communicatief dynamisme).

BCILL 17: **BOHL S.,** *Ausdrucksmittel für ein Besitzverhältnis im Vedischen und griechischen,* III + 108 pp., 1980. Prix: 360,- FB., ISBN 2-87077-170-3.
This study examines the linguistic means used for expressing possession in Vedic Indian and Homeric Greek. The comparison, based on a select corpus of texts, reveals that these languages use essentially inherited devices but with differing frequency ratios, in addition Greek has developed a verb "to have", the result of a different rhythm in cultural development.

BCILL 18: **RAISON J. et POPE M.,** *Corpus transnuméré du linéaire A,* 350 pp., 1980. Prix: 1.100,- FB.
Cet ouvrage est, d'une part, la clé à l'Index transnuméré du linéaire A des mêmes auteurs, BCILL 11: de l'autre, il ajoute aux recueils d'inscriptions déjà publiés de plusieurs côtés des compléments indispensables; descriptions, transnumérations, apparat critique, localisation précise et chronologie détaillée des textes, nouveautés diverses, etc.

BCILL 19: **FRANCARD M.,** *Le parler de Tenneville. Introduction à l'étude linguistique des parlers wallo-lorrains,* 312 pp., 1981. Prix: 780,- FB., ISBN 2-87077-000-6.
Dialectologues, romanistes et linguistes tireront profit de cette étude qui leur fournit une riche documentation sur le domaine wallo-lorrain, un aperçu général de la segmentation dialectale en Wallonie, et de nouveaux matériaux pour l'étude du changement linguistique dans le domaine gallo-roman. Ce livre intéressera aussi tous ceux qui sont attachés au patrimoine culturel du Luxembourg belge en particulier, et de la Wallonie en général.

BCILL 20: **DESCAMPS A. et al.**, *Genèse et structure d'un texte du Nouveau Testament. Étude interdisciplinaire du chapitre 11 de l'Évangile de Jean*, 292 pp., 1981. Prix: 895,- FB.
Comment se pose le problème de l'intégration des multiples approches d'un texte biblique? Comment articuler les unes aux autres les perspectives développées par l'exégèse historicocritique et les approches structuralistes? C'est à ces questions que tentent de répondre les auteurs à partir de l'étude du récit de la résurrection de Lazare. Ce volume a paru simultanément dans la collection «Lectio divina» sous le n° 104, au Cerf à Paris, ISBN 2-204-01658-6.

BCILL 21: *Hethitica IV*, 155 pp., 1981. Prix: 390,- FB., ISBN 2-87077-026.
Six contributions d'E. Laroche, F. Bader, H. Gonnet, R. Lebrun et P. Crepon sur: les noms des Hittites; hitt. zinna-; un geste du roi hittite lors des affaires agraires; vœux de la reine à Istar de Lawazantiya; pauvres et démunis dans la société hittite; le thème du cerf dans l'iconographie anatolienne.

BCILL 22: **J.-J. GAZIAUX**, *L'élevage des bovidés à Jauchelette en roman pays de Brabant. Étude dialectologique et ethnographique*, XVIII + 372 pp., 1 encart, 45 illustr., 1982. Prix: 1.170,- FB., ISBN 2-87077-137-1.
Tout en proposant une étude ethnographique particulièrement fouillée des divers aspects de l'élevage des bovidés, avec une grande sensibilité au facteur humain, cet ouvrage recueille le vocabulaire wallon des paysans d'un petit village de l'est du Brabant, contrée peu explorée jusqu'à présent sur le plan dialectal.

BCILL 23: *Hethitica V*, 131 pp., 1983. Prix: 330,- FB., ISBN 2-87077-155-X.
Onze articles de H. Berman, M. Forlanini, H. Gonnet, R. Haase, E. Laroche, R. Lebrun, S. de Martino, L.M. Mascheroni, H. Nowicki, K. Shields.

BCILL 24: **L. BEHEYDT**, *Kindertaalonderzoek. Een methodologisch handboek*, 252 pp., 1983. Prix: 620,- FB., ISBN 2-87077-171-1.
Dit werk begint met een overzicht van de trends in het kindertaalonderzoek. Er wordt vooral aandacht besteed aan de methodes die gebruikt worden om de taalontwikkeling te onderzoeken en te bestuderen. Het biedt een gedetailleerd analyserooster voor het onderzoek van de receptieve en de produktieve taalwaardigheid zowel door middel van tests als door middel van bandopnamen. Zowel onderzoek van de woordenschat als onderzoek van de grammatica komen uitvoerig aan bod.

BCILL 25: **J.-P. SONNET**, *La parole consacrée. Théorie des actes de langage, linguistique de l'énonciation et parole de la foi*, VI-197 pp., 1984. Prix: 520,- FB. ISBN 2-87077-239-4.
D'où vient que la parole de la foi ait une telle force?
Ce volume tente de répondre à cette question en décrivant la «parole consacrée», en cernant la puissance spirituelle et en définissant la relation qu'elle instaure entre l'homme qui la prononce et le Dieu dont il parle.

BCILL 26: **A. MORPURGO DAVIES - Y. DUHOUX (ed.)**, *Linear B: A 1984 Survey, Proceedings of the Mycenaean Colloquium of the VIIIth Congress of the International Federation of the Societies of Classical Studies (Dublin, 27 August-1st September 1984)*, 310 pp., 1985. Price: 850 FB., ISBN 2-87077-289-0.
Six papers by well known Mycenaean specialists examine the results of Linear B studies more than 30 years after the decipherment of script. Writing, language, religion and economy are all considered with constant reference to the Greek evidence of the First Millennium B.C. Two additional articles introduce a discussion of archaeological data which bear on the study of Mycenaean religion.

BCILL 27: *Hethitica VI*, 204 pp., 1985. Prix: 550 FB. ISBN 2-87077-290-4.
Dix articles de J. Boley, M. Forlanini, H. Gonnet, E. Laroche, R. Lebrun, E. Neu, M. Paroussis, M. Poetto, W.R. Schmalstieg, P. Swiggers.

BCILL 28: **R. DASCOTTE**, *Trois suppléments au dictionnaire du wallon du Centre*, 359 pp., 1 encart, 1985. Prix: 950 FB. ISBN 2-87077-303-X.
Ce travail comprend 5.200 termes qui apportent un complément substantiel au *Dictionnaire du wallon du Centre* (8.100 termes). Il est le fruit de 25 ans d'enquête sur le terrain et du dépouillement de nombreux travaux dont la plupart sont inédits, tels des mémoires universitaires. Nul doute que ces *Trois suppléments au dictionnaire du wallon du Centre* intéresseront le spécialiste et l'amateur.

BCILL 29: **B. HENRY**, *Les enfants d'immigrés italiens en Belgique francophone, Seconde génération et comportement linguistique*, 360 pp., 1985. Prix: 950 FB. ISBN 2-87077-306-4.
L'ouvrage se veut un constat de la situation linguistique de la seconde génération immigrée italienne en Belgique francophone en 1976. Il est basé sur une étude statistique du comportement linguistique de 333 jeunes issus de milieux immigrés socio-économiques modestes. Des chiffres préoccupants qui parlent et qui donnent à réfléchir...

BCILL 30: **H. VAN HOOF**, *Petite histoire de la traduction en Occident*, 105 pp., 1986. Prix: 380 FB. ISBN 2-87077-343-9.
L'histoire de notre civilisation occidentale vue par la lorgnette de la traduction. De l'Antiquité à nos jours, le rôle de la traduction dans la transmission du patrimoine gréco-latin, dans la christianisation et la Réforme, dans le façonnage des langues, dans le développement des littératures, dans la diffusion des idées et du savoir. De la traduction orale des premiers temps à la traduction automatique moderne, un voyage fascinant.

BCILL 31: **G. JUCQUOIS**, *De l'egocentrisme à l'ethnocentrisme*, 421 pp., 1986. Prix: 1.100 FB. ISBN 2-87077-352-8.
La rencontre de l'Autre est au centre des préoccupations comparatistes. Elle constitue toujours un événement qui suscite une interpellation du sujet: les manières d'être, d'agir et de penser de l'Autre sont autant de questions sur nos propres attitudes.

BCILL 32: **G. JUCQUOIS**, *Analyse du langage et perception culturelle du changement*, 240 p., 1986. Prix: 640 FB. ISBN 2-87077-353-6.
La communication suppose la mise en jeu de différences dans un système perçu comme permanent. La perception du changement ets liée aux données culturelles: le concept de différentiel, issu très lentement des mathématiques, peut être appliqué aux sciences du vivant et aux sciences de l'homme.

BCILL 33-35: **L. DUBOIS**, *Recherches sur le dialecte arcadien*, 3 vol., 236, 324, 134 pp., 1986. Prix: 1.975 FB. ISBN 2-87077-370-6.
Cet ouvrage présente aux antiquisants et aux linguistes un corpus mis à jour des inscriptions arcadiennes ainsi qu'une description synchronique et historique du dialecte. Le commentaire des inscriptions est envisagé sous l'angle avant tout philologique; l'objectif de la description de ce dialecte grec est la mise en évidence de nombreux archaïsmes linguistiques.

BCILL 36: *Hethitica VII*, 267 pp., 1987. Prix: 800 FB.
Neuf articles de P. Cornil, M. Forlanini, G. Gonnet, R. Haase, G. Kellerman, R. Lebrun, K. Shields, O. Soysal, Th. Urbin Choffray.

BCILL 37: *Hethitica VIII. Acta Anatolica E. Laroche oblata*, 426 pp., 1987. Prix: 1.300 FB.
Ce volume constitue les *Actes* du Colloque anatolien de Paris (1-5 juillet 1985): articles de D. Arnaud, D. Beyer, Cl. Brixhe, A.M. et B. Dinçol, F. Echevarria, M. Forlanini, J. Freu, H. Gonnet, F. Imparati, D. Kassab, G. Kellerman, E. Laroche, R. Lebrun, C. Le Roy, A. Morpurgo Davies et J.D. Hawkins, P. Neve, D. Parayre, F. Pecchioli-Daddi, O. Pelon, M. Salvini, I. Singer, C. Watkins.

BCILL 38: **J.-J. GAZIAUX**, *Parler wallon et vie rurale au pays de Jodoigne à partir de Jauchelette*. Avant-propos de Willy Bal, 368 pp., 1987. Prix: 790 FB.
Après avoir caractérisé le parler wallon de la région de Jodoigne, l'auteur de ce livre abondamment illustré s'attache à en décrire le cadre villageois, à partir de Jauchelette. Il s'intéresse surtout à l'évolution de la population et à divers aspects de la vie quotidienne (habitat, alimentation, distractions, vie religieuse), dont il recueille le vocabulaire wallon, en alliant donc dialectologie et ethnographie.

BCILL 39: **G. SERBAT**, *Linguistique latine et Linguistique générale*, 74 pp., 1988. Prix: 280 FB. ISBN 90-6831-103-4.
Huit conférences faites dans le cadre de la Chaire Francqui, d'octobre à décembre 1987, sur: le temps; deixis et anaphore; les complétives; la relative; nominatif; génitif partitif; principes de la dérivation nominale.

BCILL 40: *Anthropo-logiques*, éd. D. Huvelle, J. Giot, R. Jongen, P. Marchal, R. Pirard (Centre interdisciplinaire de Glossologie et d'Anthropologie Clinique), 202 pp., 1988. Prix: 600 FB. ISBN 90-6831-108-5.
En un moment où l'on ne peut plus ignorer le malaise épistémologique où se trouvent les sciences de l'humain, cette série nouvelle publie des travaux situés dans une perspective anthropo-logique unifiée mais déconstruite, épistémologiquement et expérimentalement fondée. Domaines abordés dans ce premier numéro: présentation générale de l'anthropologie clinique; épistémologie; linguistique saussurienne et glossologie; méthodologie de la description de la grammaticalité langagière (syntaxe); anthropologie de la personne (l'image spéculaire).

BCILL 41: **M. FROMENT**, *Temps et dramatisations dans les récits écrits d'élèves de 5ème*, 268 pp., 1988. Prix: 850 FB.
Les récits soumis à l'étude ont été analysés selon les principes d'une linguistique qui intègre la notion de circulation discursive, telle que l'a développée M. Bakhtine.
La comparaison des textes a fait apparaître que le temps était un principe différenciateur, un révélateur du type d'histoire racontée.
La réflexion sur la temporalité a également conduit à constituer une typologie des textes intermédiaire entre la langue et la diversité des productions, en fonction de leur homogénéité.

BCILL 42: **Y.L. ARBEITMAN** (ed.), *A Linguistic Happening in Memory of Ben Schwartz. Studies in Anatolian, Italic and Other Indo-European Languages*, 598 pp., 1988. Prix: 1800,- FB.
36 articles dédiés à la mémoire de B. Schwartz traitent de questions de linguistique anatolienne, italique et indo-européenne.

BCILL 43: *Hethitica IX,* 179 pp., 1988. Prix: 540 FB. ISBN. Cinq articles de St. DE MARTINO, J.-P. GRÉLOIS, R. LEBRUN, E. NEU, A.-M. POLVANI.

BCILL 44: **M. SEGALEN** (éd.), *Anthropologie sociale et Ethnologie de la France,* 873 pp., 1989. Prix: 2.620 FB. ISBN 90-6831-157-3 (2 vol.).
Cet ouvrage rassemble les 88 communications présentées au Colloque International «Anthropologie sociale et Ethnologie de la France» organisé en 1987 pour célébrer le cinquantième anniversaire du Musée national des Arts et Traditions populaires (Paris), une des institutions fondatrices de la discipline. Ces textes montrent le dynamisme et la diversité de l'ethnologie chez soi. Ils sont organisés autour de plusieurs thèmes: le regard sur le nouvel «Autre», la diversité des cultures et des identités, la réévaluation des thèmes classiques du symbolique, de la parenté ou du politique, et le rôle de l'ethnologue dans sa société.

BCILL 45: **J.-P. COLSON**, *Krashens monitortheorie: een experimentele studie van het Nederlands als vreemde taal. La théorie du moniteur de Krashen: une étude expérimentale du néerlandais, langue étrangère,* 226 pp., 1989. Prix: 680 FB. ISBN 90-6831-148-4.
Doel van dit onderzoek is het testen van de monitortheorie van S.D. Krashen in verband met de verwerving van het Nederlands als vreemde taal. Tevens wordt uiteengezet welke plaats deze theorie inneemt in de discussie die momenteel binnen de toegepaste taalwetenschap gaande is.

BCILL 46: *Anthropo-logiques* 2 (1989), 324 pp., 1989. Prix: 970 FB. ISBN 90-6831-156-5.
Ce numéro constitue les Actes du Colloque organisé par le CIGAC du 5 au 9 octobre 1987. Les nombreuses interventions et discussions permettent de dégager la spécificité épistémologique et méthodologique de l'anthropologie clinique: approches (théorique ou clinique) de la rationalité humaine, sur le plan du signe, de l'outil, de la personne ou de la norme.

BCILL 47: **G. JUCQUOIS**, *Le comparatisme,* t. 1: *Généalogie d'une méthode,* 206 pp., 1989. Prix: 750 FB. ISBN 90-6831-171-9.
Le comparatisme, en tant que méthode scientifique, n'apparaît qu'au XIXᵉ siècle. En tant que manière d'aborder les problèmes, il est beaucoup plus ancien. Depuis les premières manifestations d'un esprit comparatiste, à l'époque des Sophistes de l'Antiquité, jusqu'aux luttes théoriques qui préparent, vers la fin du XVIIIᵉ siècle, l'avènement d'une méthode comparative, l'histoire des mentalités permet de préciser ce qui, dans une société, favorise l'émergence contemporaine de cette méthode.

BCILL 48: **G. JUCQUOIS**, *La méthode comparative dans les sciences de l'homme,* 138 pp., 1989. Prix: 560 FB. ISBN 90-6831-169-7.
La méthode comparative semble bien être spécifique aux sciences de l'homme. En huit chapitres, reprenant les textes de conférences faites à Namur en 1989, sont présentés les principaux moments d'une histoire du comparatisme, les grands traits de la méthode et quelques applications interdisciplinaires.

BCILL 49: *Problems in Decipherment,* edited by **Yves DUHOUX, Thomas G. PALAIMA and John BENNET**, 1989, 216 pp. Price: 650 BF. ISBN 90-6831-177-8.
Five scripts of the ancient Mediterranean area are presented here. Three of them are still undeciphered — "Pictographic" Cretan; Linear A; Cypro-Minoan. Two papers deal with Linear B, a successfully deciphered Bronze Age script. The last study is concerned with Etruscan.

BCILL 50: **B. JACQUINOD,** *Le double accusatif en grec d'Homère à la fin du Ve* *siècle avant J.-C.* (publié avec le concours du Centre National de la Recherche Scientifique), 1989, 305 pp. Prix: 900 FB. ISBN 90-6831-194-8.
Le double accusatif est une des particularités du grec ancien: c'est dans cette langue qu'il est le mieux représenté, et de beaucoup. Ce tour, loin d'être un archaïsme en voie de disparition, se développe entre Homère et l'époque classique. Les types de double accusatif sont variés et chacun conduit à approfondir un fait de linguistique générale: expression de la sphère de la personne, locution, objet interne, transitivité, causativité, etc. Un livre qui intéressera linguistes, hellénistes et comparatistes.

BCILL 51: **Michel LEJEUNE,** *Méfitis d'après les dédicaces lucaniennes de Rossano di Vaglio,* 103 pp., 1990. Prix: 400,- FB. ISBN 90-6831-204-3.
D'après l'épigraphie, récemment venue au jour, d'un sanctuaire lucanien (-IVe/-Ier s.), vues nouvelles sur la langue osque et sur le culte de la déesse Méfitis.

BCILL 52: *Hethitica X,* 211 pp., 1990. Prix: 680 FB. Sept articles de P. CORNIL, M. FORLANINI, H. GONNET, J. KLINGER et E. NEU, R. LEBRUN, P. TARACHA, J. VANSCHOONWINKEL. ISBN 90-6831-288-X.

BCILL 53: **Albert MANIET,** *Phonologie quantitative comparée du latin ancien,* 1990, 362 pp. Prix: 1150 FB. ISBN 90-6831-225-1.
Cet ouvrage présente une statistique comparative, accompagnée de remarques d'ordre linguistique, des éléments et des séquences phoniques figurant dans un corpus latin de 2000 lignes, de même que dans un état plus ancien de ce corpus, reconstruit sur base de la phonétique historique des langues indo-européennes.

BCILL 54-55: **Charles de LAMBERTERIE,** *Les adjectifs grecs en -υς. Sémantique et comparaison* (publié avec le concours de l'Académie des Inscriptions et Belles-Lettres, du Centre National de la Recherche Scientifique et de la Fondation Calouste Gulbenkian), 1.035 pp., 1990. Prix: 1980 FB. ISBN tome I: 90-6831-251-0; tome II: 90-6831-252-9.
Cet ouvrage étudie une classe d'adjectifs grecs assez peu nombreuse (une quarantaine d'unités), mais remarquable par la cohérence de son fonctionnement, notamment l'aptitude à former des couples antonymiques. On y montre en outre que ces adjectifs, hérités pour la plupart, fournissent une riche matière à la recherche étymologique et jouent un rôle important dans la reconstruction du lexique indo-européen.

BCILL 56: **A. SZULMAJSTER-CELNIKIER,** *Le yidich à travers la chanson popu-laire. Les éléments non germaniques du yidich,* 276 pp., 22 photos, 1991. Prix: 1490 FB. ISBN 90-6831-333-9.

BCILL 57: *Anthropo-logiques 3* (1991), 204 pp., 1991. Prix: 695 FB. ISBN 90-6831-345-2.
Les textes de ce troisième numéro d'*Anthropo-logiques* ont en commun de chercher épistémologiquement à déconstruire les phénomènes pour en cerner le fondement. Ils abordent dans leur spécificité humaine le langage, l'expression numérale, la relation clinique, le corps, l'autisme et les psychoses infantiles.

BCILL 58: **G. JUCQUOIS-P. SWIGGERS** (éd.), *Comparatisme 3: Le comparatisme devant le miroir,* 155 pp., 1991. Prix: 540 FB. ISBN 90-6831-363-0.
Dix articles de E. Gilissen, G.-G. Granger, C. Hagège, G. Jucquois, H. G. Moreira Freire de Morais Barroco, P. Swiggers, M. Van Overbeke.

BCILL 59: *Hethitica XI,* 136 pp., 1992. Prix: 440 FB. ISBN 90-6831-394-0.
Six articles de T.R. Bryce, S. de Martino, J. Freu, R. Lebrun, M. Mazoyer et E. Neu.

BCILL 60: **A. GOOSSE,** *Mélanges de grammaire et de lexicologie françaises,* XXVIII-450 pp., 1991. Prix: 1.600 FB. ISBN 90-6831-373-8.
Ce volume réunit un choix d'études de grammaire et de lexicologie françaises d'A. Goosse. Il est publié par ses collègues et collaborateurs à l'Université Catholique de Louvain à l'occasion de son accession à l'éméritat.

BCILL 61: **Y. DUHOUX,** *Le verbe grec ancien. Éléments de morphologie et de syntaxe historiques,* 549 pp., 1992. Prix: 1650 FB. ISBN 90-6831-387-8.
Ce livre étudie la structure et l'histoire du système verbal grec ancien. Menées dans une optique structuraliste, les descriptions morphologiques et syntaxiques sont toujours associées, de manière à s'éclairer mutuellement. Une attention particulière a été consacrée à la délicate question de l'aspect verbal. Les données quantitatives ont été systématiquement traitées, grâce à un *corpus* de plus de 100.000 formes verbales s'échelonnant depuis Homère jusqu'au IVᵉ siècle avant J.-C.

BCILL 62: **D. da CUNHA,** *Discours rapporté et circulation de la parole,* 1992, 231 pp., Prix: 740 FB. ISBN 90-6831-401-7.
L'analyse pragmatique de la circulation de la parole entre un discours source, six rapporteurs et un interlocuteur montre que le discours rapporté ne peut se réduire aux styles direct, indirect et indirect libre. Par sa façon de reprendre les propos qu'il cite, chaque rapporteur privilégie une variante personnelle dans laquelle il leur prête sa voix, allant jusqu'à forger des citations pour mieux justifier son propre discours.

BCILL 63: **A. OUZOUNIAN,** *Le discours rapporté en arménien classique,* 1992, 300 pp., Prix: 990 FB. ISBN 90-6831-456-4.

BCILL 64: **B. PEETERS,** *Diachronie, Phonologie et Linguistique fonctionnelle,* 1992, 194 pp., Prix: 785 FB. ISBN 90-6831-402-5.

BCILL 65: **A. PIETTE,** *Le mode mineur de la réalité. Paradoxes et photographies en anthropologie,* 1992, 117 pp., Prix: 672 FB. ISBN 90-6831-442-4.

BCILL 66: **Ph. BLANCHET** (éd.), *Nos langues et l'unité de l'Europe. Actes des Colloques de Fleury (Normandie) et Maiano (Prouvènço),* 1992, 113 pp., Prix: 400 FB. ISBN 90-6831-439-4.
Ce volume envisage les problèmes posés par la prise en compte de la diversité linguistique dans la constitution de l'Europe. Universitaires, enseignants, écrivains, hommes politiques, responsables de structures éducatives, économistes, animateurs d'associations de promotion des cultures régionales présentent ici un vaste panorama des langues d'Europe et de leur gestion socio-politique.

BCILL 67: *Anthropo-logiques* 4 1992, 155 pp. Prix: 540 FB. ISBN 90-6831-000-0.
Une fois encore, l'unité du propos de ce numéro d'*Anthropo-logiques* ne tient pas tant à l'objet — bien qu'il soit relativement circonscrit: l'humain (on étudie ici la faculté de concevoir, la servitude du vouloir, la dépendance de l'infantile et la parenté) — qu'à la méthode, dont les deux caractères principaux sont justement les plus malaisés à conjoindre: une approche dialectique et analytique.

BCILL 68: **L. BEHEYDT (red.),** *Taal en leren. Een bundel artikelen aangeboden aan* *prof. dr. E. Nieuwborg,* pp., 1993. Prix: FB. ISBN 90-6831-000-0.
Deze bundel, die helemaal gewijd is aan toegepaste taalkunde en vreemde-talen-onderwijs, bestaat uit vijf delen. Een eerste deel gaat over evaluatie in het v.t.-onderwijs. Een tweede deel betreft taalkundige analyses in functie van het v.t.-onderwijs. Een derde deel bevat contrastieve studies terwijl een vierde deel over methodiek gaat. Het laatste deel, ten slotte, is gericht op het verband taal en cultuur.

SÉRIE PÉDAGOGIQUE DE L'INSTITUT DE LINGUISTIQUE DE LOUVAIN (SPILL).

SPILL 1: **G. JUCQUOIS,** avec la collaboration de **J. LEUSE,** *Conventions pour la présentation d'un texte scientifique,* 1978, 54 pp. (épuisé).

SPILL 2: **G. JUCQUOIS,** *Projet pour un traité de linguistique différentielle,* 1978, 67 pp. Prix: 170,- FB.
Exposé succinct destiné à de régulières mises à jour de l'ensemble des projets et des travaux en cours dans une perspective différentielle au sein de l'Institut de Linguistique de Louvain.

SPILL 3: **G. JUCQUOIS,** *Additions 1978 au «Projet pour un traité de linguistique différentielle»,* 1978, 25 pp. Prix: 70,- FB.

SPILL 4: **G. JUCQUOIS,** *Paradigmes du vieux-slave,* 1979, 33 pp. (épuisé).

SPILL 5: **W. BAL - J. GERMAIN,** *Guide de linguistique,* 1979, 108 pp. Prix: 275,- FB.
Destiné à tous ceux qui désirent s'initier à la linguistique moderne, ce guide joint à un exposé des notions fondamentales et des connexions interdisciplinaires de cette science une substantielle documentation bibliographique sélective, à jour, classée systématiquement et dont la consultation est encore facilitée par un index détaillé.

SPILL 6: **G. JUCQUOIS - J. LEUSE,** *Ouvrages encyclopédiques et terminologiques en sciences humaines,* 1980, 66 pp. Prix: 165,- FB.
Brochure destinée à permettre une première orientation dans le domaine des diverses sciences de l'homme. Trois sortes de travaux y sont signalés: ouvrages de terminologie, ouvrages d'introduction, et ouvrages de type encyclopédique.

SPILL 7: **D. DONNET,** *Paradigmes et résumé de grammaire sanskrite,* 64 pp., 1980. Prix: 160,- FB.
Dans cette brochure, qui sert de support à un cours d'initiation, sont envisagés: les règles du sandhi externe et interne, les paradigmes nominaux et verbaux, les principes et les classifications de la composition nominale.

SPILL 8-9: **L. DEROY,** *Padaśas. Manuel pour commencer l'étude du sanskrit même sans maître,* 2 vol., 203 + 160 pp., 2ᵉ éd., 1984. Epuisé.
Méthode progressive apte à donner une connaissance élémentaire et passive du sanskrit (en transcription). Chaque leçon de grammaire est illustrée par des textes simples (proverbes, maximes et contes). Le second volume contient un copieux lexique, une traduction des textes (pour contrôle) et les éléments pour étudier, éventuellement, à la fin, l'écriture nâgarî.

SPILL 10: *Langage ordinaire et philosophie chez le second WITTGENSTEIN. Séminaire de philosophie du langage 1979-1980,* **édité par J.F. MALHERBE,** 139 pp., 1980. Prix: 350,- FB. ISBN 2-87077-014-6.
Si, comme le soutenait Wittgenstein, **la signification c'est l'usage,** c'est en étudiant l'usage d'un certain nombre de termes clés de la langue du philosophe que l'on pourra, par-delà le découpage de sa pensée en aphorismes, tenter une synthèse de quelques thèmes majeurs des **investigations philosophiques.**

SPILL 11: **J.M. PIERRET,** *Phonétique du français. Notions de phonétique générale et phonétique du français,* V-245 pp. + 4 pp. hors texte, 1985. Prix: 550,- FB. ISBN 2-87077-018-9.
Ouvrage d'initiation aux principaux problèmes de la phonétique générale et de la phonétique du français. Il étudie, en outre, dans une section de phonétique historique, l'évolution des sons, du latin au français moderne.

SPILL 12: **Y. DUHOUX,** *Introduction aux dialectes grecs anciens. Problèmes et méthodes. Recueil de textes traduits,* 111 pp., 1983. Prix: 280,- FB. ISBN 2-87077-177-0.
Ce petit livre est destiné aux étudiants, professeurs de grec et lecteurs cultivés désireux de s'initier à la dialectologie grecque ancienne: description des parlers; classification dialectale; reconstitution de la préhistoire du grec. Quatorze cartes et tableaux illustrent l'exposé, qui est complété par une bibliographie succincte. La deuxième partie de l'ouvrage rassemble soixante-huit courtes inscriptions dialectales traduites et accompagnées de leur bibliographie.

SPILL 13: **G. JUCQUOIS,** *Le travail de fin d'études. Buts, méthode, présentation,* 82 pp., 1984. (épuisé).

SPILL 14: **J. VAN ROEY,** *French-English Contrastive Lexicology. An Introduction,* 145 pp., 1990. Prix: 460,- FB. ISBN 90-6831-269-3.
This textbook covers more than its title suggests. While it is essentially devoted to the comparative study of the French and English vocabularies, with special emphasis on the deceptiveness of alleged transformational equivalence, the first part of the book familiarizes the student with the basic problems of lexical semantics.

SPILL 15: **Ph. BLANCHET,** *Le provençal. Essai de description sociolinguistique et différentielle,* 224 pp., 1992. Prix: 740,- FB. ISBN 90-6831-428-9.
Ce volume propose aux spécialistes une description scientifique interdisciplinaire cherchant à être consciente de sa démarche et à tous, grand public compris, pour la première fois, un ensemble d'informations permettant de se faire une idée de ce qu'est la langue de la Provence.

SPILL 16: **T. AKAMATSU,** *Essentials of Functional Phonology,* with a Foreword by André MARTINET, XI-193 pp., 1992. Prix: 680 FB. ISBN 90-6831-413-0.
This book is intended to provide a panorama of *synchronic functional phonology* as currently practised by the author who is closely associated with André Martinet, the most distinguished leader of functional linguistics of our day. Functional phonology studies the phonic substance of languages in terms of the various functions it fulfils in the process of language communication.

SPILL 17: **C.M. FAÏK-NZUJI,** *Éléments de phonologie et de morphophonologie des langues bantu,* 163 pp., 1992. Prix: 550 FB. ISBN 90-6831-440-8.
En cinq brefs chapitres, cet ouvrage présente, de façon claire et systématique, les notions élémentaires de la phonologie et de la morphophonologie des langues de la famille linguistique bantu. Une de ses originalités réside dans ses *Annexes et Documents,* où sont réunis quelques systèmes africains d'écriture ainsi que quelques principes concrets pour une orthographe fonctionnelle des langues bantu du Zaïre.

Presses de l'Université de Paris-Sorbonne

RAMAGE
Revue d'archéologie moderne et d'archéologie générale

Fascicule 10 - 1992

SOMMAIRE